Le cavalier
de Notre-Dame

Éric Crubézy

Le cavalier de Notre-Dame

L'enquête

Préface de Dominique Garcia

Odile Jacob

3, rue Auguste-Comte, 75006 Paris

www.odilejacob.fr

ISBN : 978-2-4150-1109-3

À la mémoire de Janet Espiner-Scott
et de Guillaume Raguier.
Elle avait compris, il savait.

« Si le corps est pourrissant,
Non la louange et la gloire,
Aussi ne va périssant
La poétique mémoire. »

Joachim du Bellay,
« Tombeau de Marguerite Reyne de Navarre »,
Œuvres poétiques IV.

PRÉFACE

L'incendie dramatique du 15 avril 2019 à Notre-Dame de Paris entraîna, pour reprendre le concept de l'anthropologue Daniel Fabre, une « émotion patrimoniale » : une mobilisation populaire en faveur de la cathédrale menacée d'effacement dans le paysage, dans notre histoire et dans nos mémoires. Si, à la suite de l'événement, quelques voix dissonantes purent dire que « Notre-Dame de Paris ne serait plus », l'annonce du président de la République de « reconstruire à l'identique » et l'engagement du plus grand nombre débouchèrent sur la magnifique aventure humaine du relèvement de la cathédrale parisienne.

Dès le lendemain du drame, j'ai proposé à l'État les services de l'Inrap, et les ministres en charge de la Culture et de la Recherche m'ont demandé d'évaluer les expertises que notre institut pourrait mettre en œuvre afin de contribuer activement au chantier de restauration qui allait débuter. Un document rédigé dès le 16 avril mettait en avant l'expérience acquise par les agents de l'Inrap sur les très nombreuses fouilles provoquées par l'aménagement du territoire, mais aussi sur des sites archéologiques et des monuments, inscrits ou classés au titre des monuments historiques, voire au patrimoine mondial de l'Unesco. Au-delà, j'y soulignai notre grande expérience de chantiers en coopérabilité sur des espaces où se côtoient des architectures conservées et effondrées, des structures enfouies ou spoliées, des vestiges attribués à des occupations de différentes périodes… Les capacités d'intervention en relevés et en numérisation 3D, ainsi que le savoir-faire de notre cellule de prospections géophysiques permettraient une première analyse, non invasive, des sols de la cathédrale, particulièrement adaptée pour les zones non accessibles du fait de leur dangerosité. Ce fut la première action conduite sous le contrôle du Service régional de l'archéologie, en parallèle de la reconnaissance et l'étude des matériaux effondrés avant même que des fouilles, à proprement parler, puissent être entreprises.

Nos équipes furent immédiatement à pied d'œuvre, bien avant que la loi d'exception du 29 juillet 2019 ne confie à l'Inrap la responsabilité des interventions d'archéologie préventive. C'est donc sur prescription de la Drac Île-de-France, en lien étroit avec l'établissement public chargé de la conservation et de la restauration de la cathédrale Notre-Dame de Paris, maître d'ouvrage du chantier, que les experts de l'Inrap ont œuvré pendant cinq ans à un programme de diagnostics et de fouilles archéologiques, à l'extérieur comme à l'intérieur de la cathédrale. C'est peu dire que Notre-Dame fut durant cette longue période un chantier et un laboratoire à ciel ouvert.

Les découvertes qui en ont découlé ont nourri le cahier des charges du maître d'ouvrage et du maître d'œuvre : reconstruire « à l'identique », c'est avoir une bonne perception de l'« original », de ses matériaux, de leur nature, de leur mise en œuvre. Dans le cas de la cathédrale parisienne, ce travail fut essentiel tant, et ce n'est pas le moindre des paradoxes, l'édifice par ses usages privilégiés (le culte et le tourisme culturel) était relativement mal connu des chercheurs. Les informations acquises ont également été partagées avec la communauté scientifique et un large public et, au fil des études à venir, vont considérablement renouveler les connaissances sur Notre-Dame de Paris et sur l'histoire de l'Île de la Cité. En effet, ces travaux documentent de manière ininterrompue deux mille ans d'histoire grâce à l'investissement de plus d'une cinquantaine d'archéologues et spécialistes qui ont œuvré lors de quatorze opérations, dont celle qui fut à l'origine de la découverte qui est au cœur du récit d'Éric Crubézy.

La fouille où fut mise au jour la tombe du « cavalier » a été réalisée à la croisée du transept, en amont du montage de l'immense échafaudage (600 tonnes et 100 mètres de hauteur) nécessaire aux travaux de reconstruction de la flèche. Elle fut menée par l'Inrap sous la direction de son responsable d'opération, Christophe Besnier, de février à avril 2022. Elle a livré d'importantes données sur la construction et l'évolution architecturale de la cathédrale ainsi qu'un millier de fragments du jubé du XIIIe siècle, détruit sous le règne de Louis XIV, qui avaient été enfouis en avant du chœur. Cet ensemble exceptionnel de fragments inédits de sculptures gothiques polychromes constitue la découverte majeure de cette intervention. Mais un autre registre, celui de l'archéologie funéraire, bien documenté par ailleurs, est venu défrayer la chronique.

Durant l'ensemble des opérations de fouilles préventives, les sépultures – qui auraient été détruites par les travaux si une prescription n'avait pas été émise par la Drac – ont fait l'objet d'une fouille respectueuse et minutieuse. Croisée du transept, réseaux intérieurs et carneaux, cave Soufflot : la majeure partie des zones explorées a livré des tombes, la plus forte densité se situant dans les collatéraux nord et sud de la cathédrale. Les ossements ainsi que les restes de certains cercueils en bois ou cuves en plâtre ont été prélevés pour étude en laboratoire. Plus d'une centaine de sépultures ont été identifiées, et quatre-vingts d'entre elles ont été fouillées sous l'autorité de Camille Colonna, archéo-anthropologue à l'Inrap.

Presque tous les individus mis au jour à l'intérieur de Notre-Dame sont des adultes. La plupart d'entre eux présentent des pathologies liées à la sénescence comme l'arthrose, l'édentation ou l'ossification des cartilages qui témoignent d'une population plutôt âgée. À une exception près, tous les squelettes sont de sexe masculin. Sans surprise, ce tableau reflète une population attendue dans une cathédrale, constituée de religieux ou de laïcs issus des classes privilégiées.

C'est la mise au jour à la croisée du transept de deux sarcophages de plomb anthropomorphes, bien conservés, qui nous a incités à solliciter l'expertise d'Éric Crubézy (UMR 5288 université Toulouse-III/CNRS), avec lequel l'Inrap avait déjà travaillé et celle de l'institut médico-légal du CHU de Toulouse. Le premier sarcophage, on le sait, fut rapidement identifié : il s'agissait de celui du chanoine Antoine de La Porte (1627-1710) dont l'épitaphe figurant sur son cercueil avait permis l'identification. L'autre défunt, anonyme, fait l'objet de cette recherche anthropologique et historique.

Le lecteur connaît Joachim du Bellay, le poète, dont certaines œuvres ont accompagné sa scolarité et dont quelques sonnets habitent encore tendrement sa mémoire. Il sait également que la rencontre du Ligérien avec Pierre de Ronsard fut à l'origine de la Pléiade et que, en 1549, il publia un plaidoyer en faveur du français *La Deffence et Illustration de la langue francoyse*. La biographie de Joachim du Bellay n'était pas inconnue : la date (le 1er janvier 1560) et le lieu de son décès (Paris) comme celui de son inhumation (Notre-Dame) étaient déjà assurés. L'archéologie et l'étude de la sépulture ne livrent évidemment pas un sonnet de plus, et l'œuvre de Du Bellay tout comme son aura en resteront inchangées même si cette dernière fut sans doute ravivée… Comment alors expliquer le retentissement médiatique spectaculaire qu'ont eu cette proposition d'identification et l'importance de ce livre par son approche, sa méthode et ses résultats ?

En premier lieu, notons que, pendant longtemps, l'humain a paradoxalement été tenu à l'écart des questionnements archéologiques et ce sont surtout ses productions matérielles (objets, habitats, construction des paysages…) ou idéelles (cultes, rites, étude des sociétés…) qui retenaient l'attention des chercheurs. Dans les décennies 1980-1990, un renouveau de l'archéologie funéraire, jusqu'alors centrée sur l'architecture des tombes et les dépôts d'objets, a permis le développement de l'archéothanatologie (première attestation du terme en 1998 !). Même si les objets déposés, les offrandes rituelles et l'architecture funéraire sont toujours étudiés, les restes du défunt sont placés au centre du discours, et l'anthropologie dite « biologique » (étude des restes humains) est associée à l'anthropologie sociale et à l'ethnologie. L'archéologie – à la croisée d'autres disciplines – a de fait pu reconsidérer l'humain non pas uniquement comme « producteur » ou « produit » de l'histoire mais comme porteur de sa propre histoire, individuelle ou collective ; une histoire sensible, nuancée et plurielle, comme en témoigne le récit du « cavalier de Notre-Dame ».

Par ailleurs, l'enquête dans laquelle nous entraîne Éric Crubézy offre au lecteur une démonstration précise et pédagogique du mode de fonctionnement du chapitre de Notre-Dame de Paris et de la gestion des espaces sépulcraux – ses pratiques, ses stratégies, mais aussi ses intrigues – par les chanoines au sein de la cathédrale. On en apprend beaucoup et on en devine sur cette institution, non sans surprises et rebondissements.

Enfin, l'annonce de la possible identification du « cavalier de Notre-Dame » à Joachim du Bellay, au cœur d'un chantier de reconstruction aux mille défis, a fait naître à l'échelle des individus et de la nation une nouvelle démonstration de la capacité du patrimoine et de l'archéologie à émouvoir, à partager de la connaissance et à créer du lien. L'enquête complexe et non sans risque, comme un voyage dont on s'est « retourné, plein d'usage et raison », méritait donc d'être menée et restituée de façon rigoureuse mais agréable, avec ses certitudes et ses doutes. L'Inrap est heureux d'en être à l'origine, de l'avoir documentée et interrogée, et de continuer à contribuer, sur le terrain et en laboratoire, à l'écriture d'une histoire archéologique de Notre-Dame de Paris. Ici comme en deux mille lieux du territoire :

« Nous fouillons, c'est votre histoire. »

Dominique GARCIA,
professeur des universités
et président de l'Inrap.

INTRODUCTION

L'odyssée du cavalier de Notre-Dame

« Sur la face de cette vieille reine [...] on trouve toujours une cicatrice. »

Victor HUGO, *Notre-Dame de Paris*, 1831.

Notre-Dame brûlait. Devant une multitude, la flèche de la cathédrale s'embrasa, s'effondrant à l'intérieur du bâtiment. Rarement dans l'histoire de l'humanité la destruction d'un édifice historique – chargé de symboles tels que la chrétienté, l'identité française et l'imaginaire collectif, des rois de France à Paul Claudel, jusqu'à une simple prière, une visite ou une photo de carte postale – ne s'était manifestée de manière aussi simultanée pour tant de millions de personnes, présentes ou rivées à leurs écrans, partagées entre attention et stupeur. Cette catastrophe révélait une faille au cœur de la civilisation occidentale, un rappel brutal de la fragilité du patrimoine et de l'histoire partagée. La cathédrale ne figurait-elle pas parmi les monuments les plus visités au monde, attirant jusqu'à quatorze millions de visiteurs chaque année ? Certains chantaient des cantiques, d'autres priaient, les puissants et les élites exprimaient en direct leur désarroi sur les réseaux sociaux.

Le président de la République, soucieux de la symbolique attachée à cet édifice emblématique, prit la décision que, cinq ans plus tard, il devait être reconstruit à l'identique pour préserver son imaginaire ancré dans l'histoire collective. Il s'agissait alors de s'atteler à cette tâche colossale tout en se prémunissant contre la pollution résultant des quelque quatre cent cinquante tonnes de plomb fondu qui avaient enveloppé la flèche et la charpente du bâtiment. Un chantier d'une envergure monumentale et d'un statut juridique *ad hoc*, alors placé sous la direction d'un général* s'imposait comme l'unique moyen de progresser en contournant les pesanteurs administratives. Cependant, la reconstruction ne se réduisait pas à une simple reproduction extérieure ; elle impliquait surtout la préservation de ce qui pouvait l'être, la compréhension minutieuse de ce qui subsistait, et une démarche destinée à saisir la genèse de l'édifice au fil du temps. C'était l'occasion de le réinventer à l'identique, voire d'améliorer ses systèmes électriques, son chauffage, ses dispositifs de sécurité, ainsi que de revoir le parcours d'accueil pour le public et les fidèles.

Rapidement, les archéologues et les restaurateurs furent donc appelés ; s'ils travaillaient pour comprendre et sauver la nature du monument afin que d'autres puissent le revitaliser et le rendre plus fonctionnel, c'était aussi un moment unique à saisir pour comprendre son histoire, démêler ses phases de construction mais aussi de destruction. Certaines des découvertes faites à cette occasion, qu'ils tenteraient de traduire en autant d'événements historiques, pouvaient, en raison de ce qu'était et de ce que représentait encore ce monument, évoquer des symboliques d'autres époques et nourrir l'imaginaire du temps présent.

---

* Le général Jean-Louis Georgelin. Après son décès l'été 2023, le haut fonctionnaire Philippe Jost a pris sa succession à la tête de l'établissement public chargé de la restauration de Notre-Dame.

C'est ce qui advint avec le cavalier de Notre-Dame. Issu d'une tombe fouillée à la croisée du transept de la cathédrale, dans un lieu profondément symbolique, il reste mystérieux. Malgré les analyses, l'identité du cavalier continue d'échapper à la certitude, certains indices ayant trait à son lieu d'inhumation exhumant de nouvelles questions plutôt que des réponses. Pourtant cette découverte permit de s'interroger sur Joachim du Bellay, un homme de la Renaissance doué d'une « inaptitude exceptionnelle à l'illusion[1] », ce qui permit alors de tisser un lien entre la petite histoire, celle d'un homme et de ses conditions d'inhumation, et la grande. La révélation du contexte de sa vie me transporta de la biographie d'un personnage à l'ontogénie de son œuvre. Elle éveilla en moi de multiples questionnements, notamment sur les raisons qui avaient plongé un personnage aussi éminent dans l'ombre auprès de nombre de contemporains dont je faisais partie. Cette ignorance ne révélait-elle pas l'effacement progressif d'une culture littéraire et d'une poésie particulière, supplantées par un engouement croissant vers d'autres cultures, d'autres technologies ? Ces dernières nous guident désormais vers des territoires jadis repoussés, comme l'illustre l'identification médico-légale théâtralisée dans la saga des *Experts*. Cependant, cette démarche d'identification suggère que ce qui pouvait sembler superflu dans le cadre d'une éducation littéraire et que cette dernière négligeait de nous fournir, pouvait peut-être constituer une nouvelle voie pour exhumer les motivations, et dévoiler les inspirations d'un homme du passé. Si le village de la culture classique disparaît sous les coups des barbares urbains[2], l'odyssée du cavalier de Notre-Dame démontre que des voies issues des disciplines médicales peuvent nous ramener au cœur de ce village, tout en nous révélant une vie d'autrefois et d'anciennes souffrances en résonance avec nos préoccupations contemporaines.

PARTIE I

LE CHANOINE ET L'INCONNU

CHAPITRE 1

Deux cercueils à l'hôpital

« Combien le terme de nostre course est encore loing ! »

Joachim du Bellay,
Défense et Illustration de la langue française,
Livre II, xii.

En ce matin de fin novembre, les lueurs de l'hôpital au sommet de la colline enveloppaient faiblement le parking de la morgue, appelée plus correctement « espace d'accueil mortuaire ». Il pleuvait et, comme la morgue était pleine depuis bien longtemps, le patron de la médecine légale, Norbert, avait fait installer un camion frigorifique sur le parking pour recevoir les corps que les forces de l'ordre apportaient plus vite que l'équipe d'autopsie n'arrivait à désengorger de l'étage du dessus. Les voisins du centre de recherche adjacent n'appréciaient pas de voir entrer et sortir les corps quand ils descendaient pour s'en fumer une sur le parking, mais si la bonne ville de Toulouse n'atteignait pas le record d'une certaine ville du Sud-Est de la France, les homicides et les découvertes de corps en tout genre lui parvenaient de toute la région et il fallait bien les traiter. Le service allait s'agrandir, déménager et la situation s'améliorer. Pour l'instant, la circulation était régulée et il n'y avait guère de voitures sur le parking. Seul contre la morgue se dressait un immense barnum blanc sur lequel la pluie ruisselait. Il avait été monté la veille sous la direction de Christophe, archéologue de l'Institut national de recherches archéologiques préventives, qui dirigeait les fouilles de Notre-Dame de Paris.

Avec Norbert et Christophe, nous attendions le camion qui devait arriver d'un moment à l'autre. Spécialisé dans le transport d'œuvres d'art, il était chargé de livrer, depuis un lieu connu seulement de quelques initiés, deux cercueils en plomb, découverts plusieurs mois auparavant par l'équipe de Christophe dans Notre-Dame de Paris. Cela n'avait pas été sans mal d'ailleurs. Très lourds, ils avaient dû être levés à l'aide d'un système de palans réalisés sur mesure, puis le religieux qui avait la responsabilité de la cathédrale les avait bénis avant qu'ils quittent le saint lieu. Cérémonie pour le moins originale, car si aujourd'hui, dans les rites funéraires la bénédiction du corps, son aspersion à la fin de la cérémonie par de l'eau bénite est considérée comme un dernier adieu, un geste qui scelle la séparation[1], rien n'est prévu pour des pratiques d'exhumation lorsque les rites de séparation ont été correctement réalisés, ce qui devait être le cas pour celles ou ceux déposé(e)s dans ces cercueils. Cette bénédiction caractérisait donc autre chose, elle n'était pas un rappel de la perte, de la séparation, mais elle marquait plutôt une retrouvaille avec des disparus et elle affirmait pour le religieux la présence de Dieu. Elle était en même temps un signe de protection dont on ne savait trop s'il concernait les cercueils, les morts, ou en même temps ceux qui seraient chargés de les étudier, Dieu s'intéressant pour les chrétiens à l'homme à tous les moments[2]. Il est vrai que Notre-Dame est un haut lieu du christianisme, qui abrite des cérémonies, des tombes, mais qui a aussi connu des miracles devant la statue de la Vierge[3] et des conversions, la plus connue étant celle de Paul Claudel et la façon dont elle s'est passée : « J'étais moi-même debout dans la foule, près du second pilier à l'entrée du chœur à droite du côté de la sacristie. Et c'est alors que se produisit l'événement qui domine toute ma vie. En un instant mon cœur fut touché et je crus[4]. » La conversion de Paul Claudel, poète, avait notamment été précédée de la lecture d'*Une saison en enfer*[5] dont je ne me suis toujours remémoré que de l'évocation, qui pouvait avoir été prémonitoire, d'un cercueil : « Le sort du fils de famille, cercueil prématuré couvert de limpides larmes. »

Une cathédrale pour une élite religieuse

Parce que Notre-Dame était le siège de l'évêché de Paris, lieu de culte et de pouvoir au cœur de la capitale, elle a toujours suscité l'intérêt des grands et des élites, désireux d'y associer leur nom depuis la pose de la première pierre en 1163. Alors que la cathédrale aurait pu devenir le lieu d'inhumation des rois de France, les corps de ces derniers étaient placés depuis bien longtemps sous la protection de saint Denis, dans une basilique située à cinq kilomètres au nord de Paris. Quant à la cérémonie du sacre des rois, elle avait lieu à Reims, où était conservée l'huile miraculeuse destinée à oindre le roi, le saint chrême. Toutefois, Notre-Dame a été embellie par les élites au cours des siècles et elle a été le théâtre de nombre de célébrations solennelles mais, contrairement à d'autres grands édifices chrétiens, elle n'est pas devenue un lieu de sépulture pour l'aristocratie, même si la reine Isabelle, épouse de Philippe Auguste, y a été enterrée tout comme les entrailles, restes de leur embaumement, de quelques rois de France dont Louis XIV.

Au fil du temps, elle s'est naturellement transformée en lieu d'inhumation pour une élite religieuse, en particulier ses évêques et archevêques. Plus de quatre cents tombes portant une épitaphe sont recensées dans les archives, mais il est probable qu'il en ait existé bien davantage au fil du temps. Avant la fin du XVIIIe siècle, le sol était couvert de plaques tombales où étaient gravés des noms, des dates de décès, des silhouettes de gisants, inhumés à différentes périodes avec pour chacune ses spécificités. Les murs étaient tapissés d'épitaphes et d'évocations des morts déposés dans des fosses ou des caveaux à quelques mètres de là. Au sein de ce qui restait de ce foisonnement funéraire, la découverte de deux tombes aurait donc pu aisément passer inaperçue. Mais celles-ci avaient été mises au jour à un emplacement particulier de la cathédrale (figure 1), là où son grand axe représentant les jambes, le tronc et la tête du Christ – à l'est – croise le transept, les bras du Christ – un au nord, l'autre au sud –, dont chaque extrémité est percée d'une gigantesque rosace. Cette croisée du transept est un lieu hautement symbolique et sacré d'autant plus qu'au Moyen Âge elle était fermée du côté du chœur par un mur appelé jubé, percé d'une porte surmontée d'une grande croix. Les personnes inhumées à cet endroit n'étaient probablement pas des évêques ou des archevêques, qui avaient leur place réservée dans le chœur, lieu d'autant plus sacré que l'on se rapprochait de l'autel, mais plutôt une élite particulière dont la nature restait à définir. La fouille de ces tombes n'avait pas été sans controverse, impliquant des discussions entre le général, les archéologues et le ministère de la Culture. Le général devait respecter un calendrier strict pour l'installation d'un échafaudage au centre de la cathédrale (figure 2), nécessaire notamment pour le remontage d'une flèche en bois identique à celle qui avait brûlé et il ne désirait pas perdre du temps pour quelques squelettes. La fouille avait enfin été autorisée et, sans elle, le chantier aurait écrasé irrémédiablement ce qui reposait sous sa base.

Lors des fouilles, deux cercueils en plomb furent découverts, presque parfaitement alignés sur le grand axe est-ouest de la cathédrale. Le premier se trouvait à quelques mètres de l'ancienne porte du jubé, tandis que le second était situé plus à l'ouest, dans son prolongement. Le premier était celui du chanoine Antoine de La Porte, né en 1627 et décédé en 1710. Sur ce cercueil, les archéologues mirent au jour une plaque de plomb portant une épitaphe en latin, une inscription en français gravée sur une plaque en bronze, ainsi que trois médailles frappées l'année de son décès à l'effigie du défunt[6]. L'étude du squelette confirma rapidement qu'il s'agissait bien d'un homme très âgé, en accord avec l'épitaphe. Derrière cette découverte apparemment simple dès les premiers jours de la fouille, quelque chose d'autre se révélait. C'était la confrontation entre les documents historiques et les découvertes archéologiques, la rencontre entre ce que l'on savait et ce qui émergeait soudain du passé de la cathédrale. Cette tombe qui semblait sans secret se chargeait soudain d'une histoire plus complexe. Elle permettait aussi un regard sur une époque où le temps s'écoulait autrement. Presque quatre siècles séparaient, par ordre d'un vœu royal, les modifications profondes de la cathédrale – dont la réalisation demanda plus de quatre-vingts ans – de sa restauration en cinq ans à la suite de l'incendie, sur décision du président de la République.

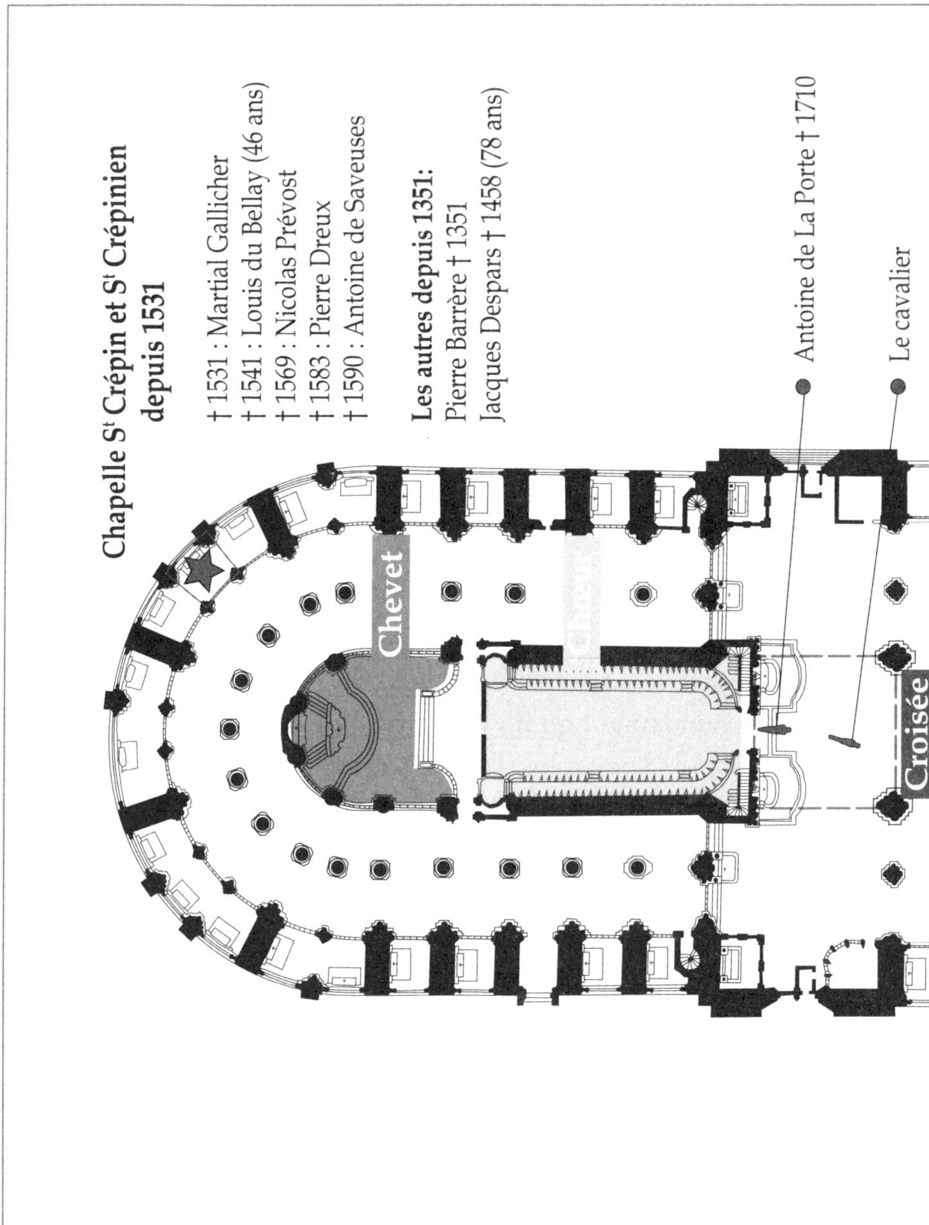
Chapelle St Crépin et St Crépinien depuis 1531
† 1531 : Martial Gallicher
† 1541 : Louis du Bellay (46 ans)
† 1569 : Nicolas Prévost
† 1583 : Pierre Dreux
† 1590 : Antoine de Saveuses
Les autres depuis 1351:
Pierre Barrère † 1351
Jacques Despars † 1458 (78 ans)
Antoine de La Porte † 1710
Le cavalier
Chevet
Croisée

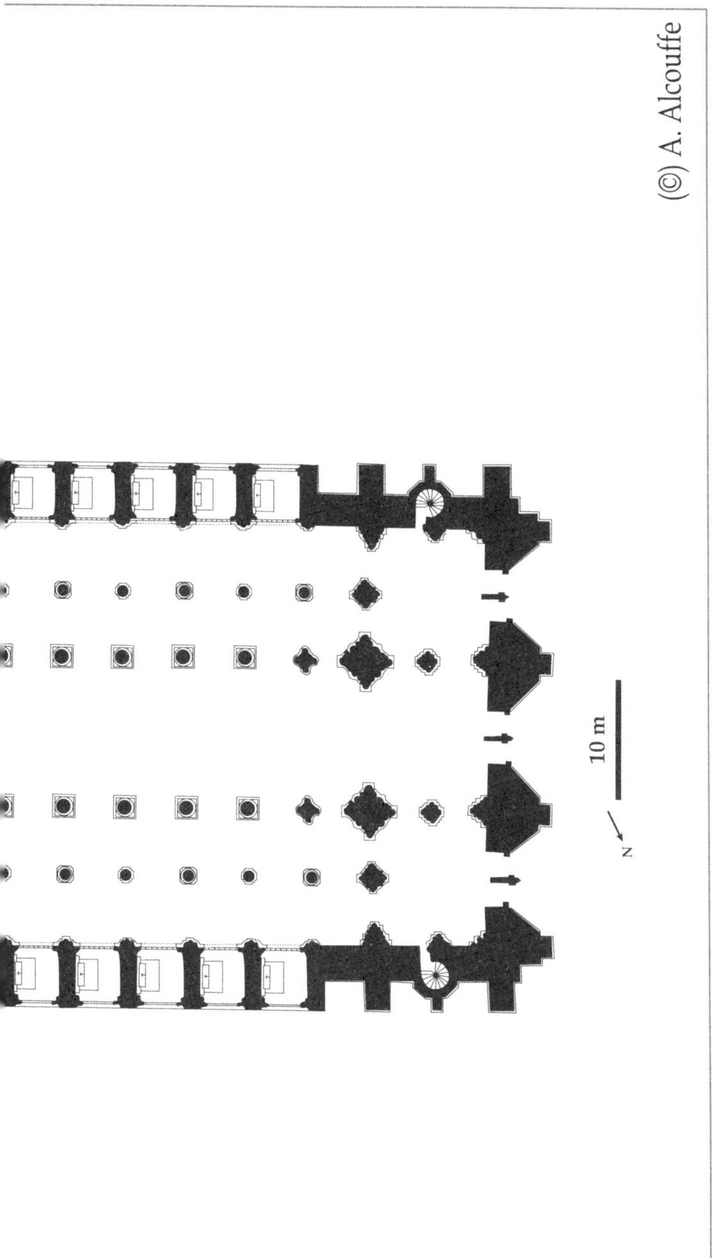

Figure 1. Emplacement des cercueils du chanoine Antoine de La Porte, du « cavalier de Notre-Dame » et de la chapelle Saint-Crépin dans la cathédrale de Paris. Plan général après les travaux de 1689 et la transformation du chœur ; emplacement des cercueils (données Christophe Besnier, septembre 2024).

Figure 2. Les fouilles de la croisée du transept (© Denis Gliksman, Inrap).

Le chanoine Antoine de La Porte et l'inconnu

Le chanoine Antoine de La Porte. Un nom parmi tant d'autres au sein des morts de « l'église de Paris », comme on appelait alors Notre-Dame. Mais il avait certainement quelque chose de plus vis-à-vis de l'édifice, comme le suggère cette devise en latin sur l'une des faces des médailles : « Comme un olivier fertile dans la maison de Dieu ». À sa mort, il avait le titre de « chanoine jubilé » en raison de ces cinquante ans de canonicat célébrés en 1699. L'homme était riche, il avait mené une vie d'aisance à l'ombre de Notre-Dame, à murmurer des prières, à célébrer des messes et à y faire de riches donations. Mais il était plus que cela. Vers la fin de sa vie, il désirait laisser une empreinte éternelle dans la cathédrale. La réalisation d'un vœu ancien voulu par Louis XIII allait lui en donner l'occasion.

L'histoire débute en 1636, lorsque Richelieu et Louis XIII décidèrent de laisser une lampe allumée en permanence à Notre-Dame, en signe de prière pour les succès des armées royales. Les victoires se succédèrent alors. Dans le même temps, Louis XIII, après plus de vingt ans de mariage, espérait enfin un héritier. Selon certains mémorialistes, la conception du dauphin fut le fruit d'un orage qui poussa le roi à retarder un départ et à passer la nuit avec la reine. Toutefois, l'entourage royal attribua la naissance du futur Louis XIV à une série de neuvaines dédiées à la Vierge. Dès lors, le roi fit un vœu : consacrer la France à la Vierge Marie. Ce vœu prit forme à travers des promesses : faire du 15 août un jour férié – nous en bénéficions encore aujourd'hui – et ériger un nouveau maître-autel à Notre-Dame. Mais Louis XIII mourut et la promesse resta en suspens.

Cinquante ans plus tard, en 1698, Louis XIV demanda à l'archevêque de Paris de réaliser ce vœu et les travaux commencèrent en 1699[7]. Mais les temps étaient difficiles. La France était en guerre, les caisses royales vides, la construction de Versailles accaparait l'attention du roi et les premiers travaux traînaient. Après quelques années, le chanoine Antoine de La Porte, alors âgé de 81 ans, malade et se déplaçant difficilement, voyait sa fin approcher. Il voulait laisser une trace et il multipliait les donations. En 1708, il offrit de prêter 10 000 livres par an pour la construction du maître-autel dont seule la moitié devait être remboursée par le roi à son décès, il s'engageait aussi à faire réaliser à ses frais une série de tableaux pour décorer le nouveau chœur. Le roi accepta et les travaux purent commencer.

Les travaux débutèrent par la destruction du jubé, cette tribune qui séparait la nef du chœur. À Notre-Dame, il était divisé entre le chœur proprement dit, avec les stalles sur lesquelles s'asseyaient les chanoines et le chevet avec le maître-autel où l'évêque officiait lorsqu'il était présent. Au sein des édifices sacrés du Moyen Âge, les membres du clergé, fervents de prières en quête de paix et de silence, se rassemblaient dans le chœur et une séparation, matérialisée par le jubé, l'isolait des fidèles à qui étaient réservés la nef et le transept. À Notre-Dame, ce jubé prenait la forme d'une tribune ajourée à plusieurs endroits sur laquelle des sculptures polychromes narraient la vie du Christ. C'est là qu'un clerc montait dans un des deux pupitres face à la nef, pour leur proclamer l'Évangile, lire les épîtres et psalmodier les prières durant les offices. Ainsi, même si les croyants écoutaient la messe, ils n'en avaient pas une vision directe. Cette séparation engendrait, parfois, une sorte de désordre. Au lieu de demeurer en silence, alignés dans la nef, à essayer d'écouter les paroles qui émanaient du chœur, nombre de fidèles, parmi lesquels des mendiants* cherchant un abri, erraient autour du jubé, discutant des récits de la vie du Christ, troublant les messes basses, sans chant, où les prières étaient chuchotées. Elles étaient célébrées quasiment en permanence dans les chapelles où le clergé honorait la mémoire d'un défunt, le saint du jour, ou célébrait une messe à la demande d'une confrérie, telle celle des cordonniers à saint Crépin. La destruction du jubé n'était pas liée à Notre-Dame au vœu de Louis XIII – qui désirait avant tout un nouveau maître-autel – mais aux délibérations du concile de Trente dont nous reparlerons, qui leva le voile pour les fidèles sur la cérémonie de l'eucharistie. Toutefois, la fin du jubé et la réalisation du maître-autel furent l'objet d'une même et longue campagne de travaux.

Le maître-autel, avec ses statues de Louis XIV et de Louis XIII offrant sa couronne à la Vierge, ne fut achevé qu'en 1725. Cela faisait quatre-vingt-sept ans que Louis XIII avait formulé ce vœu, et quinze ans que le chanoine était mort. Lors de son décès, le doyen du chapitre avait demandé qu'il soit inhumé dans la nef, respectant certainement les dernières volontés du défunt, « vers le premier degré, au milieu de la porte centrale du chœur[8] ». Contrairement aux évêques et aux archevêques, sa dépouille n'avait pas droit au chœur mais elle s'en rapprochait et « il voyait l'autel ». Son tombeau, découvert au centre de la croisée du transept, fut préparé avec soin et, sous son cercueil,

* Données Darwin Smith : « *Ordinatum est quod de cetero non permictantur stare pauperes circa circuitum chori propter rumores quos ibi faciunt et vadant in navi, et si noluerint obedire incarcerentur* », [« Il est ordonné que désormais on ne permettra pas aux pauvres de se tenir autour du pourtour chœur à cause du bruit qu'ils y font, et si ils ne veulent pas obéir qu'ils soient mis en prison »], 29 juillet 1415, §2, Arch. nat. LL 112, p. 63 ; « *Ordinatum est quod graciose ut melius fieri poterit expellantur pauperes a circuitu chori et vvadunt in navi ecclesie propter imundicias et tumultus quos faciunt sic quod aliquado impediunt celebrare in capellaniis* », [« Il est ordonné d'expulser les pauvres du pourtour du chœur aussi aimablement qu'on pourra le faire, et qu'ils aillent dans la nef, à cause des saletés et du bruit qu'ils font si bien que parfois ils entravent la célébration dans les chapelles »], 9 janvier 1430, §7, Arch. nat. LL 113, p. 184.

les archéologues retrouvèrent un morceau du jubé, témoignage des destructions en cours à l'époque. Décédé le 24 décembre, la levée du corps eut lieu le 25 et il fut transporté à six heures du soir à Notre-Dame, dans le chœur où les vêpres furent chantées ; une messe solennelle, accompagnée d'un *Te Deum*, un hymne commençant par « nous te louons, ô Dieu », fut dit le 29 décembre. Il est étonnant que le cercueil en plomb sur mesure ait pu être préparé en moins de trente-six heures alors que Noël était un jour chômé. Par ailleurs, si la fosse pour le tombeau avait pu être creusée, l'état observé à la fouille ne pouvait sûrement pas être finalisé d'autant plus que, avec la veillée de Noël le 24 au soir, je n'imagine pas les ouvriers ouvrant une fosse devant les fidèles dans l'un des lieux les plus fréquentés de la cathédrale (figure 3). Cependant, cercueil et tombeau auraient pu être prêts pour la messe solennelle. Après sa mort, des médailles furent frappées à son effigie. La tombe resta ouverte quelque temps, ou bien on la rouvrit, pour y placer ou jeter trois de ces médailles, à moins que le corps n'ait été placé que plus tardivement dans le tombeau.

D'ailleurs, en 1949, son biographe, Pierre-Marie Auzas, signale déjà quelques incohérences de temps, se demandant quand fut déposée sur la tombe en marbre son épitaphe, le terme « quelque temps » repris antérieurement devant peut-être être remplacé par plusieurs années. En effet, la réalisation du tombeau en marbre noir nécessita certainement plusieurs mois et l'épitaphe signale la réalisation des fameux tableaux offerts par le chanoine qui ne furent réalisés qu'après 1712. Le chapitre dans les années qui suivirent fit peindre un tableau le représentant malgré les procès engagés pour sa succession afin de décider qui allait finalement rembourser la moitié des fameux prêts ! Tout aurait pu finir ainsi. En 1769, cinquante-neuf ans après la mort

Figure 3. La fouille de la tombe d'Antoine de La Porte (© Denis Gliksman, Inrap).

du chanoine, on décida de repaver le sol de la cathédrale en marbre. Beaucoup de plaques tombales et de tombeaux furent détruits. Mais le chapitre se souvenait encore de ce bienfaiteur de Notre-Dame dont la tombe se rappelait à eux chaque jour. Ils retirèrent le tombeau en marbre, ouvrirent la tombe, déposèrent peut-être à ce moment-là la plaque de plomb sur le cercueil, à moins qu'elle ne l'ait été lors de la mise en place de l'épitaphe gravée dans le marbre sur le tombeau. L'emplacement exact de la tombe se perdit sous les nouveaux pavés. Pour que cette mémoire ne s'efface pas complètement, le chapitre fit recopier l'épitaphe sur une plaque de marbre blanc, qui fut accrochée à quelques mètres de l'emplacement où les archéologues avaient découvert la tombe, sur le pilier nord-ouest du transept où elle était couronnée par un cénotaphe – tombeau vide à la mémoire d'un mort – représenté par une urne de bronze. La plaque et le cénotaphe furent abîmés par les révolutionnaires en 1793 et détruits en 1804[9] lors d'une « réfection » de la cathédrale qui annonçait, non pas le sacre d'un roi, mais celui de l'empereur des Français, Napoléon Ier. La France et Notre-Dame avaient définitivement changé d'époque.

L'autre cercueil trouvé à la croisée du transept abritait dès sa découverte un mystère, une silhouette anonyme qui se détachait du couvercle moulé sur le corps et qui devait être altéré. Le cercueil était dans une ancienne tombe trop petite pour lui (figure 4), dont le fond était caché par un mauvais remblai (figure 5) qui n'avait même pas été aplani*. Il se retrouvait donc en oblique par rapport à l'axe de la fosse et complètement incliné[10]. Un manque d'apprêt étonnant pour une situation exceptionnelle. S'il y avait eu une épitaphe sur sa plaque tombale, il n'aurait pu rester ignoré.

---

* Le remblai pourrait avoir été introduit volontairement dans la tombe pour éviter que le cercueil se retrouve en porte-à-faux, ce qui l'aurait affaibli. Son obliquité dans la tombe peut être liée aux petites dimensions de celle-ci, mais aussi à une volonté d'aligner l'axe du cercueil avec la porte du jubé, surmonté d'une grande croix.

Figure 4. Le cercueil du cavalier de Notre-Dame dans un ancien tombeau réoccupé (© Denis Gliksman, Inrap).

Figure 5. Coupe du remblai sous le cercueil du cavalier de Notre-Dame (© Denis Gliksman, Inrap).

Dès la découverte, l'ombre de Louise de Quengo s'était étendue sur l'étude à venir. Noble bretonne disparue en 1656, retrouvée dans sa sépulture de plomb lors des fouilles du couvent des Jacobins à Rennes en 2014, elle avait offert aux chercheurs une fenêtre sur les rituels funéraires d'une époque révolue. Louise n'avait pas été inhumée avec son époux mais le cœur de son mari avait été déposé dans une urne en plomb sur sa tombe, tandis que le sien avait été prélevé et il reposait probablement sur celle de son mari inhumé à plus de deux cents kilomètres d'elle[11]. Ce rite, dit des funérailles multiples, avait pour but de faire bénéficier le défunt d'un maximum de messes et de personnes qui priaient pour lui, afin qu'il puisse gagner le paradis[12]. Il renforçait par ailleurs les relations de la famille avec les institutions religieuses, car ces destinations doubles et parfois multiples s'accompagnaient de messes et de donations. Cela renforçait aussi l'image de ces institutions qui accueillaient des restes prestigieux et les monuments qui les accompagnaient. Ces découvertes découlaient d'une préservation exceptionnelle des vêtements et du corps et d'un éclairage historique qui autorisaient comparaison avec les neuf cents autres inhumations du couvent. Les archéologues espéraient dans le contexte de Notre-Dame une découverte au moins équivalente, voire surpassant toute attente. Après tout, Louise n'était qu'une modeste noble provinciale et la cathédrale allait sans nul doute dévoiler des découvertes d'une ampleur plus considérable. Certains, parmi lesquels je me trouvais, se demandaient quand les cercueils en plomb, offrant une protection particulièrement efficace grâce au métal et à l'aspect hermétique, destinés aux élites étaient apparus. S'ils s'étaient généralisés après le concile de Trente de 1545 à 1563, ne prétendait-on pas que la cathédrale avait accueilli de tels cercueils dès le XIVᵉ siècle ? Paris, dès cette époque, aurait donc dicté les tendances de la mode, même dans le domaine funéraire. Le cercueil en plomb de Louise de Quengo avait été transporté depuis Rennes à Toulouse et il avait été ouvert sur ce même parking, ce qui expliquait la présence matinale de Norbert, de moi-même et cette attente des deux cercueils.

L'ambiguïté des morts : entre sujets d'étude et identités perdues

Au-delà du savoir-faire requis, l'envoi des cercueils dans ce service de médecine légale était entremêlé de considérations éthiques et pragmatiques. Les restes humains, mis au jour lors de fouilles archéologiques, étaient traités avec respect depuis des années, mais demeuraient, par essence, un « matériel scientifique » destiné à l'étude. Les frontières entre les restes d'un être humain, en tant que sujet, et le « matériel scientifique » étaient parfois floues. Une notion que Hergé, dans deux albums de Tintin, *Les Sept Boules de Cristal* et *Le Temple du Soleil*, écrits dans les années 1940, avait perçue de manière précoce, démontrant admirablement comment une momie, telle que celle de l'Indien Rascar Capac, pièce de musée et sujet d'étude pour des savants occidentaux, demeurait vénérée par les descendants des Incas. Plus étonnant encore, Hergé avait compris que les savants ne pouvaient pas rendre une pièce scientifique aux descendants incas et qu'il aurait été déshonorant pour ces Indiens de la voler[13]. Ce fut donc son génie de faire disparaître Rascar Capac dans l'explosion d'une boule de foudre, phénomène rare mais qui ne devait rien à son imagination. Des réflexions postérieures ont souligné que la limite entre un sujet et du « matériel scientifique » résidait dans le nom. Hergé n'avait pas présenté à une expédition occidentale une momie inconnue et les archéologues n'avaient pas retrouvé à Notre-Dame deux sujets anonymes. À côté du chanoine Antoine de La Porte il y avait ce « sujet 197 », un « matériel d'étude » que nous espérions identifier car il devait bien être quelqu'un à son époque. « Si l'on n'est pas "quelqu'un", l'absence de titre connu rend plus rapide encore la décomposition de la mort[14]. »

Ce « sujet » et ce « sujet connu potentiel » devaient être traités comme des morts ordinaires pour lesquels l'autopsie ou l'identification sont requises. Un service de médecine légale était donc nécessaire. Situé au sein d'un centre hospitalier universitaire, il garantissait aussi aux chercheurs l'accès à une multitude de collègues compétents et d'instruments divers, de la radiologie à la dentisterie, prêts à être mobilisés autour des corps ou des squelettes.

Cette atmosphère de parking, cette lueur de décembre, la pluie fine, un réveil trop précoce, l'absence de café, Norbert dans le rôle du médecin légiste débonnaire, Christophe et l'équipe à l'écart, attendant tous les cercueils, me plongèrent dans un état second, semblable à celui que j'éprouve lorsque je m'assoupis dans les transports en commun ma tablette à la main ouverte sur un vieux roman policier. « Vous avez le colis ? » L'homme acquiesça, ouvrit la porte arrière du camion, révélant deux cercueils simples, froids et impersonnels. « Qui est là-dedans ? », interrogea Norbert, jetant un coup d'œil suspicieux. Le chauffeur haussa les épaules. « Un chanoine et un inconnu. Trouvés dans Notre-Dame. Morts depuis longtemps. La routine. » Christophe inspecta les cercueils. « Ça sent le problème pour l'inconnu », marmonna-t-il. Aude, surveillante de la médecine légale à qui n'échappait aucun détail, me toucha du doigt pour me tirer de ma rêverie à la Raymond Chandler. Il fallait que je m'éloigne du milieu du parking. Le camion était arrivé, il manœuvrait pour s'installer près du barnum qui ressemblait étrangement à celui mis en place pour la fête de l'école des enfants ou pour le marché de Noël. L'intervention semblait plus avoir été conçue comme un conte de fées qu'un roman noir. L'ouverture du hayon arrière dévoila deux grandes valises noires, soigneusement entourées d'aluminium, conçues sur mesure pour le transport de marchandises fragiles. Une touche de professionnalisme indéniable. Camille et Sylvie, les archéologues de l'Institut national de recherches archéologiques préventives (Inrap), qui allaient fouiller les cercueils, commencèrent à s'organiser pour leur transfert pendant que les caméras se mettaient en marche. L'ambiance était loin d'évoquer un roman policier des années 1960 ou un film noir, sombre, tragique et teinté de masculinité. Bien au contraire, à côté de la rigueur nécessaire à ce déplacement, régnait une atmosphère détendue, féminine et chargée d'espoir. Entre leur exhumation à Notre-Dame et leur arrivée sur le parking, plusieurs mois s'étaient écoulés. Les risques liés à la poussière de plomb pour la santé imposaient des protocoles d'étude stricts, bien que mal adaptés à un contexte si particulier. Des ajustements, des signatures de papiers, des conventions et des protocoles, prenant en compte les contraintes de chacun, avaient été nécessaires. La décision de réaliser un film avait été prise afin de partager ces découvertes avec un public plus large et Florence dirigeait le scénario, et la caméra. Après ces mois d'attente, le travail tant attendu allait enfin débuter.

Le barnum, conçu pour éviter toute intoxication au plomb, était scindé en deux parties. Un sas où revêtaient des tenues spéciales ceux qui allaient réaliser l'ouverture des cercueils et, prolongeant ce sas, une pièce hermétique où s'effectuerait cette délicate opération. Cette phase représentait l'épreuve la plus difficile car il fallait découper les cercueils sans endommager ni effleurer ce qui se trouvait à l'intérieur. Avant cette ouverture, un nettoyage minutieux était entrepris, à la recherche d'éventuelles inscriptions, décors ou traces de fabrication. Un relevé photographique en trois dimensions des cercueils, appelé photogrammétrie, était réalisé : il serait répété à chaque étape de la fouille et de l'étude des sujets. À l'intérieur du sas régnait une panique joyeuse, résultat des exigences techniques, de l'exiguïté relative du lieu, de la pluie et de tous ceux qui voulaient suivre l'ouverture des cercueils sur un minuscule écran de télévision, affichant le retour de la caméra à Florence. Comme tout travail minutieux, cela prenait du temps et s'installait dans la longueur. Pour ceux qui ne maniaient ni l'eau distillée destinée au nettoyage des cercueils, ni plus tard la cisaille électrique et la disqueuse permettant leur ouverture, le temps semblait s'écouler lentement. Le barnum se vidait progressivement et, de temps en temps, on entendait simplement : « Tu m'appelleras quand ils ouvriront les cercueils… »

CHAPITRE 2

Faire parler les corps

« Venez voir le peu qui nous reste d'une si auguste naissance. »

BOSSUET,
Oraison funèbre pour le prince de Condé,
Notre-Dame, 1687.

Corps de gloire et ossements

À l'ouverture des cercueils, ce ne furent pas des corps qui se révélèrent, mais des squelettes, confirmant ainsi des observations faites dès l'exhumation à Notre-Dame où les archéologues avaient examiné l'intérieur *via* de minuscules orifices et une caméra. Celui de l'inconnu se distinguait même aux yeux des plus habitués par son aspect saisissant. Le sommet de son crâne, découpé à la scie qui avait laissé des traces bien visibles, avait basculé en arrière, transformant le crâne en une coupe nauséeuse évoquant aussitôt des pratiques d'autopsie ou d'embaumement grossièrement exécutées. Une boucherie *post mortem*. Il avait aussi perdu la plupart de ses dents.

Les deux squelettes étaient recouverts d'une fine pellicule boueuse, des dégâts qui faisaient manifestement suite à une inondation. L'origine de l'eau et des trous dans les sarcophages étaient l'objet de moult spéculations bien que, lors de la grande inondation de Paris en 1910, *Le Petit Parisien* eût rapporté que deux mètres d'eau remplissaient le sous-sol de la sacristie de Notre-Dame. Ces cercueils avaient une forme anthropomorphe, basée sur une structure trapézoïdale agrémentée d'un appendice, une logette céphalique destinée à accueillir la tête. Ce style de cercueil, en vogue du XVIe au XVIIIe siècle, fleurissait dans les lieux privilégiés des édifices religieux prestigieux[1].

Cette silhouette, rappelant un être humain allongé, plongeait ses racines dans une pratique largement répandue en France aux alentours de l'an mil[2]. À cette époque, les défunts trouvaient leur dernier repos dans des tombes taillées dans le roc, épousant fidèlement les contours de leur être, avec un resserrement au niveau du cou et une logette qui enserrait la tête. Cette coutume, également observée chez les orthodoxes russes de Sibérie au XIXe siècle, se manifestait à travers l'utilisation de cercueils ou de coffres en bois, de véritables chefs-d'œuvre d'ébénisterie, dotés de telles loges[3]. L'essor de cette pratique à travers divers lieux et époques de la chrétienté était étroitement lié à plusieurs croyances. En premier lieu, celle en la résurrection de la chair et en la vision de la Jérusalem céleste, qui nécessitaient de préserver l'apparence du corps pour que, lors de la résurrection, ni le Seigneur ni les anges ne se trouvent face à des ossements dispersés et que les yeux demeurent tournés vers le ciel. La forme trapézoïdale, en comprimant le corps, prévenait la dissociation des membres sous l'effet de la pesanteur, tandis que la logette céphalique empêchait le crâne de basculer ou de pivoter lors de la décomposition des tissus mous. Le plomb, métal inhibant la prolifération bactérienne et donc la décomposition des organes, constituait une assurance supplémentaire pour la préservation du corps. Par ailleurs, cette forme, en tant que mode de présentation du corps, revêtait une symbolique profonde, évoquant le corps de gloire et le passage de la sphère terrestre à la sphère céleste[4]. Pour l'inconnu, le couvercle semblait être en partie moulé sur son corps révélant, même avant son ouverture, sa silhouette, avec les mains délicatement posées sur le bassin, mais sans se croiser.

Temps suspendu et premières découvertes

Une fois les cercueils ouverts, ils avaient été apportés dans une salle adjacente de la médecine légale spécialement aménagée de façon à diminuer les contaminations de toutes sortes, celles au plomb que nous pouvions toujours inhaler mais aussi celles résultants de notre présence (figure 6). Chacun d'entre nous perd, sous la forme d'infimes poussières, environ un gramme de peau par jour. De ce fait, sans précautions drastiques, le risque est toujours grand d'étudier dans une poussière humaine un fragment du code génétique d'un fouilleur plutôt que celui de l'os du défunt. La pièce avait été tapissée sur toutes ses faces de plastique blanc et on ne pouvait y rentrer que par un sas dans lequel on revêtait une combinaison blanche étanche semblable à celle des médecins entrant en zone d'épidémie et qui me faisait ressembler à un bibendum. On y rajoutait évidemment un masque blanc, ce qui en revanche n'étonnait personne ; l'épidémie de covid-19 était en partie jugulée mais le port du masque restait obligatoire à l'hôpital. L'effet était saisissant, et qui serait arrivé par hasard, ce qui semblait impossible dans un service de médecine légale, aurait été ébahi face à ces cosmonautes tout blancs. Certains s'affairaient près de deux boîtes en plomb, tandis que d'autres circulaient à proximité, équipés de caméras et

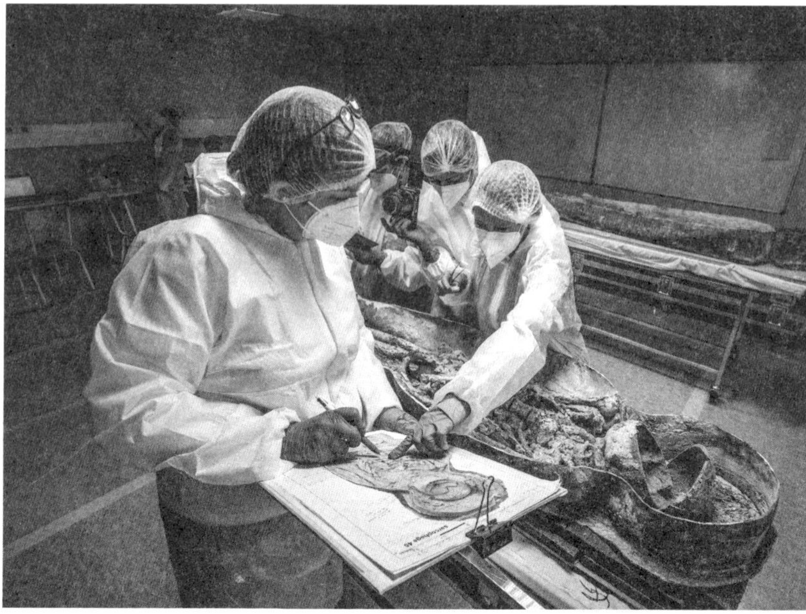

Figure 6. Fouille en laboratoire du cercueil du cavalier de Notre-Dame (© Denis Gliksman, Inrap).

d'appareils photographiques. C'est que, en dehors des fouilleurs qui examinaient les os, les décapaient de la fine couche de sédiment qui les recouvrait, toute une équipe de soutien logistique s'affairait autour d'eux, tandis qu'à l'étage du dessus, dans une salle d'enseignement délaissée depuis longtemps, une autre équipe s'occupait du traitement des données photographiques. Il y avait aussi l'équipe de Florence pour le film et un panel de spécialistes pour étudier le mode de fabrication des cercueils, leur composition, d'éventuels restes de tissus et surtout de restes végétaux, repérés dès l'ouverture du cercueil de l'inconnu.

Nous partions pour un travail de deux à trois jours susceptibles de se prolonger tard dans la soirée, lorsque nous irions passer les squelettes au scanner à des moments où les services d'imagerie étaient fermés pour les patients. Heureusement, l'équipe de Florence avait aménagé dans un coin de la fameuse salle du dessus un espace de convivialité dont les petits gâteaux étaient autant d'appâts pour moi. Seule la difficulté de sortir de la salle d'autopsie me retenait par moments, car il fallait se déshabiller, jeter sa combinaison, ses chaussons et se rhabiller au retour ; si certains étaient des champions de ce sport, pour moi il me rappelait trop les vestiaires de piscine où, enfant, je mettais toujours plus de temps que les autres pour relacer mes souliers. Nous avions aussi quelques visites d'officiels qui avaient permis par leurs efforts que cette intervention puisse avoir lieu. Ils découvraient pour la première fois ce qu'étaient une fouille archéologique et un cercueil ouvert bien des années après le décès. Leur intérêt était manifeste, notamment pour le défunt inconnu qui entretenait une part de mystère. Plus que la vision des squelettes dans leur cercueil, assez macabre pour des non-spécialistes, ce sont les explications sur le contexte de la découverte ou celles des modalités d'intervention qui les intéressaient le plus.

Pour accéder à l'hôpital au petit matin, j'avais un long parcours en métro suivi d'un trajet en téléphérique – le plus grand téléphérique urbain de France, proclamait le panneau lumineux – ; c'était la première fois que je l'utilisais, préférant d'habitude le vélo. Je rêvais, car, sous la pluie, la cabine qui montait dans le silence surplombant des espaces que l'on aurait crus sauvages m'emmenait vers le sommet de la colline escarpée, que l'on distinguait mal dans la brume et la pénombre. Le deuxième jour, ayant oublié mon parapluie, l'eau me trempa le visage avant que j'atteigne le service de médecine légale. Dès le troisième jour, sensible à cette atmosphère, je recherchais le terme « téléphérique » dans le catalogue de la bibliothèque de ma tablette ; elle m'envoya au passage de *La Montagne magique* où, dans un téléphérique, Hans Castorp va s'abandonner, lui qui a gagné un sanatorium pour tuberculeux, aux éléments naturels afin de surmonter l'effroi qu'inspire la mort. Je repensais à ce livre *a posteriori* étonnamment prémonitoire d'une partie de cette histoire, avec ces tuberculeux dont ce cavalier, Mynheer Peeperkorn, à la toux insolite puis faiblarde qui mourut finalement à la veille du Nouvel An.

Les décapages fins et minutieux se déroulaient lentement. Frédérique, spécialiste des végétaux, mettait en évidence des feuilles sur le tronc et les membres supérieurs dont la signification nous laissait interrogatifs, tandis qu'un ensemble de feuilles sur le crâne dessinait une couronne. J'avais demandé à l'ami Philippe qui était un spécialiste d'analyses non destructrices de venir avec la nouvelle caméra qu'il avait mise au point. Elle permettait d'examiner tout aussi bien l'aile d'un avion à la recherche d'une microfissure, un satellite afin de repérer d'éventuelles poussières terrestres qui pourraient être envoyées dans l'atmosphère et contrarier son fonctionnement, une scène de crime afin d'y repérer de minuscules traces laissées par l'assassin, voire les contenus de cercueil. Philippe était arrivé avec un associé et deux énormes valises.

Pendant que les fouilleurs poursuivaient leur travail de décapage, nous examinions l'intérieur des cercueils et la surface des squelettes *via* les images de sa caméra envoyées sur un petit écran. Suivant les longueurs d'onde de la lumière utilisée, les cercueils et les os apparaissaient sombres, ou alors verts ou bleus, avec des variations de teintes qui évoquaient autant de cartes d'une géographie mystérieuse sur laquelle apparaissaient des traces ou des points blancs, bleus ou parfois rouges fluorescents. Pour une majorité d'entre eux, il s'agissait de contaminations de fibres textiles qui avaient pénétré dans les cercueils depuis leur ouverture. Elles provenaient des bâches et de nos combinaisons. Toujours plus blanches, disait la publicité, omettant de préciser que des agents dits azurants étaient ajoutés aux textiles et qu'ils se manifestaient sous la caméra par une forte fluorescence de couleur bleue. En revanche, les restes de cheveux et de poils se détachaient nettement des fines pellicules de boue qui les entouraient. Pour l'inconnu, on ne voyait rien de spécial, tandis que, pour le chanoine, cette étude s'avérait passionnante, révélant une couleur rouge vif du tartre caractéristique de certaines bactéries jamais décrites de cette façon*.

Après toute une série de décapages, de photos et d'enregistrements, les squelettes furent prélevés os par os, photographiés, étudiés, radiographiés, passés au scanner. Dès que le crâne fut enlevé du cercueil, j'aperçus à l'intérieur du crâne – et j'en remerciais intérieurement ceux qui l'avaient scié – une fine mousse osseuse qui recouvrait en partie ce que les anatomistes appellent le corps de l'occipital. C'était le signe d'une inflammation des méninges, l'enveloppe qui protège le cerveau, au contact de cet os, ce qui avait entraîné une réaction de celui-ci. Son aspect mousseux indiquait qu'elle était en phase active au moment du décès du sujet. Une telle réaction se développe sur plusieurs semaines et nous étions donc face à une méningite chronique en phase active lors du décès dont la cause la plus fréquente avant l'apparition des antibiotiques était la tuberculose. Justement, il y avait des traces d'une atteinte osseuse de la tuberculose sur l'une de ses vertèbres du cou et une autre sur une vertèbre du bas du dos. Au-dessus de l'atteinte du cou, une autre fine mousse osseuse démontrait l'existence d'un abcès, lui aussi actif au moment du décès et dont la rupture aurait

* Couleur rouge vif liée aux porphyrines, produits métaboliques des bactéries des caries dentaires, notamment *Streptococcus mutans* (Mien *et al.*, 2018). Elles sont de cette couleur lors de l'irradiation par la lumière ultraviolette (Panov et Borisova-Papancheva, 2015).

pu entraîner la mort. Ces atteintes racontaient une histoire humaine et médicale. Parmi ceux qui souffrent de la tuberculose pulmonaire – une maladie marquée par la fièvre, une toux tenace, parfois teintée de sang, et des douleurs dans la poitrine –, certains voient, des années plus tard, la maladie atteindre les os ou divers organes formant des abcès qui peuvent conduire à la destruction osseuse provoquant des douleurs intenses et des déformations.

Avec Fabrice, médecin légiste spécialisé en imagerie, nous examinions le soir venu les radios et les scanners du chanoine et de l'inconnu. Pour ce dernier, l'examen lors de l'autopsie s'avérait irremplaçable car les mousses osseuses, trop fines, n'étaient pas visibles sur les images radiologiques et scanographiques. Les destructions osseuses peu marquées du cou et du bas du dos renvoyaient pour Fabrice aux lésions retrouvées chez une jeune fille, chamane de Sibérie[5], que nous avions autopsiée quelques années auparavant, décédée, elle aussi, de tuberculose au début du XVIIIe siècle à la suite du contact avec les Européens. Il y avait là une ressemblance étonnante entre des cas éloignés géographiquement mais proches dans le temps, démontrant pour ces cas anciens la nécessité de la complémentarité entre les examens radiologiques scanographiques et les examens *de visu* lors de l'autopsie[6]. L'examen du bassin montrait sans équivoque que nous étions face à un homme et les différents signes osseux observés par les anthropologues caractérisaient un homme jeune, que nous estimions entre 25 et 35 ans. De façon assez curieuse, il avait perdu la plupart de ses dents quelques mois avant son décès, ce qui est parfois associé dans les temps anciens à une méningite chronique[7]. Le tableau se complétait.

Une étrange coïncidence : la déformation toulousaine

Quelques autres surprises nous attendaient lors de la reconstitution de son crâne et de l'étude os par os de son squelette. Lorsque nous eûmes remis la calotte qui avait été découpée sur le crâne, il apparut que celui-ci présentait un léger aplatissement d'avant en arrière, une déformation bien connue des anthropologues depuis le XIXe siècle sous le nom de déformation toulousaine car elle était très fréquente à Toulouse et ses environs à cette époque. La coïncidence de lieu était étonnante... Cette déformation était liée au port d'une coiffe durant les mois suivant la naissance. Selon la façon dont la coiffe était plus ou moins serrée et selon sa durée d'application, qui allait de quelques semaines à parfois trois ans, le crâne, qui à ce moment de la vie connaît une forte croissance, se déformait. En France, et notamment dans le Toulousain, cette pratique s'était développée à partir du concile de Trente qui recommandait pour le baptême d'oindre avec le saint chrême le front ou parfois un espace proche de la fontanelle, là où l'on voit la peau se soulever au rythme des battements du cœur chez le nouveau-né. Ce saint chrême est une huile parfumée et consacrée sur laquelle on plaquait un tissu, dont on ne pouvait pas se séparer puisqu'il devenait lui aussi consacré. On le faisait alors tenir avec un bandeau qui comprimait le crâne et qui était lui-même recouvert d'un bonnet dont la mode se généralisait à cette époque, car il n'était jusque-là réservé qu'aux enfants de l'aristocratie. La mode avait disparu à la fin du XIXe siècle avec la disparition des coiffes et des bonnets supplantés par des habits de baptême que les « grands magasins » commençaient à généraliser. Cette déformation était intrigante, elle pouvait tout aussi bien marquer un sujet né après le concile de Trente, après 1563, qu'un aristocrate antérieur au concile qui avait bénéficié dans l'enfance d'un bonnet un peu serré pendant un laps de temps pas très long, ce que l'on rencontrait de temps en temps à la période médiévale où les nouveau-nés des élites pouvaient porter un bonnet de bébé[8].

Dans son ouvrage de 1853 consacré à la méningite chronique tuberculeuse, Henri Hahn évoque les recherches d'un scientifique allemand de 1844, lequel recommandait l'application d'un bandage sur le crâne des nourrissons pendant une période allant de six semaines à un an. Cette pratique avait pour but de protéger les enfants contre une maladie qu'Henri Hahn assimilait à la tuberculose méningée, notamment lorsqu'un des parents avait succombé à une infection[9]. Henri Hahn exprimait de sérieux doutes quant à l'efficacité de cette méthode prophylactique qui induisait une déformation crânienne spécifique, en tous points assimilable à la déformation toulousaine. Il n'apportait cependant aucune précision sur l'étendue géographique de cette pratique ni sur son caractère expérimental ou traditionnel. Il est plausible de supposer que le recours à un bonnet légèrement serré, porté par les nouveau-nés durant quelques semaines, pouvait aussi bien s'expliquer par des raisons de mode parmi l'aristocratie que par le désir de protéger l'enfant de maladies potentiellement présentes dans son entourage, au-delà de la simple prévention de la tuberculose méningée.

Métamorphoses équestres

L'examen des os du bassin et de la hanche révéla un cavalier. Chez les jeunes enfants et les adolescents, l'équitation peut déformer ces os d'une façon particulière. Je me souvenais de ces peuples d'Asie centrale et de Mongolie, qui, dès l'âge de 3 ans, montent à cheval. C'est là-bas que j'avais observé, pour la première fois, ces marques osseuses, comme une trace indélébile de leur mode de vie. La portion du bassin qui reçoit l'extrémité de l'os de la cuisse, appelée tête du fémur et qui s'apparente à une balle de golf, ressemble chez celui qui n'a pas pratiqué l'équitation à une demi-sphère. Chez celui qui pratique tôt cette occupation et qui va se lever sur ses étriers, la balle de golf est repoussée vers le haut et la demi-sphère se retrouve ovalisée. La tension de certains muscles et ligaments entraîne par ailleurs des remaniements des endroits où ces structures s'attachent à l'os, laissant des empreintes plus ou moins caractéristiques. Toutes étaient présentes. À l'exception d'un comte de Toulouse décédé aux alentours de l'an mil, je n'en avais jamais vu de telles en France sur des squelettes du dernier millénaire[10]. Il y avait là une particularité qui renvoyait à la vie du sujet qui me faisait évoquer, sinon un militaire ayant passé une partie de sa vie à cheval, du moins un cavalier précoce. Sa tuberculose laissait toutefois soupçonner un arrêt de l'équitation quelques mois à quelques années avant son décès.

Faudra-t-il s'installer dans un village rêvé ?

Alors que la semaine se terminait, et l'étude des squelettes avec, je reçus de Jim Palette, ami de longue date et écrivain adoré depuis *Tom campeur* et *Guide chez Proust* ; son dernier ouvrage *Lutz*, lu avec délices et attention durant le week-end. Notre inconnu, si nous arrivions à l'identifier, aurait au mieux le même destin qu'Alois Lutz. Ce patineur qui avait inventé un saut tout neuf, un pas sur glace, qui plus tard portera son nom, était mort. Jim, pour rechercher ce pas, s'était installé dans un village autrichien fictif idéalisé. Il avait ces simples indices :

Alois Lutz, 1898-1918, a effectué son saut pour la première fois en 1913 avant de succomber cinq ans plus tard à une embolie pulmonaire. Jim me révéla que ce saut, devenu l'un des piliers du patinage, avait été inventé par un jeune patineur méconnu, ce qui devrait constituer une source d'inspiration pour tous les jeunes. Les rêveries de Jim devenaient une motivation pour faire l'histoire. Si les archéologues ou les historiens arrivaient à identifier qui était ce squelette que nous avions fouillé puis étudié toute une semaine et que j'appelais désormais « le cavalier », il nous faudrait sans doute suivre les traces de Jim et nous enraciner dans un village rêvé, afin d'imaginer sa vie. Les chances de découvrir des éléments tangibles sur un sujet du XVe ou du XVIe siècle semblaient minces. Pourtant, l'embolie pulmonaire de Lutz me troublait. Un tel diagnostic paraissait incongru pour un homme si jeune. Des erreurs de traduction peut-être ? Un diagnostic erroné ? Ne serait-ce pas plutôt une tuberculose pulmonaire qui l'aurait emporté ? Une maladie courante avant le cataclysme de la Première Guerre mondiale, fauchant nombre de jeunes adultes. Tuberculose, jeunesse brisée, rêverie… Il me fallait absolument contacter Jim, ce passionné de sport, même si cela signifiait attendre le dimanche soir.

L'appel et mes réflexions plurent à Jim qui se mit à discourir sur Hans Kaltneker, poète qui parcourut l'Autriche à la même période que Lutz, et qui décéda de ce mal insidieux ; ne fut-il pas l'un des premiers à incarner les ardeurs de l'expressionnisme littéraire ? Dans un flottement de pensées de dimanche soir, je me remémore que Jim le poète fut autrefois critique d'art, scrutant les toiles, faisant un lien entre peinture et littérature. Bien qu'au téléphone il disserte sur ces expressionnistes hantés par l'ombre menaçante puis par la réalité de la guerre, captifs de visions angoissantes et porteurs de renouveau esthétique où brillaient les états d'âme des poètes. *Le Cri* d'Edvard Munch en fut l'une des prémices en peinture ; il fallait détruire les vieilles conventions, s'engager dans une Renaissance, s'exclame Jim, après que j'eus évoqué le XVIe siècle, faisant ainsi un pont entre deux périodes pour lesquelles je n'avais jamais pensé à une ressemblance. Il s'anime alors pour évoquer Le Cavalier bleu, un groupe d'artistes expressionnistes où brillait le talent de Wassily Kandinsky, dénommé ainsi en hommage aux amours équestres de ses fondateurs. Cette évocation, l'appel qui s'éternisait me replongèrent dans mes interrogations. C'est que, dans les jours suivants, nous devions présenter à la presse les premiers résultats de nos investigations.

Pour la conférence de presse, nous avions choisi la salle des Actes de la faculté de médecine, majestueuse avec ses tableaux des anciens professeurs, le velours rouge qui couvre les murs, le lustre, restauré à Versailles comme le précisait Rachid le maître des lieux, et ces fauteuils réservés autrefois aux professeurs tandis que les chaises l'étaient pour les assistants. Un monde disparu, à l'image délicieusement désuète, mais restauré il y avait peu avec ces écrans d'imagerie, symboles des nouvelles technologies, qui surgissent à la demande de l'arrière de vénérables boiseries. Christophe y avait fait installer les cercueils, nettoyés et vidés, et nous présentions chacun nos parties basées sur nos spécialités respectives, pour lui le contexte de Notre-Dame, pour Sylvie, Camille et moi, l'étude des squelettes après que les représentants de l'hôpital, de la faculté et Dominique Garcia, qui était venu depuis Paris, eurent fait les présentations de rigueur. J'insistai sur le caractère expérimental de la fouille et nos conclusions. Si le chanoine Antoine de La Porte permettait de remonter, en confrontant documents historiques et découvertes squelettiques, à l'histoire de vie du personnage, pour l'autre les éléments découverts permettraient peut-être son identification.

CHAPITRE 3

Google et la piste initiale

> « Des tas de gens respirent désormais par les branchies de Google. »
>
> Alessandro Baricco,
> *Les Barbares. Essai sur la mutation*, 2006.

Puis les mois passèrent. Christophe était préoccupé par le nettoyage et la préservation des centaines de fragments du jubé, découverts dans une fouille parallèle à la ligne où s'élevait autrefois la majestueuse structure. Outre leur exceptionnel intérêt iconographique, ces fragments ouvraient une porte sur l'évolution intérieure de la cathédrale et les métamorphoses des rituels religieux qui s'y étaient déroulés. La poursuite de fouille, à Notre-Dame et ailleurs par Camille et Sylvie, l'intense activité d'un service de médecine légale et de nouvelles interrogations sur des squelettes plus anciens et plus exotiques pour moi-même furent à l'origine de l'arrêt de nos réflexions sur les restes du chanoine Antoine de La Porte et de celui que je persistais à appeler « le cavalier de Notre-Dame ». Un ami très savant m'avait chuchoté l'ambiguïté de ce terme car il avait bien existé à Notre-Dame[1], avant même que je parle de cavalier, un ex-voto qui faisait suite à une victoire désormais oubliée et qui représentait un cavalier royal. Couronné, perché sur un destrier, revêtu d'une armure, la visière du casque abaissée, ce cavalier, une création de bois peint, se dressait jusqu'à la Révolution dans la cathédrale. Au pittoresque de la représentation s'entremêlait le souvenir d'un vœu, pour lequel les érudits évoquaient tour à tour Philippe le Bel ou Philippe VI. Les révolutionnaires marseillais condamnèrent cette figure à l'oubli, brisant la statue à l'heure des vêpres.

Portrait-robot

Mais le cavalier demeurait dans mon esprit, car j'avais consacré antérieurement des années à l'étude de la tuberculose ancienne. Cela avait commencé lors de la fouille de la première épidémie répertoriée de tuberculose en Égypte, vers 3500 avant notre ère, et s'était poursuivi en Sibérie, parmi des populations antérieures et postérieures à l'arrivée des Russes. Au cours de ces deux fouilles et des études qui en avaient découlé, une histoire médicale s'était révélée, celle des épidémies de tuberculose osseuse parmi les plus dévastatrices que l'histoire ait connues. Si en Égypte notre attention s'était principalement portée sur les tuberculoses de l'enfance, en Sibérie, nous avions mis en lumière le lien étroit entre les pertes dentaires et les déficits de protection innée chez les sujets, ce que la communauté médicale qualifie de déficits immunitaires. Ces pertes prenaient une importance cruciale lors d'atteintes touchant plusieurs foyers osseux ou lors des méningites tuberculeuses[2].

Dans la perspective de passer de descriptions quasi banales à des scénarios plus élaborés intéressant l'histoire de la vie du sujet, je revisitai mes anciennes découvertes et j'explorai d'autres données sur la tuberculose. Je me focalisai sur celles antérieures à l'ère des antibiotiques qui, dans les années 1940, avaient changé fort heureusement le cours de cette maladie. L'œuvre majeure de Sorrel et Sorrel-Dejerine, parue en 1932[3], est une source incontournable pour ceux qui s'intéressent à la tuberculose osseuse. Elle décrit le parcours de près de mille cinq cents patientes ou patients, parfois depuis les prémices de leur maladie jusqu'à leur dernier souffle. De plus, à travers le monde, il y a quelques musées dotés de collections osseuses grâce aux chercheurs qui ont soigneusement recueilli non seulement les os de sujets ayant succombé naturellement, mais aussi leurs dossiers médicaux. D'autres musées abritent les restes osseux de sujets autopsiés dans des hôpitaux, à la suite, là encore, de décès naturels. Tous ces cas offrent la possibilité de confronter les maladies qui ont jalonné leur existence et les causes de leur trépas avec leurs ossements. Ces archives s'avèrent précieuses pour ceux qui cherchent à découvrir les maladies d'autrefois et l'histoire de ceux qui en souffraient. Souvent méticuleusement documentés, ces cas s'accompagnent de photographies qui me permettaient de confronter mes observations et descriptions squelettiques avec ces savoirs.

Le cavalier, victime d'une tuberculose osseuse, en présentait deux localisations distinctes – cervicale et lombaire, soit au cou et dans le bas du dos. Comme pour les cas de ces années passées, le foyer infectieux cervical était limité chez le cavalier : on observait une destruction minime, d'où les images peu marquées au scanner. La fine mousse osseuse que j'avais observée au-dessus du foyer cervical se révélait plus captivante pour l'histoire de la maladie, évoquant des abcès qui, sur la fin de vie, devaient perturber la déglutition, voire compromettre la respiration du sujet. Chez les patientes et patients des docteurs Sorrel et Sorrel-Dejerine, de telles lésions évoluaient sur une période de trois ans avant de conduire inexorablement au décès. L'atteinte de la première vertèbre lombaire, en bas du dos, caractérisait une lésion de tuberculose osseuse chez l'adulte qui, contrairement à celle survenue dans l'enfance, n'avait pas entraîné de destruction vertébrale. La vertèbre avait conservé son architecture et, du vivant du sujet, elle devait être remplie de pus et de ce que les médecins appellent du caséum. Cette atteinte soulignait l'étendue de la dissémination tuberculeuse, touchant au moins deux foyers de la colonne vertébrale. Après l'observation de diverses photographies de crânes ouverts lors d'autopsies anciennes, il est apparu que la mousse osseuse, que j'avais décrite comme « réactions périostées », était parfois retrouvée dans les tuberculoses méningées, confirmant ainsi mes observations antérieures. D'autres lésions plus discrètes, des traces de ce que les médecins nomment tuberculomes et qui étaient passées inaperçues jusqu'alors, signalaient une tuberculose méningée très avancée. Le tableau se complétait.

Presque un an s'était écoulé lorsque Florence, animée par le désir de finaliser son film, reprit contact avec nous. Son intention était d'organiser une réunion de synthèse dans un cadre différent de la salle abandonnée du centre hospitalier. À ce stade, les sujets de discussion étaient limités et seul Norbert présenta une étude approfondie du crâne scié. Selon lui, cet acte évoquait pour le crâne davantage une autopsie qu'un processus d'embaumement, même si cette dernière hypothèse n'était pas entièrement écartée. La découpe du crâne laissait transparaître une exécution pas très experte, suggérant un manipulateur de scie peu aguerri, multipliant les tentatives. Cette autopsie s'était accompagnée d'un embaumement du corps, notamment au niveau du thorax et de l'abdomen, comme le suggéraient les restes de végétaux trouvés dans le cercueil et la fracture du sternum. J'avais déjà observé ce type de fracture dans des pratiques similaires, lorsqu'elles étaient réalisées un peu trop rapidement ou par des mains inexpérimentées exerçant une pression excessive sur le thorax lors de l'extraction du cœur ou des viscères abdominaux.

En guise de conclusion, Florence me sollicita pour esquisser un portrait-robot du cavalier. « Même si de légères variations étaient possibles pour l'âge, il s'agissait d'un homme décédé entre 25 et 35 ans* d'une méningite tuberculeuse qui l'avait amoindri, au moins dans les trois dernières années de sa vie. Très tôt, il avait fait du cheval et c'était probablement un aristocrate, décédé au cours ou après le concile de Trente, car les religieux n'étaient généralement pas embaumés et cette mode n'avait vraiment émergé qu'après le concile. » Florence aspirait à une identification rapide pour son film, mais aucun chercheur ou historien n'avait encore manifesté d'intérêt, ce qui me laissait perplexe. Après la conférence de presse de l'année précédente et les articles qui en avaient découlé, certains auraient pu s'y pencher par curiosité, car il devait être facile de retrouver l'identité du cavalier après les descriptions que nous en avions déjà faites.

Quinze jours plus tard, par distraction, je tapotai de manière désinvolte « morts de la cathédrale Notre-Dame » sur Google. Le clic me conduisit directement sur le site « Tombes sépultures dans les cimetières et autres lieux par Marie-Christine Pénin », au chapitre « Les sépultures en la cathédrale Notre-Dame de Paris ». J'y découvris qu'en dehors des évêques, archevêques et chanoines, très réticents à autoriser les enterrements de laïcs, seules quelques

---

* La fusion complète de la crête iliaque et de l'extrémité médiale de la clavicule suggèrent un individu âgé de plus de 30 ans (bien que parfois cela puisse être réalisé vers 25 ans). La présence de seulement quelques très petites lésions dégénératives de la colonne vertébrale suggère un âge inférieur à 40 ans (Snodgrass, 2004). Nous avons affiné ces données par l'étude de la surface auriculaire de l'ilium et de la symphyse pubienne (Lovejoy *et al.*, 1985 ; Schmitt, 2005, 2008) qui (maximum de variabilité) donnent un âge compris entre 20 et 39 ans avec une convergence vers 30 à 39 ans.

dépouilles princières, viscères royaux, parents d'archevêques et grands serviteurs de l'État, bénéficiaient d'une exceptionnelle permission. Plus loin, il était mentionné qu'entre 1771 et 1773 le repavement du sol de la nef, des collatéraux, du transept et de l'abside entraînèrent la destruction de tombeaux, dont celui de Joachim du Bellay dont les restes avaient disparu. Un lien hypertexte m'informa alors que ce poète, souffrant, avait rendu son dernier souffle à l'âge de 38 ans et qu'initialement il avait été inhumé dans la chapelle dite de Saint-Crépin et Saint-Crépinien, et qu'à la suite de sa destruction il avait été regroupé ultérieurement avec d'autres dans la chapelle Saint-Georges, devenue par la suite la chapelle du Saint-Sacrement. Cette chapelle est en périphérie du chœur, à droite de la chapelle axiale pour un observateur face à elle. Cela devenait excitant ! Un sujet inhumé dans une chapelle près du chœur, donc de haute lignée, décédé jeune, maladif. Une autre recherche Google avec les mots clés « Joachim du Bellay et tuberculose » révéla « Du Bellay connaît des problèmes de santé ; il est sourd et atteint d'une tuberculose pulmonaire », il était décédé le 1er janvier 1560. Dans mes souvenirs, la surdité était une complication de la méningite chronique tuberculeuse*, ce que me confirma rapidement un site médical qui précisait que dans certains cas la méningite chronique pouvait durer une dizaine d'années[4]. Du Bellay me semblait assez renommé, il aurait dû attirer l'attention. Cependant, il fallait renforcer l'argumentation. À cette époque, de nombreux jeunes hommes devaient succomber de la tuberculose et certains devaient même avoir été atteints de surdité pour d'autres raisons

* Notamment lors des atteintes de la base du crâne, comme c'est le cas ici. Parfois la surdité est liée à une atteinte directe de l'oreille moyenne, ce qui n'est pas le cas pour ce sujet. L'étude menée par les docteurs M. Roques et F. Deduit (CHU de Toulouse) montre que les structures de l'oreille interne et les parois de l'oreille moyenne sont préservées, sans signe d'ostéosclérose, comme ce qui est observé dans les processus inflammatoires chroniques.

qu'une méningite. Puis, il fallait tout de même répondre à une autre question, celle du choix du lieu pour son inhumation ou sa réinhumation à la croisée du transept.

Renaissance et guerres de Religion

Un jeu de piste venait de s'ouvrir. Il allait me mener, presque à l'aveugle, dans une époque bien particulière. Tout commencerait aux alentours de 1520, pour se prolonger jusqu'à 1560, juste avant que les guerres de Religion n'embrasent la France, opposant catholiques et protestants. Mais ce voyage ne s'arrêterait pas là. Après l'inhumation de Joachim du Bellay, de nouveaux acteurs entreraient en scène, poussant l'histoire jusqu'en 1569, au cœur de cette tempête religieuse et la prolongeant bien au-delà, jusque dans les premières heures du XXe siècle. La déroute de Sedan en 1870 avait marqué la France d'une plaie vive et on recherchait des exemples de jeunes hommes ayant défendu la langue, la nation, et ayant chanté leur pays afin de les faire connaître aux enfants qui se pressaient à l'école, désormais obligatoire, gratuite mais aussi laïque et opposée à l'Église. Ce voyage ne nous fera pas parcourir le monde, pas plus que l'Anjou chantée par du Bellay. Nous ferons un tour par Rome mais nous serons surtout à Notre-Dame de Paris, lieu emblématique de la chrétienté catholique en France. Là, sous les voûtes médiévales, convergeaient des relations complexes entre le pape, le roi, leurs représentants et, inévitablement, les intérêts financiers en jeu.

Cette petite histoire s'inscrit dans la grande, celle où les idées et les mœurs évoluent. À la fin du XVe siècle, en Occident, un lent mouvement de fissure commence. En quelques générations, un monde ancien se retrouvera divisé, écrasé sous le poids de ses anciennes certitudes. Les élites, celles que Joachim du Bellay appellera bientôt « les gens cultivés », pressentent déjà que le temps et l'espace échappent à l'ordre établi. En 1492, Christophe Colomb franchit l'océan et accoste sur des terres inconnues qui deviendront bientôt l'Amérique. En 1522, Magellan, grand voyageur, revient de son tour du monde et du cap des tempêtes appelé plus tard de Bonne-Espérance pour inciter les marins à s'y aventurer. Et, en 1513, Copernic ose écrire, d'abord en secret, que la Terre tourne autour du Soleil. Pas l'inverse. D'autres mondes se révèlent. D'autres vérités, presque inaccessibles pour l'esprit humain de cette époque, apparaissent érodant peu à peu des certitudes vieilles de plus d'un millénaire.

Depuis des siècles, l'Occident était tenu sous l'autorité de l'Église, enfermé dans un carcan dogmatique. Douter, questionner, c'était s'exposer à l'excommunication ou aux flammes de l'Inquisition. Mais ces découvertes ébranlent ces murailles. Pour certains, le doute commence à poindre ; pour d'autres, il est évident que les lois de l'Église devraient évoluer. La confusion s'installe. Ainsi, Étienne Dolet, humaniste, poète et imprimeur, connut un destin tragique. Protégé un temps par François Ier, roi de 1515 à 1547, il se retrouva pourtant condamné, autant par les catholiques que par les protestants. En février 1544, il assista, impuissant, à l'autodafé de son catéchisme sur le parvis de Notre-Dame. Et, plus tard, dans une traduction, il osa écrire : « Après la mort, tu ne seras rien du tout. » Une phrase de trop. Il fut exécuté en 1546.

Ce chapitre de l'histoire occidentale, il semble que nous n'en soyons pas encore tout à fait sortis. En bien des lieux, l'intégrisme religieux se mêle encore aux forces politiques et économiques, pesant sur les libertés, limitant celles des femmes, restreignant le droit à l'avortement. Mais les choses commencèrent à se fissurer dès la Renaissance lorsque, en 1517, une première brèche apparut dans l'unité de la chrétienté occidentale. Cette année-là, un moine du nom de Martin Luther osa défier le pape, dénonçant les indulgences, ces contributions monétaires que l'Église exigeait pour l'absolution des péchés, avec la promesse du salut en retour. Luther, un homme d'action, déclencha un mouvement populaire d'une ampleur irrésistible. Depuis 1515, les indulgences prenaient la route de Rome pour financer la construction de la basilique Saint-Pierre, une idée qui passait mal aux yeux des populations.

Pour Luther, une seule autorité existait : le Nouveau Testament, cette partie de la Bible qui, à travers les Évangiles, retrace la vie de Jésus, suivie des écrits de certains de ses disciples. Son refus de se plier à l'ordre établi lui valut l'excommunication, mais il n'était plus seul. Une diplomatie habile se mit en place, exploitant les revendications de Luther pour affaiblir le lien des pays germaniques avec Rome. Et Luther n'était pas unique en son genre. Jean Calvin, ce théologien français exilé à Genève, prit le flambeau et porta la Réforme au-delà des frontières. Ce schisme entre catholiques et protestants ouvrit la voie à l'Église protestante, qui elle-même s'épanouit en plusieurs courants. L'Église réformée, influencée par la pensée de Calvin, prospéra notamment à Genève, en plein cœur de l'époque qui nous intéresse, et Joachim du Bellay la croisera sur la fin de sa vie.

Évidemment, cette évolution de l'Église ne se fera pas sans résistance. L'Église catholique intimement liée au pouvoir papal et au roi détenait, au-delà de son pouvoir spirituel, une emprise économique immense. Ceux qui la servaient y trouvaient leur subsistance, leur raison d'être. Ils n'avaient aucune envie de voir leurs privilèges, vastes et anciens, remis en question. Ils vivaient dans cette sécurité que leur procurait l'ordre établi, cette routine tranquille d'une autorité inattaquable. Alors, tout changement était une menace, non seulement pour leurs biens, mais pour leur monde lui-même. C'est la première racine de notre histoire.

Ce qui constituera non pas la racine, mais la toile de fond de notre histoire, ce ne sera pas la Réforme elle-même, mais le concile : une assemblée de responsables et de théologiens de l'Église convoquée en raison de la Réforme, par des papes successifs, entre 1545 et 1563. Il se tint en trois sessions principalement à Trente, en Italie. Les décisions prises renforcèrent l'unité des catholiques autour du pape, réaffirmant sa suprématie religieuse. Parmi les mesures adoptées figurèrent la destruction des jubés – dans le cadre d'une réforme plus globale de la liturgie – pour offrir aux fidèles une vue directe sur l'eucharistie, la formation rigoureuse du clergé, l'interdiction de l'achat et de la vente de postes ecclésiastiques, l'obligation pour les évêques de résider dans leurs diocèses, dont ils étaient souvent absents, et une moralité plus stricte des religieux. Ces décisions ne furent pas toutes adoptées en même temps. Le non-cumul de postes ecclésiastiques tint assez rapidement une place d'importance et il est la deuxième racine de notre histoire. Une moralité plus stricte n'intervint de façon dramatique qu'en 1559. Elle en sera la conclusion.

Les autres réformes ne furent appliquées que plus tardivement et l'on se souvient de la destruction du jubé de Notre-Dame contemporaine du décès d'Antoine de La Porte. En France, la répression contre la Réforme et les protestants, alors surnommés huguenots, prit forme dès les années 1520. Mais ici, nous n'en dirons guère plus, car Joachim fut un homme de l'arrière, plus enclin à célébrer les vainqueurs de quelques batailles, parfois terribles, qu'à plonger lui-même l'épée dans le sang au nom de sa foi. Il était bien trop affaibli pour cela, bien trop marqué par la maladie. Et, de fait, il échappera à la vision des horreurs qui allaient marquer les guerres de Religion, ces luttes sanglantes qui endeuillèrent le pays de 1562 à 1598. Pour mémoire, ce n'est qu'avec l'édit de Nantes, signé par Henri IV, ancien protestant devenu roi en 1589, que le calme fut enfin rétabli.

PARTIE II

JOACHIM DU BELLAY : UNE IDENTITÉ

CHAPITRE 4

À la rencontre de Joachim

« Avouons, au fait, que la chose est obscure. »

Verdun-Léon SAULNIER,
Du Bellay. L'homme et l'œuvre, 1951.

Il me fallait me plonger dans la vie du poète. Quelques citations dans un style rappelant une brochure pour touristes pressés dans un dépliant de l'un des endroits où il avait vécu auraient pu ouvrir puis clore cette partie de ma recherche. Cela aurait commencé par « Joachim du Bellay naquit à Liré en Anjou en 1522 » et se serait terminé par « il décéda finalement en 1560 ». Une absence de problématique en quelque sorte. Il n'en était rien. Mes premières vérifications me plongèrent dans les absences de connaissance de l'enfance de personnages illustres, mais aussi dans les dédales de l'histoire des calendriers et les arcanes d'un monde académique ancien, avec toutes les implications que cela comportait en termes de mandarinat, de patriarcat et de discussions académiques.

Plongé dans ces dédales, je me rendis compte que ce projet ne se contenterait pas de simples dates et de lieux. Ce ne serait pas un séjour rapide à travers la vie de Du Bellay, mais une immersion dans ses écrits, à la recherche des zones d'ombre ignorées des biographes antérieurs. Comment saisir la réalité d'un homme dont l'histoire personnelle a été revue par ceux qui ont projeté sur lui leur vision de siècles ultérieurs, produisant un *storytelling* ambigu du poète, où les principaux événements de sa vie se succèdent sans liens entre eux et sans cause connue. Mais pourquoi aurait-il fait du droit ? Pourquoi aurait-il été courtisan alors qu'il détestait cela ? Pourquoi se plaignait-il de sa condition de fin de vie alors qu'il était riche ? Chaque fait, chaque citation devenait un indice précieux mais ambigu. Le projet se transformait en un voyage dans la Renaissance, le monde ecclésiastique et les jeux de pouvoir. Dans ce voyage, j'allais me heurter à des chemins à explorer et, plus que des déceptions, à des commencements inachevés.

Errances autour d'une naissance

La date de naissance du poète est inconnue. Les chercheurs de ces cent vingt-quatre dernières années se sont fondés sur la thèse d'Henri Chamard, devenu au cours de sa carrière, professeur d'histoire de la littérature de la Renaissance française à la Sorbonne, invité de prestigieuses universités américaines. Autorité en la matière, il fut un mandarin intouchable et intouché ; son élève Verdun-Léon Saulnier, qui fut aussi professeur à la Sorbonne, spécialiste de François Rabelais et de Clément Marot, se permit de réactualiser la thèse du maître en 1951, un an avant le décès de ce dernier à 95 ans, esquivant d'un pas adroit toute discussion à propos de la date de naissance de Du Bellay, tout en laissant planer le doute : « Et, faute de mieux, reprenons jusqu'à nouvel ordre la chronologie actuellement admise[1]. » Trente ans plus tard, Yvonne Hoggan, professeure dans le département de français de l'University College du pays de Galles à Aberystwyth, qui n'avait pas à se soucier de sa carrière en France, mit un coup de pied poli et *so British* dans la fourmilière, les articles entérinant la chronologie imposée par Chamard se succédant, intitulé « La date de naissance de Du Bellay par les textes. Essai de réévaluation ». Elle concluait son article par « il est permis de dire sans trop s'avancer qu'il y a beaucoup plus de témoignages dans les textes à notre disposition pour indiquer que du Bellay avait 35 ans (ou un peu moins) et non 37 lorsqu'il mourut le 1er janvier 1560[2] ». Elle poursuivait en expliquant qu'il semblait donc raisonnable de croire le poète sur parole lorsqu'il disait, dans le sonnet XXVI des *Regrets*, qu'il était plus jeune que Ronsard.

> Tu me croiras (Ronsard) bien que tu sois plus sage,
> Et quelque peu encor (ce croy-je) plus agé.

À l'opposé d'Henri Chamard, elle soutient que le « ce croy-je » n'implique pas nécessairement une ignorance ou un doute dans l'esprit de Du Bellay. Pour elle, il s'agit plutôt d'une formule de courtoisie employée pour suggérer que Ronsard était plus âgé, à moins qu'il n'ait choisi ces mots pour des raisons de musicalité et de rythme. Les deux poètes, dont l'affection était profonde comme nous le découvrirons, étaient tous deux au fait de la date de naissance de l'autre. Yvonne Hoggan enrichit son exposé en mettant en lumière comment du Bellay fut pleuré après sa mort. Un témoignage significatif de cet hommage se trouve dans un recueil d'épitaphes latines, grecques et hébraïques datant de 1560, dédié à du Bellay. Dans ce recueil, il est qualifié de jeune homme, soulignant ainsi le caractère prématuré de son décès. Ce qui distingue Yvonne Hoggan, c'est sa capacité à explorer les écrits des auteurs français mais aussi anglophones. Elle cite ainsi le travail d'un auteur britannique qui a mis en avant le fait selon lequel, à la Renaissance, les morts d'artistes avant l'âge de 35 ans étaient généralement perçues comme prématurées, tandis que celles survenant après cet âge ne l'étaient pas. En effet, à cette époque, l'estimation commune de la durée de vie des adultes était de 70 ans, et la moitié de cette période, soit 35 ans, était considérée comme le moment de passage de l'homme jeune à l'homme mûr.

Hélas, l'histoire d'Yvonne Hoggan fut celle de bien des femmes chercheuses du xxe siècle. Femme étrangère, ayant pourtant publié en français dans la *Revue d'histoire littéraire de la France*, elle resta ignorée en France, et seul un compatriote à elle cherchera une voie médiane entre les données d'Henri Chamard et les siennes[3]. Les chercheurs n'avaient jamais osé, voire pensé, remettre en question la thèse de celui qui demeurait la référence incontournable. Et pourtant, Sainte-Beuve en 1840 donnait déjà un âge de décès à 35 ans pour du Bellay, démontrant qu'en 1558, dans une épigramme à un ami, il s'était vieilli de un à deux ans pour la rime, ce que Camille Ballu en 1894 appelle de la pure licence poétique. Avant 1900, la plupart de ses biographes se partageaient entre 1524 et 1525 comme année de naissance.

Une jeunesse équestre

Nous reviendrons sur ses premières années, dont les lieux et moments exacts restent flous[4]. On distingue pourtant trois moments : ses toutes premières années, avant qu'il devienne orphelin ; puis un séjour d'enfance, et peut-être de prime adolescence, chez son oncle à Paris ; enfin, son retour adolescent ou jeune adulte chez son frère aîné, en Anjou, devenu seigneur d'Oudon après avoir vendu la seigneurie de Gonnor.

Très tôt il est initié à l'équitation, comme il sied à un jeune noble. Plus tard, à son retour en Anjou, il prend les armes.

Sa jeunesse se reflète dans ses mots : « J'avais de l'énergie ; mon bras aurait bien pu s'employer aux armes au temps de notre verte jeunesse. » Il avait un modèle : Guillaume de Langey, cousin germain de son père et grand capitaine sous François Ier, qui, avec son frère Martin, combattit à Marignan. C'est durant ce séjour chez son frère, qui, semble-t-il, ne se préoccupait guère de lui, qu'il découvre l'Anjou, les bords de Loire et la mer – des paysages évoqués dans certains de ses poèmes.

À l'époque, on voyageait de demeure en demeure pour rendre visite aux siens, aux amis. Entre les différentes maisons de la famille, ces trajets pouvaient s'étendre sur trente à soixante kilomètres, une distance qu'un cavalier aguerri parcourait en une journée. Dans la conclusion de son *Discours sur la vertu*, publié en 1552, il note ce souvenir de sa jeunesse, adolescent ou jeune adulte, ce qu'il appelle ses vertes années, chevauchant « par Anjou et par le Maine ». Ces mots renvoient à un retour sur ses terres natales, celles de son frère, et au Maine, une région chère au cardinal Jean du Bellay, qui inaugura son palais abbatial de Saint-Maur en 1544.

En dehors de ces éléments, il est certain qu'une fois adulte du Bellay était un cavalier remarquable. Entre la fin avril et le 22 juin 1553, il entreprit un voyage à cheval de Paris à Rome. Chevauchant sur le « grand chemin royal » de Paris à Lyon, il traversa des lieux tels que Fontainebleau, Montargis, Nevers, Moulins et Roanne. De là, il poursuivit son trajet à travers les Alpes, faisant halte à Genève, Côme, Bologne et Florence avant d'atteindre Rome. Ce périple, accompli dans une caravane de deux cents chevaux escortant le cardinal Jean du Bellay, émissaire d'Henri II, mit à rude épreuve sa santé. Parcourant chaque jour entre quarante et cinquante kilomètres, il épuisait peu à peu ses forces. Malgré des moments de grande faiblesse et des accès de fièvre, il parvint au terme de ce voyage de plus de mille six cents kilomètres.

Pour de telles excursions ou de tels voyages, les cavaliers pouvaient monter de petits chevaux connus sous le nom de coursiers ou de roussins, mais les chevaux les plus prisés dans les cercles aristocratiques étaient les palefrois qui allaient l'amble. Contrairement aux destriers destinés aux champs de bataille ou aux tournois, les coursiers et les palefrois pouvaient être montés avec des étrivières courtes, plaçant le genou fléchi. Cette position permettait au cavalier de se relever sur ses étriers et de se mettre en suspension, soulageant la pression sur la selle et rendant ainsi les longues distances plus supportables en absorbant mieux les vibrations du chemin. Les éperons étaient en contact étroit avec les flancs du cheval et le cavalier pouvait rapidement se lever au-dessus de sa selle soit pour voir plus loin, soit pour avoir plus de mobilité. C'est ce type de position qui explique notamment les variations anatomiques retrouvées sur le squelette du cavalier de Notre-Dame.

Date de décès et imbroglio de calendriers

> « Maintenant l'année a achevé son cours, et aux calendes du mois de Janus
> Puisse-t-on fermer ! La porte en fer du dieu au double visage. »
>
> Joachim du Bellay,
> *Établissement de la paix entre les princes chrétiens, Élégie IV*, 1558[5].

Il me fallait m'assurer de la date de sa mort, donnée depuis Henri Chamard comme le 1er janvier 1560, par Sainte-Beuve le 11 janvier 1560 et par les registres du chapitre de Notre-Dame la nuit du 1er au 2 janvier 1559 ! Un embrouillamini que je devais déchiffrer, qui m'apporta quelques surprises et qui me révéla qu'une partie de la légende sur la mort de Du Bellay était liée à ces confusions dans les calendriers.

Il faut se rappeler qu'en Occident nous vivons actuellement avec un calendrier appelé grégorien et une année qui commence au 1er janvier, ce qui n'a pas toujours été le cas. En France, cette façon de décompter le temps est née, pour simplifier la situation car cela a pu changer selon les régions, en deux fois. Dans un des domaines importants pour l'historien, celui des dates, il régnait dans le royaume la confusion la plus totale. Le début de l'année pouvait varier d'une région à l'autre, voire d'une ville à l'autre. Si pour certains l'année commençait à Noël, pour d'autres c'était le 25 mars, pour d'autres encore c'était à Pâques, date fluctuante, ce qui faisait que certaines années étaient plus courtes que d'autres et que certaines pouvaient compter deux mois de mars ! Avec des langues mais surtout des dates différentes, on comprend mieux que le royaume n'était pas facilement gouvernable. Ce n'est que quelques années après le décès de Du Bellay que le roi de France fixa pour tout le territoire le commencement de l'année au 1er janvier. L'oubli de cet événement fut pour quelques biographes à l'origine d'une légende sur la fin de Joachim du Bellay qui ne cessa de s'amplifier au cours du XXe siècle et sur laquelle nous reviendrons.

À Notre-Dame, les chanoines, qui inscrivaient les événements dans leurs registres dits capitulaires, accueillaient la nouvelle année à Pâques. Mais le 31 décembre 1568, à minuit – huit années après le décès de Joachim –, ils passèrent au 1er janvier 1569, rejoignant ainsi ce qui se faisait à Rome depuis bien longtemps. À l'époque de Du Bellay, à Paris, l'année débutait donc à Pâques. Cependant, depuis l'ère romaine, une tradition bien ancrée prévalait : celle d'échanger entre amis des présents symboliques connus sous le nom de *strena* – d'où provient notre terme « étrenne » – aux calendes de janvier qui marquaient le renouveau et un allongement des jours facilement observable. Ces calendes, dans l'Antiquité romaine, marquaient la première nouvelle lune de janvier, mais, avec le temps, elles furent amalgamées au premier jour de ce mois. Pour les poètes, une autre tradition prévalait : celle de composer des vers pour honorer leurs amis ou leurs mécènes. Joachim du Bellay s'est souvent prêté à cet exercice, offrant des poèmes en latin à ses amis ou ses mécènes pour le 1er janvier lorsqu'il était à Rome, et de façon moins précise pour les calendes de janvier quand il était à Paris.

En France, à l'initiative du pape Grégoire XIII, qui fit mettre au point un nouveau calendrier qui tout naturellement s'appela grégorien en l'honneur de son nom, on passa du dimanche 9 décembre 1582 au lundi 20 décembre 1582. À l'époque de Joachim du Bellay, le calendrier en vigueur était le calendrier dit julien, ainsi nommé d'après Jules César qui l'avait instauré à son retour d'Égypte, où il avait compris que l'année ne durait pas exactement 365 jours, nécessitant l'ajout d'années bissextiles. Toutefois, le calcul s'avérait plus complexe qu'il n'y paraissait et, de siècle en siècle, une dérive d'environ huit jours par millénaire s'était instaurée entre le calendrier julien et la position du soleil lors de l'équinoxe de printemps, où la durée du jour équivaut à celle de la nuit. Les mathématiciens et les astronomes signalaient depuis longtemps ce décalage par rapport au 21 mars, jour théorique de l'équinoxe du calendrier. Au XVIe siècle, neuf années bissextiles avaient été comptées en trop, et, à la suite de différents calculs, un rattrapage fut donc effectué. À l'époque, ce changement de date entraîna des confusions terribles et le mécontentement des paysans qui calquaient une partie des travaux des champs sur des dictons tirés de saints du calendrier. Mon père, élevé à la campagne quatre siècles après, me disait encore : « À la Sainte-Luce, les jours augmentent d'un saut de puce. » Pris à la lettre, cela signifie que les jours commencent à rallonger un peu à la Sainte-Luce, le 13 décembre, ce qui est inexact puisqu'ils ne commencent à croître qu'après le solstice d'hiver le 21 ou 22 décembre. Ce rallongement n'est véritablement perceptible que le 25, d'où la date de Noël qui réunit en un même jour la naissance du Christ et le renouveau. Dans le calendrier julien, le 13 décembre actuel correspondait au 23 décembre, date où effectivement le soleil se couche, suivant les années, une minute plus tard que les jours précédents. Ce proverbe, toujours cité dans les campagnes, est certainement antérieur à 1582 ! À l'époque, même Montaigne, l'intellectuel éminent, faisait état de son trouble dans ses *Essais* et de ses difficultés à calculer son âge après ces changements de dates de début d'année et des rattrapages de jours. Il n'était probablement pas le seul dans cette perplexité, car de nombreux historiens, dépourvus des logiciels modernes de conversion temporelle et de phases de la Lune ou du Soleil, se sont retrouvés embrouillés dans cette réorganisation chronologique.

Dès lors, tout le monde avait raison sur les dates mais pas forcément sur les événements ! Le chapitre de Notre-Dame notait bien les événements par rapport à Pâques et il attendrait donc le 14 avril du calendrier julien 1560, daté 1559 à Notre-Dame, pour passer au premier jour de 1560. Henri Chamard poursuivait une tradition établie par les historiens qui, sans toujours le préciser, continuent à utiliser le calendrier julien pour les dates antérieures au 9 décembre 1582, mais suivant le style de Rome qui faisait commencer l'année au 1er janvier. Sainte-Beuve avait corrigé la date et la donnait dans le calendrier grégorien. Certains biographes, peu au fait de ces subtilités, ont compris que Joachim était décédé dans la nuit du 1er janvier – et non du 1er au 2 – et qu'il devait donc tout naturellement faire la fête avec ses amis pour le passage à la nouvelle année, donnant naissance à la légende de Du Bellay. En 1596, Jean Bodin, philosophe et théoricien politique qui évoqua indirectement l'autopsie de Joachim avant que son traducteur en donne une description plus précise comme nous le verrons, discute du décès de Joachim du Bellay quatorze années après la mise en place du calendrier grégorien. Il pense, suivant en cela des hommes de son époque qui attribuaient des causes affectant les humains à l'astronomie, que ce décès a été favorisé par la pleine lune. Cependant, comme beaucoup d'autres, il confond les calendriers. Si la lune était bien pleine dans la nuit du 1er au 2 janvier 1559 du calendrier grégorien, en vigueur lorsqu'il écrivit son ouvrage, elle était en phase descendante dans la nuit du 1er au 2 janvier 1559 du calendrier julien, lorsque mourut Joachim. Bien que se disant astronome, Jean Bodin, tout comme Montaigne, se perdait dans cette complexité calendaire de la fin du XVIe siècle*.

* À moins qu'il ne se soit basé sur l'épitaphe de Pierre de Paschal qui écrit (allant en cela contre le calendrier du chapitre) que du Bellay est bien décédé dans la nuit du 1er au 2 janvier, mais Paschal date son épitaphe des nones de janvier qui tombaient le 10 janvier, jour de pleine lune… Jean Bodin n'aurait-il lu que la fin de l'épitaphe ?

CHAPITRE 5

Joachim et la peste blanche

« Il n'est si fâcheux mal qu'un mal qui tient à l'os. »

Joachim du Bellay, *Les Regrets*, XLVIII.

Un diagnostic du début du XXe siècle

La reconnaissance de la tuberculose, appelée peste blanche au XVIIe siècle*, de Joachim du Bellay remonte à une rencontre fortuite en 1931 entre deux hommes qui marqueront sa biographie : le docteur Roger Amsler, spécialiste de la tuberculose, et le bibliophile André Bruel[1]. Si leur découverte fut régulièrement citée, la plupart de ses biographes n'en ont pas tiré les conséquences qui s'imposaient.

Roger Amsler, devenu professeur à Angers en pneumo-phtisiologie, était un éminent expert du traitement de la tuberculose, encore appelée phtisie au début du XXe siècle. Quant à André Bruel, natif d'Angers, il était non seulement le fondateur de la guilde des artistes angevins, mais également un éditeur

* En raison du nombre de décès qu'elle provoquait et aussi parce que les malades terminaient leur vie très pâles, contrairement à la peste bubonique qui donnait un teint noirâtre.

de renom et un fervent amateur de poésie. L'histoire prend une tournure particulière lorsque Bruel découvre en 1930 une monographie sur Joachim du Bellay, rédigée par un jeune auteur prometteur de 23 ans, Charles Letellier, sous le pseudonyme de Francis Ambrière[2]. Bien qu'impressionné par le talent de l'écrivain, Bruel ne se doutait toutefois pas que ce dernier remporterait le prix Goncourt en 1940, décerné tardivement en raison de la guerre, en 1946. Cependant, l'œuvre d'Ambrière sur du Bellay, pourtant fluide et captivante, a été écartée par les spécialistes. En effet, cette monographie, qui cherche à restituer la vie du poète en mêlant réalité et contexte, avait pris quelques libertés avec les sources bibliographiques. Malgré l'avertissement de l'auteur affirmant qu'elle n'est en rien romancée, des lecteurs au fait des sources pouvaient soupçonner l'ajout d'une belle dose d'imagination. Cependant, cette publication a eu un impact notable : elle a permis la rencontre à Angers entre le spécialiste de la tuberculose et un fervent admirateur de Du Bellay, créant un pont, étonnant dans les années 1930, entre la médecine et la littérature.

Les deux auteurs s'appuient sur un texte en latin de Joachim du Bellay, l'*Élégie à Jean Morel d'Embrun, son Pylade*[3], dédiée à l'un de ses plus proches amis. Ils explorent également des fragments de ses poèmes, notamment « La complainte du désespéré » et des *Regrets*, mais aussi des lettres du poète et d'épitaphes écrites à la suite de son décès. Des biographes ont même retrouvé d'autres passages dans l'œuvre, certains, tel Daniel Paris[4], décrivant même l'histoire de la maladie sans toutefois relier tous ses aspects. Cependant, une fois le diagnostic posé, on s'aperçoit que nombre de passages de l'œuvre font allusion à la maladie. On peut alors songer à Jacques Lacan pour qui l'inconscient est structuré comme un langage, et il se pourrait que Joachim du Bellay, en dehors de poésies destinées à flatter les puissants pour se nourrir, ait après 1550 souvent parlé de lui et de son état.

En parcourant l'article de 1931 d'Amsler et de Bruel, mon attention fut arrêtée par une citation de Jean Bodin qui laissait perplexe les auteurs : « D'où vient que les furieux sont plus insensés en la pleine lune qu'en autre saison ? De ce que le cerveau s'enfle alors si fort qu'il remplit tout le test de la tête, lequel au défaut de la lune laisse bien souvent plus de deux doigts d'espace vide, tant il se comprime ; de sorte que ceux qui sont sujets à l'ébullition du sang avec inflammation du cerveau sont en danger d'être suffoqués en pleine lune par les forces des esprits qui le dilatent jusqu'à crever, comme il advint à Joachim du Bellay, poète en mon pays lorsqu'il s'en retournait en sa maison venant de souper… »

Roger Amsler et André Bruel, à la suite de cette citation, écrivaient non sans humour : « Les "explications" du docte et érudit Jean Bodin laissent perplexe et l'on est tenté de se comprimer soi-même la tête entre les deux mains pour essayer de les comprendre. » André Bruel n'avait manifestement pas fait au pneumo-phtisiologue le rapport qu'il fallait sur la maladie de Joachim, et la surdité est alors considérée comme résultant d'une otite passagère puisqu'ils ignorent qu'elle transformera sa fin de vie. Pour qui sait que la surdité est l'une des complications de la méningite chronique, l'explication semblait évidente : l'inflammation persistante des membranes nommées méninges entourant le cerveau renvoyait à cette inflammation du cerveau qui avait tué Joachim du Bellay. Quelqu'un avait donc observé et décrit son cerveau après son décès ! Une enquête littéraire s'imposait.

L'autopsie de Joachim du Bellay

Jean Bodin, natif d'Angers en Anjou, était son contemporain. Malgré son statut de l'un des plus éminents philosophes de la Renaissance, il reste largement méconnu des Français d'aujourd'hui, éclipsé par la postérité de Montesquieu et de son traité *De l'esprit des lois*, qui repensa les conceptions politiques de son prédécesseur. En plus de ses apports à la pensée politique, où il érigea les piliers de la souveraineté et de la monarchie absolue, Bodin était un homme de son temps, fasciné par la philosophie, l'astronomie et la médecine. Il accordait également foi à des phénomènes tels que la sorcellerie, les prophéties de Nostradamus et la symbolique des nombres. En 1596, l'année de son décès, il fit paraître un ouvrage en latin *Universae naturae theatrum* de presque neuf cent cinquante pages qui sera traduit l'année d'après en français sous le titre *Le Théâtre de la nature universelle de Jean Bodin. Auquel on peut contempler les causes efficientes et finales de toute chose* par M. François de Fougerolles, docteur en art et médecine, médecin ordinaire du roi, qui maîtrisait aussi bien le grec, le latin que le français. En sa qualité de médecin, il témoigne un vif intérêt pour ce travail, car il concerne les « choses naturelles sans lesquelles la santé de l'homme ne pourrait être préservée des maladies ». Dans l'introduction de sa traduction, il dit éclaircir « toutes les sortes de questions qui auront été proposées avec grande obscurité auparavant ». Il y remercie des médecins fameux de l'époque tel Jean Hucher qui était conseiller du roi et professeur dans l'illustre université de Montpellier. La lecture fut éclairante.

Jean Bodin ne cite aucun de ses contemporains sur près de neuf cent cinquante pages, à l'exception de Joachim du Bellay, son compatriote, qui apparaît soudainement vers la fin de l'ouvrage, à propos des circonstances de sa mort liées à l'ébullition du sang comme ceux « *qui autem encephalosi laborant* ». La traduction latine de ce passage serait « qui souffrent d'encéphalose ». Ce terme d'« encéphalose » est en fait traduit par François de Fougerolles en « inflammation du cerveau ». Dans ce passage, le médecin, comme il l'avait mentionné en introduction, clarifie dans sa traduction un terme obscur du philosophe. Cette traduction n'est certainement pas de son invention ; il devait l'avoir obtenue d'autres sources, de personnes qui avaient pratiqué ou qui avaient assisté à l'autopsie – peut-être des médecins du roi, des universitaires – à moins qu'il n'en ait lu un compte rendu. Même Jean Bodin en avait discuté et cette autopsie devait avoir eu un impact notable dans les cercles chirurgicaux et médicaux, puisqu'on en parlait encore près de quarante ans après.

À l'époque du décès de Joachim du Bellay, les autopsies, apparues au XVe siècle avec le développement de la médecine et amplifiées par Ambroise Paré au XVe siècle, n'étaient pas très courantes. Elles ne semblaient pas non plus faire l'objet de comptes rendus systématiques, comme cela devint le cas par la suite, notamment pour les rois après un édit d'Henri IV en 1603[5]. Les autopsies de personnalités étaient souvent suivies par un nombre impressionnant de participants. Par exemple, après la Saint-Barthélemy (24 août 1572), Charles IX, épuisé par de cruelles insomnies, vit sa santé décliner progressivement jusqu'à sa mort le 30 mai 1574 des suites d'une phtisie pulmonaire. Le lendemain, à quatre heures de l'après-midi, Ambroise Paré réalisa son autopsie en présence de dix médecins et des huit chirurgiens de la maison royale, avant de procéder à l'embaumement. Il est probable que des membres de la famille et des proches assistaient également aux autopsies. Ainsi, Pierre de Ronsard, âgé de 10 ans, devint page du dauphin François, fils aîné de

François Ier. Cependant, en 1536, à Tournon, il fut témoin de la mort du jeune prince et assista à l'autopsie de son cadavre[6] :

> Je vis son corps ouvrir, osant mes yeux repaître
> Des poumons et du cœur et du sang de mon maître.

Si les autopsies étaient réalisées pour ceux dont le décès suscitait des interrogations médicales, et si de nombreux témoins semblaient avoir été informés des conclusions, les écrits à ce sujet demeuraient rares, préservant ainsi « officiellement » l'intimité du défunt, la pratique allant à l'encontre des préceptes de l'Église.

Édouard Fournier semble le premier à avoir évoqué le texte de Jean Bodin en 1855 lorsqu'il publia un texte attribué à Joachim du Bellay[7]. Par la suite, Bodin a été régulièrement invoqué, souvent en marge du texte, par des auteurs qui n'avaient pas nécessairement percé le sens profond de ses écrits, mais qui étaient néanmoins impressionnés par le sérieux qui lui était attribué. De manière plutôt intrigante, c'est vers la fin du XIXe siècle que la notion d'apoplexie a fait son entrée dans les biographies comme cause du décès de Joachim du Bellay, un point qui, en 1931, a laissé Roger Amsler et André Bruel dubitatifs : « Mais ne sait-on pas que chaque cas de décès, même attesté par un médecin, est invariablement attribué à l'apoplexie, à moins qu'il ne soit imputé à une embolie ou à une rupture d'anévrisme ? » Ce que ces deux auteurs n'avaient pas relevé, c'est qu'avant 1853 la méningite chronique était décrite comme une inflammation cérébrale – le terme repris par François de Fougerolles – et qu'une des causes de décès courantes était un épanchement aigu dans les ventricules cérébraux, désigné sous le nom d'apoplexie séreuse, avec lors de l'autopsie une congestion sanguine très active et répandue[8]. Cette congestion sanguine renvoie directement à ce que Bodin décrivait comme « l'ébullition du sang », tandis que l'apoplexie pourrait être due à une rupture sanguine sous l'effet des tuberculomes présents dans les cavités du cerveau appelées ventricules cérébraux. Des auteurs anciens avaient-ils signalé cette apoplexie ? Des textes disparus, ou que je n'ai pas découverts, en auraient-ils fait mention ? C'est tout à fait possible, car des biographes notent parfois des détails étonnants, sans que je n'aie pu identifier leurs références.

Toutefois, parmi les épitaphes ayant honoré la mémoire de Joachim du Bellay, plus destinées à le chanter qu'à évoquer des faits historiques, celle de son ami Pierre de Paschal, un historien, esquisse un scénario en latin qui semble crédible sur les causes immédiates de son décès. La traduction en serait « alors que son crâne ne pouvait plus contenir son cerveau, avec un écoulement abondant de liquide dans sa gorge, il s'étouffa en peu de temps* ». Ce flot d'humeur dans sa gorge pourrait résulter de la rupture de lésions pulmonaires, appelées cavités, qui peuvent se former dans les poumons et se rompre, libérant leur contenu dans les voies respiratoires et entraînant des signes qui évoquent

* L'épitaphe est donnée dans Paul Bonnefon, 1883, p. 53-54. J'en donne ici une traduction du latin « À Joachim du Bellay, d'Angers, né dans une ancienne et illustre famille, homme d'une bonté et d'une modestie exceptionnelles, remarquable en tout. Doté de foi, de talent, de savoir et d'une grande érudition. Poète érudit en latin et en français. Célébré par les louanges de tous : lui qui, depuis longtemps, était tombé dans une mauvaise santé à cause de son étude excessive des lettres, et qui avait déjà perdu l'ouïe depuis de nombreuses années, devint finalement sourd. Il semblait alors que non seulement lui-même était devenu sourd, mais que tous étaient devenus muets à son égard. Il devait entendre avec ses yeux et parler à ses amis et proches avec ses mains. Malgré cet inconvénient, il méprisait fortement toutes ces choses humaines comme fragiles et éphémères. Après avoir joyeusement dîné le 1er janvier, alors que son crâne ne pouvait plus contenir son cerveau, une grande quantité de liquide coulant dans sa gorge, il s'étouffa en peu de temps, au grand regret de tous les siens. » La fin de cette épitaphe est elliptique pour qui n'avait pas les données. Elle mêle une légende que l'on retrouve souvent : celle du poète joyeux qui meurt le 1er de l'An (en opposition complète avec les données du chapitre et les documents que nous avons sur les trois derniers mois de la vie de Joachim) avec ces détails sur les circonstances du décès qui, par leur précision, semblent avoir été rapportées à Paschal soit par des personnes qui ont assisté Joachim lors de son décès (sa sœur ? Bizet ?), soit par des données d'autopsie.

ceux décrit par Paschal. Toutefois, plus qu'une rupture de cavité pulmonaire, ces signes pourraient être en faveur d'une rupture d'abcès paravertébraux, cause de décès aujourd'hui rare mais toujours décrite[9], qui renvoie dans ce cas à ce que nous avions observé sur les vertèbres cervicales du cavalier de Notre-Dame. Par ailleurs, la longue évolution de la tuberculose pulmonaire et de la méningite chronique de Joachim aurait pu aller de pair avec une tuberculose osseuse. Dans ses *Poemata*, rédigés deux à trois ans avant sa disparition, il précise : « Mon cou est roide, ma nuque vacille sous un poids excessif », ce qui pourrait correspondre à sa méningite chronique mais plus sûrement aux premiers signes d'une atteinte tuberculeuse cervicale, comme celle observée là aussi sur le cavalier, qui se manifeste par une raideur du cou ou un torticolis.

Nous reviendrons sur chaque étape de la maladie. Mais pour l'instant, parmi tous ces morts inhumés à Notre-Dame, quels étaient ceux susceptibles d'être décédés de la tuberculose dans leur quatrième décennie ? Pour le XIXe et la première partie du XXe siècle, avant l'ère des antibiotiques, de nombreuses études menées dans les populations vivantes et dans les hôpitaux ont pu estimer combien de personnes vivaient avec la tuberculose, combien en mouraient et combien au moment de leur décès étaient porteuses d'atteintes osseuses. Pour les périodes antérieures, c'est plus difficile car il a fallu attendre les débuts du XIXe siècle pour que la tuberculose soit distinguée des autres affections pulmonaires, et ce n'est qu'en 1882 que Koch a démontré son lien avec un microbe retrouvé notamment dans les crachats des individus infectés. Toutefois, les atteintes osseuses sont bien décrites sur les squelettes et, à l'exception de certaines populations sibériennes où la tuberculose osseuse fut fréquente lors du contact avec les Européens[10], dans les populations modernes européennes environs 5 % des sujets atteints de tuberculose pulmonaire développaient une forme osseuse de la maladie. Dès lors, à partir de différentes études archéologiques, le nombre de personnes vivant avec la tuberculose, notamment à Paris vers la période qui nous intéresse, a été évalué par d'estimés collègues[11], et grâce à l'ouvrage de Sorrel et Sorrel-Dejerine, on pouvait estimer le pourcentage de sujets présentant, parmi les atteintes osseuses, une atteinte du cou ou du bas du dos*.

La surface de la cathédrale étant de cinq mille mètres carrés, il y avait beaucoup de place pour des tombes. En tablant sur quelques milliers de sujets inhumés – chiffre énorme en raison des restrictions du chapitre et du fait que toute la place ne pouvait pas servir aux inhumations – toutes périodes confondues, une dizaine de sujets de tous âges – et beaucoup moins évidemment dans la tranche d'âge concernée entre 25 et 40 ans – auraient pu avoir une tuberculose cervicale. En restreignant ce nombre à huit cents sujets – chiffre d'importance mais qui aurait pu recouper le XVe et le XVIe siècle** –, nous oscillions entre zéro et trois sujets qui auraient pu présenter une atteinte – au moins cervicale – semblable au cavalier, sans que l'on puisse

* L'incidence de la tuberculose pulmonaire au XVIe siècle est estimée entre 15 et 25 % dans les grandes villes françaises, y compris Paris (Dutour *et al.*, 2021). Parmi les personnes atteintes de tuberculose pulmonaire, environ 5 % développaient une forme osseuse de la maladie (Kastert et Uehlinger, 1964 ; Sorrel et Sorrel-Dejerine, 1932), ce qui semble avoir été le cas au XVIe siècle (Dutour *et al.*, 2021). Cependant, seulement 4 % des cas de tuberculose osseuse affectaient la région cervicale à l'époque préantibiotique dans le Bassin parisien (Sorrel et Sorrel-Dejerine, 1932), ce qui signifie que seulement 0,2 % des sujets atteints de tuberculose osseuse avaient une tuberculose cervicale. Différentes simulations ont été réalisées, soit en se basant sur mille sujets ou plus, soit même en se basant sur huit cents sujets et une distribution par classes d'âges semblable à celle des épitaphiers (ce qui réduit considérablement le nombre de cas). Ce qu'il faut en retenir, c'est que le nombre de sujets pouvant présenter de lésions semblables varie d'un à quelques-uns.

** Les fouilles effectuées dans la cathédrale permettront peut-être de préciser cette estimation qui semble très haute. En effet, sur la base des relevés du chapitre il n'y aurait que cent cinquante-deux sépultures dans la cathédrale pour le XVIe siècle (Eldin, 1994 p. 152), ce qui rendrait la probabilité de « doubles biologiques » de Joachim du Bellay sur les éléments envisagés quasi nulle.

évidemment tenir compte dans ces estimations de la méningite chronique*, dont on sait simplement que la tranche d'âge la plus intéressée, en dehors des enfants, est celle des sujets masculins de 15 à 35 ans**, celle du cavalier. Nous ne pouvons évidemment pas tenir compte dans ces estimations de ceux susceptibles d'avoir en plus des signes osseux de cavalier et d'avoir subi une autopsie.

* Sa fréquence a surtout été étudiée chez les enfants lors des grandes épidémies au XIXe siècle et au début du XXe siècle en Europe.

** Le pourcentage de sujets adultes atteints de tuberculose pulmonaire qui développent une méningite tuberculeuse chronique est difficile à estimer pour les populations du passé car, aujourd'hui, il existe une association avec une immunodéficience liée au VIH, et plus de la moitié des cas de méningite chronique resteraient asymptomatiques (Wilkinson *et al.*, 2017). Les pourcentages trouvés dans la littérature varient de 5 à 15 % des sujets atteints de tuberculose pulmonaire (Pehlivanoglu *et al.*, 2012), ce qui demanderait à être confirmé dans les populations du passé où les signes de méningite tuberculeuse sont tout de même peu fréquents. La méningite se développe par la réactivation d'un foyer méningé ou sous-cortical chez les adultes âgés de 25 à 45 ans dans les pays à faible incidence. Une modélisation suggère que près de 60 % des cas de méningite tuberculeuse surviennent chez des hommes et 20 % chez des adultes âgés de 25 à 34 ans (Dodd *et al.*, 2021), les enfants étant les plus touchés.

CHAPITRE 6

L'épitaphe introuvable ou Joachim et les Bretons

> « Si de celuy le Tombeau veux scavoir, [...],
> Il te convient tous les Lieux aller voir. »
>
> Joachim du Bellay,
> *Épitaphe de Clément Marot.*

Bien que le décès de Joachim du Bellay dans le cloître de Notre-Dame puis son inhumation dans la cathédrale soient actuellement admis par tous les historiens, ils furent l'objet de vives discussions à la fin du XIXe siècle. Ces débats furent finalement résolus par Julien-Philippe de Gaulle, historien et grand-père du Général. Cette historiette mérite d'être racontée car elle sema la confusion chez de nombreux biographes, ce qui a conduit à nos propres recherches sur le « cavalier de Notre-Dame ».

En 1840, Sainte-Beuve, écrivain renommé pour ses travaux fondés sur des biographies et des documents historiques, publie une critique littéraire sur du Bellay, le tirant ainsi de l'oubli relatif dans lequel il était tombé[1]. Sainte-Beuve avait accès à plusieurs sources, non toujours citées et de valeur parfois inégale. Il semble qu'il se soit largement inspiré de Claude Goujet, auteur de *Bibliothèque françoise ou Histoire de la littérature françoise*, dont le tome XII contient une biographie de Du Bellay[2]. La critique de Sainte-Beuve, qui fit date, fut saluée pour sa justesse, bien que certains des éléments cités aient été vivement critiqués soixante ans plus tard. Des aspects tels que la date de décès de Du Bellay ou son statut d'ecclésiastique, abordés avec une rare clairvoyance, furent remis en question, tandis que d'autres éléments furent acceptés sans trop de discussions, contribuant parfois jusqu'à aujourd'hui à la confusion. En ce qui concerne la tombe et les raisons de l'inhumation à Notre-Dame, le passage est bref et incisif : « Ses reliques mortelles avaient été déposées dans l'église de Notre-Dame, au côté droit du chœur, à la chapelle de Saint-Crépin et Saint-Crépinien. Il y avait eu à Notre-Dame assez d'évêques et de chanoines du nom de Du Bellay pour que ce lui fût comme une sépulture domestique. » Sainte-Beuve puise sans doute chez Goujet pour situer la tombe, même si, ici, ce dernier ne mentionne pas ses sources et brode une image : celle de fleurs jetées sur la pierre. Mais le mystère reste entier. Étaient-ce des fleurs réelles ou des vers écrits par des amis ?

L'écrit de Sainte-Beuve déclencha « une mode du Bellay » dont le travail d'Henri Chamard en 1900 reste la biographie de référence. Un certain régionalisme, alors en vogue, fut à l'origine de l'intérêt de Léon Séché, républicain déclaré, poète, historien du romantisme, très attaché à la Bretagne qui considérait Joachim du Bellay comme la personnification de la poésie bretonne-angevine, dénomination qui laissait fort circonspect Henri Chamard. En 1880, Léon Séché fit paraître un petit ouvrage sur le poète où il mettait en doute l'affirmation de

Claude Goujet sur son inhumation dans la chapelle Saint-Crépin, rêvant pour du Bellay d'une inhumation en Anjou. Or, dès 1867, deux historiens, messieurs de Gaulle et Mabille, préparaient un épitaphier de Notre-Dame dans lequel ils se proposaient de recenser toutes les épitaphes connues relevées à un moment ou un autre dans la cathédrale ainsi que la liste de tous les personnages qui y avaient été inhumés. Pour des raisons qui semblent intéresser des rivalités académiques, la commande de cet ouvrage leur fut retirée et c'est Émile Raunier, paléographe et un moment rédacteur au ministère de l'Instruction publique, qui en fut chargé. Toutefois, en 1881 dans le *Journal des savants*, Julien-Philippe de Gaulle, alors âgé de 80 ans, publie une critique de l'ouvrage de Léon Séché sur Joachim du Bellay. Il livre des relevés en latin extraits du registre capitulaire de Notre-Dame afin de lever toute incertitude, à un moment où une première version de l'épitaphier était disponible et où Joachim en avait été oublié[3]. Découverte fondamentale pour notre propos, mais petite vengeance vis-à-vis des auteurs de l'épitaphier et de Léon Séché. Julien-Philippe de Gaulle donnait de rares indications en français mais c'était sans compter sur l'enthousiasme de Léon Séché qui republia textuellement l'article de De Gaulle en 1885, en traduisant en français certains passages de la délibération du chapitre, passages que reprirent tous les biographes de Joachim du Bellay. Par ailleurs, dans son article, il s'efforça d'identifier la localisation dans la cathédrale. Pour cela, il renie ce qu'il avait dit en 1880, sans jamais reconnaître que Claude Goujet avait peut-être vu juste sur une inhumation dans la chapelle Saint-Crépin, car ce serait « une légende ».

Mais Léon Séché, lui, entend apporter un élément décisif et non légendaire ! Il avait fait chez un bouquiniste la découverte d'un ouvrage intitulé *Les Curiosités de l'église de Paris*, datant de 1763[4]. Sa lecture est particulièrement éclairante. L'abbé de Montjoye y décrit en détail les tombeaux et les tombes situés dans la chapelle Saint-Crépin, qui, entre le 14 et le 21 août 1758, furent détruits pour permettre le creusement de trois caveaux « pour servir de sépulture à messieurs les chanoines ». Dans la chapelle, largement excavée à cette occasion, il y avait trois splendides tombeaux et cinq plaques au sol qui livrèrent toutes des épitaphes qui furent relevées et publiées par l'abbé de Montjoye. L'une des plaques portait une longue épitaphe à Louis du Bellay ; elle nous apprend qu'il décéda le 5 janvier 1541 et qu'il avait été inhumé par le cardinal Jean du Bellay, qui était aussi évêque. Dans la tombe de Louis du Bellay fut retrouvé son cercueil en plomb qui portait une plaque sur laquelle était indiqué : « Ci gît messire Louis du Bellay, conseiller du roi en sa cour de parlement, Archidiacre & chanoine de céans, Curé de Saint Séverin, Prieur de la Loge, &c, mort le 5 janvier 1541. Orate pro eo. » Deux autres tombes fournirent des cercueils en plomb avec une plaque renvoyant comme pour Louis du Bellay à l'épitaphe ; l'une datant de 1569, l'autre de 1583 ; tandis que, sous les autres, on trouva des ossements. Ces restes furent alors déposés dans la cave sous la grande sacristie, puis, une fois les trois caveaux des chanoines réalisés, ils y furent rapatriés. L'abbé de Montjoye signalait par ailleurs que les cercueils en plomb qui y avaient été mis au jour entouraient chronologiquement le décès de Joachim et qu'aucune des plaques tombales ou des épitaphes qui avaient été retrouvées aux alentours de la chapelle ne donnait son nom. À la lecture de ce texte, on aurait pu penser que la cause était entendue. Eh bien non ! Léon Séché écrit cette phrase surprenante : « N'aurait-il pas été inhumé dans cette chapelle, ou bien ses ossements n'auraient-ils pas été confondus avec ceux qu'on y a trouvés ? » Il se range à cette dernière hypothèse, parce que l'abbé de Montjoye évoque Joachim du Bellay dans le chapitre qui suit celui sur la chapelle Saint-Crépin* et d'autre part parce que Joachim avait été chanoine et que ceux qui sont inhumés dans la chapelle l'étaient aussi. Évidemment, aucun de ces arguments ne résiste à l'analyse. L'abbé de Montjoye mentionne Joachim seulement après un autre poète parmi ceux dont les épitaphes n'ont jamais été déposées sur leur tombe. Quant à l'autre argument, Léon Séché ignorait qu'une majorité des défunts inhumés à Notre-Dame étaient des chanoines.

Finalement, il décida en 1894 de rendre un nouvel hommage à du Bellay en faisant élever une statue de bronze du poète à Ancenis, sa propre ville natale, de l'autre côté de la Loire – en Bretagne –, face à Liré – en Anjou –, le berceau de Du Bellay. Ce projet souleva quelques remous de la part de ceux de l'autre rive pour qui le poète, qui avait exalté la douceur des terres angevines, était un intrus dans le panthéon breton d'Ancenis. Léon Séché protesta, faisant remarquer que les Angevins n'avaient rien fait jusque-là pour honorer la mémoire du grand homme. Il décida donc, pour ne pas perdre son temps à discuter avec les sourds, comme il le précisait dans son introduction sans se rendre compte de l'humour de la formule à propos d'une statue de Du Bellay, de l'accompagner d'œuvres choisies de Joachim précédées d'une biographie, travail de Camille Ballu, dont il est possible que certains passages aient inspiré Henri Chamard. En introduction, suivant en cela ce qu'il avait écrit en 1885, il en déduit que les restes de Joachim avaient peut-être été jetés avec tant d'autres dans la fosse commune des catacombes[5]. Ces conclusions de Léon Séché furent parfois reprises, en ajoutant

* Montjoye, 1763, p. 398 : « Épitaphe de plusieurs chanoines connus par leur esprit et par leur science ». Il commence par Paul-Émile mort en 1529 puis Joachim du Bellay sans parler à aucun moment de la localisation de sa tombe.

quelques inventions ou quelques rêveries qui aboutirent à une certaine confusion. Ainsi, suivant les auteurs, les ossements de Joachim auraient disparu victimes des guerres de Religion, des travaux effectués au XVIIe siècle dans la cathédrale, voire de la furie révolutionnaire.

PARTIE III

DANS LES ARCANES DU CHAPITRE

CHAPITRE 7

Rentes ecclésiastiques

« Vautours béants après la proie. »

Albert BABINOT,
La Christiade, 1559, p. 12.

Les erreurs de Léon Séché et de nombreux biographes tiennent dans un malentendu : ils n'ont ni vu l'époque ni ressenti le souffle du chapitre qui la gouvernait. Ils ont parcouru le relevé du chapitre en restant en surface, réduisant le texte à des mots. Par ailleurs, dans les biographies et articles consacrés à Joachim du Bellay et à d'autres poètes de la Pléiade, un regroupement de poètes, la question de leurs revenus est tue, comme s'ils avaient pu vivre de leur plume ou de riches allocations de leurs mécènes.

Vue sous cet angle, l'identification du cavalier se révèle sous un autre jour. Qui a réglé son inhumation ? Ce sont des histoires de gros sous, mais elles ont été ignorées par les auteurs du XIXe siècle, des hommes d'Église ou de fervents catholiques qui détournaient le regard de ces réalités matérielles. Et pourtant, au détour de mes recherches, je me suis aperçu que ces questions-là sont centrales et qu'il faut accepter de voir ce que cachait le fonctionnement de l'Église et de Notre-Dame à cette époque.

Tonsure et prébendes

Déjà, à l'époque qui nous occupe, il existait une nuance, discrète mais cruciale, au sein de l'Église : la différence entre l'administratif et le religieux. Le pouvoir d'administrer une paroisse, dévolu au curé, et celui de gouverner un diocèse, réservé à l'évêque, se distinguaient du rôle de prêtre, celui qui avait le droit de célébrer la messe. Aujourd'hui, tout curé est prêtre, mais en ce temps-là cela n'allait pas de soi. Le roi pouvait nommer qui bon lui semblait à une fonction ecclésiastique et ainsi Ronsard, poète de la Pléiade, reçut plusieurs charges de curé. Mais était-il prêtre ? « Mon frère en Christ, tu dis que je suis prêtre ? Je jure devant l'Éternel que j'aimerais l'être[1]. » S'il le devint, ce ne fut que tardivement, après 1560. Bien souvent, cette question a été balayée, en particulier à la fin du XIXe siècle. Des historiens, souvent hommes d'Église ou fervents catholiques, tenaient pour acquis que ces figures étaient bel et bien devenues prêtres, même si les preuves en étaient parfois minces.

Pour obtenir ces charges administratives, il fallait cependant être passé par la tonsure. Ce rite consistait à se faire raser une partie des cheveux lors d'une cérémonie religieuse, symbolisant l'imitation du Christ. La tonsure marquait l'appartenance à l'état clérical, on devenait alors un clerc avec une vie vouée à Dieu[2]. Théoriquement, elle signifiait un renoncement aux vanités du monde, une existence consacrée, sans mariage, soumise à l'autorité de l'Église. Mais les tonsurés, eux, n'avaient pas fait vœu de chasteté ni de pauvreté comme les moines. Une fois tonsuré, il fallait enregistrer ses lettres de tonsure au greffe du diocèse – un geste symbolique, oui, mais aussi administratif. Dans la réalité, le poids des hommes et des titres pesait bien plus lourd que ces règles, et nombre de lois se voyaient aisément contournées.

Ronsard, par exemple, fut tonsuré par l'évêque du Mans avant même ses 20 ans, mais ne fit enregistrer ses lettres que dix ans plus tard*. Beaucoup, que je suppose avoir été influencés par leur famille ou emportés par une vocation passagère, conservaient leur tonsure secrète afin de mener une vie plus libre. Certains allaient même jusqu'à se marier sans éveiller les soupçons, sauf lorsqu'ils se trouvaient dans l'obligation de dire la vérité ou de commettre un parjure[3]. Cependant, dès 1520, le port d'un habit conforme aux statuts devint essentiel[4], et la tonsure devait être visible. Cet état clérical ouvrait des portes, permettant, par exemple, de devenir chanoine de Notre-Dame, d'avoir la charge de chanter l'office dans le chœur et de veiller au bon fonctionnement administratif de la cathédrale. Et puis, une fois tonsuré, le clerc pouvait gravir les échelons d'une hiérarchie : entrer dans les ordres mineurs ou, plus tard, accéder aux ordres majeurs – sous-diaconat, diaconat, prêtrise. Chacune de ces étapes l'amenait à de nouvelles cérémonies, de nouveaux devoirs, jusqu'à pouvoir une fois prêtre célébrer la messe ou confesser.

Ce que je compris rapidement et qui est l'un des nœuds de notre histoire, c'est que chacune de ces charges administratives s'accompagnait de prébendes – des revenus tirés des paroisses, des biens diocésains, des taxes imposées aux fidèles. Une fois en fonction, le titulaire percevait la prébende associée, bien souvent sans se soucier d'assurer le moindre service. Les tâches du quotidien étaient déléguées à des vicaires, employés sous contrat temporaire et payés modestement. De quoi nourrir l'agacement des fidèles, contraints de financer un titulaire absent, dont ils ne voyaient jamais la robe ni n'entendaient les sermons. La prébende exigeait bien sûr une nomination officielle à un poste religieux,

* En 1554, pour prendre possession d'une cure que lui avait octroyée le cardinal Jean du Bellay alors que Joachim et ce dernier étaient installés à Rome.

une procédure pilotée par le roi et orchestrée dans l'ombre par un cercle d'influence. Conseillers et dignitaires ecclésiastiques y manœuvraient habilement, entre intrigues et pots-de-vin. Une bonne prébende, c'était la sécurité, le moyen de devenir rentier. Ainsi, je découvris ce bon mot de Catherine de Médicis à son fils, roi de France, qui lui demandait d'obtenir pour Ronsard « quelque bonne abbaye, afin qu'il ne songe plus à autre chose qu'à écrire[5] », car ses premières prébendes ne lui suffisaient plus. Le roi nommait en effet les abbés, ces supérieurs des abbayes, et cette faveur se transformait en récompense pour service rendu ou en privilège pour un proche. Pour les auteurs de la Pléiade, la quête de la prébende devint presque une obsession. L'année de la mort de Joachim, un de leur contemporain les voyait comme des « vautours béants après la proie[6] » impudiques et gourmands, dévoreurs de bénéfices ecclésiastiques.

Jusqu'au concile de Trente, le nombre de prébendes n'était pas limité. Jean du Bellay – cousin germain du père de Joachim, son oncle à la mode de Bretagne* –, au sommet de sa gloire, cumulait trois évêchés, il était supérieur d'une vingtaine d'abbayes[7]** et possédait de nombreux autres titres[8]. Pour obtenir une prébende, il fallait être nommé par une autorité religieuse, ou bénéficier d'une intervention du roi, du pape ou de ses représentants. Mais d'autres chemins existaient : on pouvait en hériter, la transmettre de son vivant, ou attendre la mort d'un titulaire pour l'acheter à ses héritiers. Les plus habiles utilisaient leur influence pour obtenir une transmission, ou passaient par l'échange, la vente, tout en conservant une part des bénéfices. Je

* À cette époque, les cousins germains du père étaient considérés comme autant d'oncles, tradition qui perdura parfois jusqu'à la fin du XXe siècle dans les campagnes françaises sous le terme « d'oncles à la mode de Bretagne ».
** Plusieurs d'entre elles se trouvaient dans l'est de la France et en Bourgogne (Michon, 2013), certaines pouvant approvisionner les parents du cloître de Notre-Dame.

découvris que ce n'était pas seulement un système féodal, mais quelque chose de plus complexe, presque mafieux. La fidélité envers celui qui vous avait attribué une prébende était essentielle. Il fallait surveiller ses domaines comme autant de points de *deal* pour éviter la perte de revenus, suivre l'état de santé des titulaires de prébendes pour se préparer à les acquérir lors de leur décès si cela en valait la peine. Et, bien sûr, il fallait savoir jongler avec la lourdeur administrative, intégrer achats, ventes et échanges dans un cadre légal savamment orchestré. Pour maîtriser ce système de charges et de réseaux, rien n'était plus précieux que des amis sûrs, des alliés fidèles et une famille sur laquelle s'appuyer.

À Notre-Dame, un régime spécifique

J'appris que, depuis sa fondation jusqu'à la Révolution, Notre-Dame obéit à un système juridique complexe. Durant la période qui nous intéresse, elle relevait à la fois de l'évêque nommé par le roi et du chapitre sous la tutelle de Rome. Ce chapitre, composé de cinquante et un chanoines – pour la plupart issus de l'aristocratie –, était dirigé par huit dignités*. Les chanoines étaient officiellement nommés par l'évêque, mais, en pratique, l'intervention du pape ou du roi passait souvent outre cette règle. Avec une prébende confortable, la fonction ouvrait les portes des plus hautes sphères ecclésiastiques, vers les rôles d'évêque, d'archevêque, voire de pape.

L'influence des chanoines de Notre-Dame, au sein du chapitre le plus prestigieux du royaume, rendait naturel le cumul des fonctions de chanoine et de prêtre, une exigence rare dans les

* Ces dignités étaient le doyen, le chantre, les trois archidiacres – de Paris, Brie et Josas –, le chancelier, le sous-chantre et le pénitencier.

autres cathédrales. Ici, il fallait une véritable armée de prêtres épaulés par une armée de chapelains. Les messes s'enchaînaient, nombreuses, incessantes et bien rémunérées, avec une moyenne de cent dix célébrations quotidiennes rien que pour les chapelles[9]. Chaque enterrement impliquait une messe perpétuelle, célébrée chaque année à l'anniversaire du décès, souvent dans une chapelle latérale. Les offices se succédaient sans fin. La plupart des chanoines détenaient d'autres fonctions religieuses, assorties de prébendes supplémentaires. Mais beaucoup occupaient aussi des fonctions laïques bien rémunérées. Les médecins étaient nombreux parmi eux, tout comme les membres du parlement de Paris, autorité de justice du royaume. À cette époque, nombre de chanoines avaient étudié le droit, dont deux figures de notre histoire : le cardinal Jean du Bellay et Joachim. En effet, la gestion des biens ecclésiastiques et des revenus des prébendes exigeait une solide maîtrise légale, sous peine de finir en déficit ou en procès.

Autour des chanoines gravitaient quelque deux cents employés, laïcs et religieux, qui faisaient tourner la cathédrale. Ce chapitre, relevant directement du pape, exerçait l'autorité d'un seigneur féodal. Il possédait de vastes domaines, levait des taxes, rendait justice et échappait même aux taxes royales[10]. Ces domaines et les cérémonies incessantes généraient des revenus considérables, reversés aux chanoines sous forme de prébendes. Ces prébendes, divisées entre prébendes entières et demi-prébendes, variaient en valeur, et les ventes, reventes et arrangements discrets allaient bon train.

CHAPITRE 8

Le chapitre de Notre-Dame et l'inhumation de Joachim

« À la fin, je vois trop clairement que c'est une vraie farce qu'on joue par-delà ; et, pour vous parler selon mon naturel, je vous répéterai que vous vous estes laissé sinon tromper à tout le moins endormir sans considérer [...] à quels gens vous aviez à faire. »

Cardinal Jean DU BELLAY, 1551[1].

Relire les relevés en latin du chapitre sur la mort de Joachim, patiemment rédigés par Julien-Philippe de Gaulle, fut pour moi une épreuve. Chaque mot m'obligeait à me replonger dans les documents originaux, de peur d'un oubli ou d'une trahison dans la retranscription. À la suite de ces interrogations, Florence décida, pour son film, de capter une séquence aux Archives nationales et de solliciter Sébastien, archiviste capable de lire le latin directement dans les manuscrits, afin de retrouver et retraduire les fameux comptes rendus du chapitre concernant Joachim du Bellay. Le bâtiment érigé sous Napoléon III, solennel, véritable décor de film de cape et d'épée, offre à l'intérieur la vision étonnante de centaines de mètres de livres, soigneusement reliés, empilés sur plusieurs étages. Un ordre et un classement rigoureux qui permettent d'accéder rapidement à des trésors documentaires, mais aussi à des pages délaissées, comme une multitude d'histoires et d'énigmes en attente d'être déchiffrées. Sébastien, calme et méthodique, est en accord avec l'édifice et notre époque, mélange de sérieux, de passion, de fraîcheur et d'enthousiasme. Il ressort les registres capitulaires et les minutes des délibérations des 2 et 3 janvier 1560 et les traduit intégralement (figure 7), nous offrant un aperçu de leur signification dans le contexte des règlements du chapitre. Ces registres rédigés environ trois fois par semaine par un chanoine, à partir de sélections de minutes prises sur le vif, dévoilèrent d'importantes informations sur Joachim et les péripéties des quatre premiers jours de janvier.

L'interprétation du contenu des registres est une plongée dans l'univers de la communication de la Renaissance. Dans le cas du chapitre de Notre-Dame, le chanoine faisait serment de fidélité et d'obéissance au doyen et au chapitre. Il jurait de maintenir les droits, les libertés, les franchises et les exemptions des privilèges et des statuts du chapitre et de ses membres, de sauvegarder l'immunité du cloître et, pour ce qui nous intéresse plus spécifiquement, de ne pas divulguer le secret des délibérations capitulaires[2]. Dès lors, si les comptes rendus du chapitre fixaient un historique journalier de la cathédrale, ils n'étaient pas destinés à être diffusés. Ils établissaient une information qui avait un statut juridique qui n'était connu que de ceux qui avaient participé aux délibérations et dont ultérieurement le chapitre pouvait se saisir pour formuler une question. Dès lors, dans le cas d'une affaire personnelle difficile, comme celle de l'inhumation de Joachim du Bellay, lire et saisir les nuances des délibérations du chapitre impliquait une maîtrise du contexte et une connaissance des références sur les inhumations dans la cathédrale.

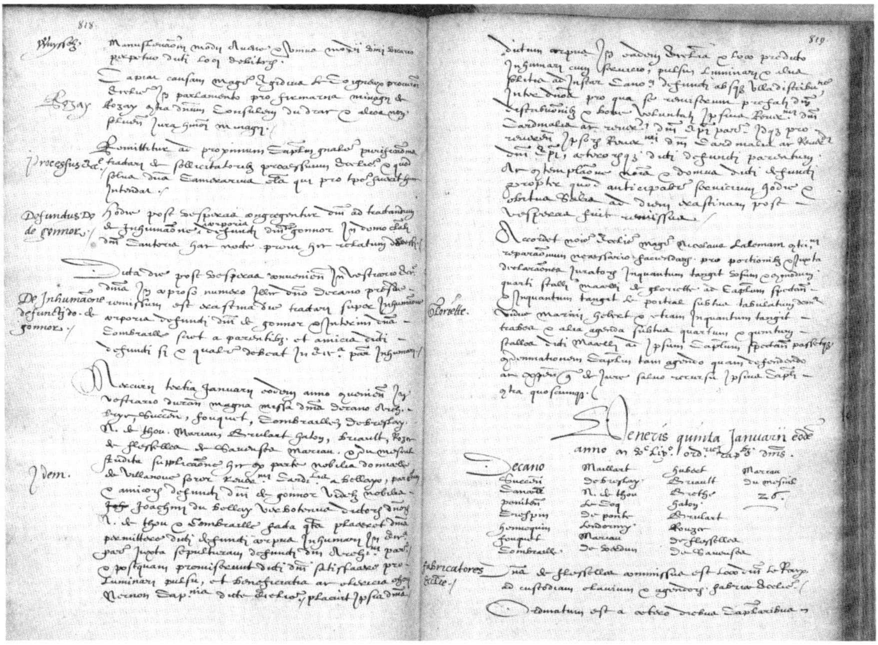

Figure 7. Compte rendu du chapitre (mise au net) intéressant l'inhumation de Joachim du Bellay. Les conclusions concernant Joachim du Bellay commencent au premier tiers de la page de gauche au niveau de la mention « *Defunctus do. De Gonnor* » et se terminent page de droite (Archives nationales : LL 149, p. 818-819).

La première mention sur la mort de Joachim date du 2 janvier 1560 où la traduction de Sébastien nous apprend que l'ordre fut donné aux chanoines de se réunir après les vêpres pour traiter de l'inhumation du corps de défunt seigneur de Gonnor – ainsi était dénommé Joachim – décédé au cours de la nuit dans la maison du chantre dans le cloître Notre-Dame*. L'heure

* Traduction Sébastien Nadiras : « Mardi 2 janvier 1560. [...] Ordre est donné à messeigneurs de se réunir aujourd'hui après vêpres pour traiter de l'inhumation du corps du défunt seigneur de Gonnor, décédé cette nuit dans la maison claustrale de monseigneur le chantre, selon ce qui a été rapporté ici.
Ce jour-là, après vêpres, messeigneurs étant réunis en grand nombre dans la sacristie sous la présidence du doyen, la discussion sur l'inhumation du corps du défunt seigneur de

est inhabituelle, une telle réunion aurait dû avoir lieu le matin même à neuf heures ; la journée avait dû permettre des réflexions internes... De façon assez étonnante, Sébastien devait découvrir que, dans les minutes des délibérations (figure 8), le notaire du chapitre parlait de l'inhumation du « cadavre » du seigneur de Gonnor, terme désobligeant*, marquant un certain mépris, ensuite rayé et remplacé dans la mise au propre par *corpus* signifiant « corps » en français. Les discussions aboutissent toutefois à un report de la réunion au lendemain, ce qui laissait le temps à deux des leurs de demander aux parents et amis du défunt « si et comment le corps [et non le cadavre !] doit être inhumé dans l'église de Paris », c'est-à-dire dans Notre-Dame. Sous ces phrases apparemment anodines se cachait en fait tout un jeu de pouvoir et de secrets.

Le chapitre défendait jalousement ses prérogatives. La cathédrale de Paris, alors simplement appelée « église de Paris », n'était pas une paroisse, ce qui empêchait théoriquement toute inhumation laïque et il ne semble guère y en avoir eu au XVIe siècle[3]. Parmi les quatre cents inhumations répertoriées sur la base des épitaphes, les trois quarts désignent des chanoines, et presque 10 % d'entre elles des évêques ou des archevêques qui étaient aussi chanoines[4]. Même s'il ne semble pas totalement exclu que pour des périodes postérieures au XVIe siècle des laïcs aient pu être inhumés dans la cathédrale, auparavant il ne pouvait

---

Gonnor a été reportée au lendemain. Entre-temps, monseigneur Combraille saura par les parents et amis du défunt si et comment le corps doit être inhumé dans l'église de Paris. » (Archives nationales, LL 149, p. 818).

* De façon assez curieuse, le terme sera retrouvé pour Guillaume Grantsire (voir *infra*) (« L'ensevelissement du cadavre de sire Guillaume après son départ de ce monde sera fait sous la septième lampe du milieu. »), décédé presque un siècle avant du Bellay et inhumé dans la croisée du transept. Il est possible que le terme ait évolué en un siècle. Dans le cas de Grantsire il ne semble pas être désobligeant, étant retenu dans le compte rendu final. On retiendra toutefois que dix ans plus tard son squelette semble avoir été remanié. Comme nous le ferons remarquer, en cent ans, les mentalités semblent avoir évolué sur la « gestion des cadavres ».

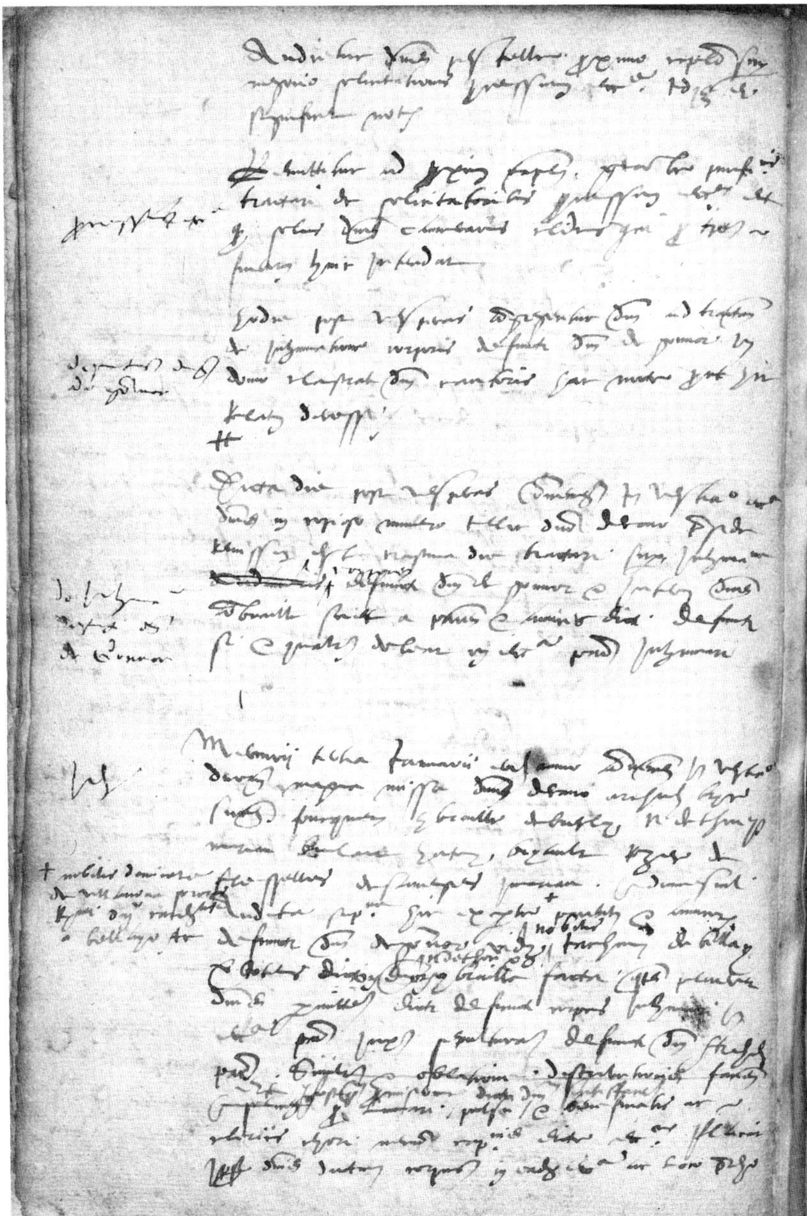

Figure 8. Minutes du chapitre intéressant l'inhumation de Joachim du Bellay. Le mot « cadaver » remplacé à l'encre plus sombre par « corpus » figure au milieu de la page, contre la marge de gauche (Archives nationales : LL 150, fol. 286 verso).

s'agir que d'exceptions dûment argumentées notamment pour des personnages de l'entourage royal. D'une façon générale, pour prétendre à une inhumation dans Notre-Dame, il fallait être chanoine de cette église, même si un cas que nous reverrons fit errer des chercheurs sur de fausses pistes pendant de longues semaines. Les procès qui se succédèrent au cours du Moyen Âge démontrent que la hiérarchie des titres était très importante pour savoir si un corps pouvait ou non y être admis. Joachim qui n'était pas chanoine de Notre-Dame au moment de son décès, qui ne pouvait faire état de titres laïcs très importants, qui avait imposé de nombreuses décisions au chapitre – dont celle de la nomination du chantre, second du chapitre, ce que nous reverrons – et qui était en conflit ouvert avec l'évêque n'avait pas à y être inhumé, même s'il avait été un personnage influent de l'époque. Cent cinquante ans plus tard, l'inhumation du chanoine Antoine de La Porte, apprécié de ses pairs, ne fera l'objet que d'une seule réunion matinale suivie d'une décision et d'aucune discussion. Dans le cas de Joachim, les discussions et les interrogations des chanoines suggèrent qu'il était considéré comme un personnage important et qu'il bénéficiait de sérieuses protections. Il allait falloir négocier. Dès les premiers termes, le chapitre le désigne uniquement comme « seigneur de Gonnor », un titre laïc que lui accordait encore son ami Jean de Morel peu avant sa mort[5], ce qui indiquait aux nombreux membres du chapitre présents et de sa famille, qui allait en être informée, qu'*a priori* il serait préférable qu'il soit inhumé dans une église paroissiale et pas à Notre-Dame.

Le lendemain, 3 janvier, pendant la grand-messe, une assemblée beaucoup plus restreinte que la veille se réunit. Il est intéressant de noter le moment et les personnes présentes. Les chanoines devaient assister à la messe, ce qui suggère qu'organiser une réunion à cette heure-là visait à rassembler un petit groupe, les autres étant à la cérémonie, tout en assurant la présence d'un maximum de dirigeants. Ce groupe comportait quinze personnes. Le doyen, personnage essentiel, puis non pas son second, le chantre – avec qui vivait du Bellay et qui n'avait pas été nommé par le chapitre comme nous le verrons –, mais le sous-chantre, ainsi que l'un des trois archidiacres du diocèse, celui de Brie. Deux représentants des amis et de la famille du Bellay, en particulier la sœur du cardinal, étaient reçus dans cette assemblée pour présenter leur requête de faire inhumer Joachim dans la cathédrale*.

Le règlement du chapitre prévoyait en effet que ses relations avec le cloître étaient confiées à deux commissaires mandatés par lui. La sœur et les amis suppliaient les chanoines d'autoriser l'inhumation de celui qu'ils continuaient d'appeler le seigneur de Gonnor « près de la tombe du défunt archidiacre de Paris », soit fort probablement son oncle Louis du Bellay, j'y reviendrai bientôt. Les chanoines décidèrent alors que le corps serait inhumé « audit lieu [...] à la manière d'un chanoine décédé » par

* Traduction Sébastien Nadiras : « Mercredi 3 janvier de la même année, pendant la grand-messe, se sont réunis dans la sacristie messeigneurs le doyen, l'archidiacre de Brie, le sous-chantre, Fouquet, Combraille, de Breslay, N. de Thou, Mariau, Brulart, Haton, Briault, Rozet, de Flesselles, de Saveuses, Mariau et Dumesnil. Après avoir entendu la supplique, relatée verbalement par messeigneurs N. de Thou et Combraille, par laquelle noble demoiselle de Villeneuve, sœur du très révérend cardinal du Bellay, et les parents et amis du défunt seigneur de Gonnor, à savoir noble Joachim du Bellay, demandaient à messeigneurs d'autoriser l'inhumation du corps du défunt dans l'église de Paris, près de la tombe du défunt archidiacre de Paris, et après avoir promis de s'acquitter du luminaire, des sonneries de cloches et de ce qui serait dû aux bénéficiers, aux clercs du chœur et aux chapelains de l'église, messeigneurs ont décidé que le corps serait inhumé dans l'église audit lieu, avec service funèbre, cloche, luminaire et autres solennités usuelles, à la manière d'un chanoine décédé, et sans aucune distribution pour eux, ce pour quoi messeigneurs s'en sont remis aux distributions et à la bonne volonté du très révérend seigneur cardinal et du révérend seigneur évêque, et cela par révérence pour le très révérend seigneur cardinal, le révérend seigneur évêque et les autres parents du défunt, et en considération du nom et de la maison du défunt ; c'est pourquoi le service sera anticipé aujourd'hui, et l'obit du sel a été reporté demain après vêpres. » (Archives nationales, LL 149, p. 818).

égard pour le cardinal et les autres parents du défunt. Le service funèbre devait se tenir le jour même. La précision « c'est pourquoi le service sera anticipé aujourd'hui » laisse sous-entendre un mouvement d'exaspération. Selon le règlement, une célébration prévue ce jour-là après les vêpres, et sans rapport avec l'inhumation, fut reportée au lendemain en raison de cette annonce subite. Le reste du compte rendu du chapitre, très méthodique, indique à chaque partie, les chanoines, l'évêque et le cardinal, ce qui devra être réglé pour cet enterrement. En effet, des conventions très précises définissaient à qui incombaient les frais des cierges, les sonneries de cloches, les clercs du chœur, les chapelains de l'église. Si une partie en revenait, d'après le règlement, aux chanoines, l'acte de la réunion indiquait cependant que le reste serait à la charge du cardinal et de l'évêque, puisque les deux étaient parents de Joachim et qu'ils acquiesçaient à la demande et à la décision prise, même s'ils étaient injoignables, le cardinal étant à Rome et l'évêque certainement dans son domaine du Maine. En observant l'évolution de nombreuses tombes à Notre-Dame, je découvris qu'après s'être acquittée des frais funéraires la famille pouvait choisir de faire graver une épitaphe ou d'ériger un tombeau ornemental. Bien sûr, cela ne se faisait qu'avec l'accord du chapitre et exigeait des paiements conséquents aux artistes et aux entrepreneurs, en fonction de l'œuvre réalisée.

Sous une apparente banalité administrative, ce document révèle des discussions passionnées, des négociations et des contraintes imposées au chapitre et à la famille. Nombre de ses biographes ont été déconcertés par la décision du chapitre qui désirait que le corps soit inhumé comme un chanoine décédé. Tous se sont complu à rappeler que, si Joachim avait bien été chanoine de Notre-Dame de juin 1555 – période durant laquelle il résidait à

Rome – jusqu'en juin 1556, date à laquelle il renonça à sa charge, il ne l'était plus à sa mort[6] et que cette mention signifiait une dégradation de son statut, voire une humiliation, sans que les auteurs ne précisent d'ailleurs quel était son nouveau statut dans le cloître. Cette interprétation n'est cependant pas tout à fait exacte.

N'étant plus chanoine de Notre-Dame, Joachim ne pouvait pas être inhumé de droit à Notre-Dame, et, s'il le fut, ce fut uniquement « par révérence à l'égard du très révérend seigneur cardinal, du révérend seigneur évêque et des autres parents du défunt, et par égard pour le nom et la maison du défunt ».

Par ailleurs, à l'exception des évêques et des archevêques, seuls les chanoines pouvaient prétendre à un enterrement sous les voûtes de Notre-Dame. S'il y est inhumé, c'est évidemment « à la manière d'un chanoine décédé ». Cette mention impliquait des droits et des devoirs. Du côté des droits, elle renvoyait à un cérémonial bien précis qui avait pour corollaire l'attribution à la famille des coûts associés puisque les rites des messes d'enterrement des chanoines requéraient des serviteurs, des sonneurs, l'éclairage… Du côté des devoirs, cela impliquait notamment, bien que cela ne soit pas écrit, un non-embaumement du corps et l'absence de funérailles multiples, l'Église ayant toujours été réticente à cette pratique qui ne respectait pas l'intégrité des corps. Il faut noter toutefois que l'institution profitait – financièrement – largement de cet usage chez les nobles ; cette pratique avait parfois pu concerner aussi certains ecclésiastiques[7] dont on connaît quelques exceptions de prélèvement du cœur. Au moment où le chapitre formule cette clause, l'autopsie avait déjà eu lieu et cela devait se savoir. Le chapitre se montre donc toujours aussi ambigu, sachant que les parents et les amis de Joachim ne pouvaient pas suivre les devoirs habituels liés à un chanoine tels que l'absence d'autopsie.

Par ailleurs, si les inhumations de certains archevêques s'accompagnaient de cérémonies somptueuses, celles des chanoines étaient également coûteuses pour les familles, ce qui dans le cas présent préoccupait le chapitre, car il devait percevoir une partie des frais engagés. Joachim n'ayant pas de descendant direct, il fallait donc bien préciser que l'évêque et le cardinal régleraient ce qui restait à charge. Cette mention surprend. À sa mort, Joachim n'était pas immensément riche, mais il devait disposer d'une certaine aisance, nous expliquerons pourquoi, surtout en liquidités après Noël. En effet, souvent à cette époque, le produit de ventes était perçu ce jour-là, ce qui venait d'être son cas à propos d'une part de la seigneurie d'Oudon qui lui revenait[8]. Joachim étant décédé, c'était à sa succession de régler la somme. Sa sœur, toujours vivante, était probablement venue à Paris pour s'occuper de lui, comme nous l'expliciterons, et elle fait peut-être partie des « parents » mentionnés. Pourtant, la somme n'a pas été demandée à la famille, mais à des hommes qui n'hériteraient rien de Joachim, mais derrière lesquels famille et amis s'étaient réfugiés pour réclamer l'inhumation dans la cathédrale. Malgré leurs titres, ils allaient le payer, au sens propre comme au figuré !

La mention de son inhumation « à la manière d'un chanoine décédé » indiquait en fait une série d'obligations, fixées par la réglementation du chapitre, dont certaines avaient déjà été violées dans le cas de Joachim et qui pour les autres allaient devenir très contraignantes, peut-être même humiliantes, pour la famille, comme l'inhumation le jour même qui empêchait de fait de réunir un grand nombre de parents et d'amis.

Chaque jour à Notre-Dame, il y avait une grand-messe. Un chanoine décédé devait être inhumé quelques jours après son décès, normalement après la grand-messe, bien qu'une certaine variabilité existât. On se souvient que le corps d'Antoine de La Porte fut amené dans l'église deux jours après son décès lors des vêpres, mais qu'une grand-messe eut lieu cinq jours après sa mort et que les dates du creusement de la fosse et de la mise en place du tombeau sont sujettes à spéculations. Sans qu'il y ait de règle absolue, il fallait souvent espacer le décès et l'inhumation de soixante-douze heures, en se souvenant que Jésus était ressuscité le troisième jour. Pour les nobles qui avaient été embaumés, il y avait souvent plusieurs jours de décalage, voire des semaines pour les rois. Cette période laissait à la famille le temps de s'organiser, de se déplacer pour les funérailles et, dans une cathédrale comme Notre-Dame, de préparer le lieu d'inhumation. La tombe avec son épitaphe, voire le tombeau avec une représentation du défunt, ne pouvait être réalisée que lorsque les frais d'inhumation avaient été réglés au chapitre. Lors de la succession du défunt, c'était normalement aux héritiers de décider qui allait régler ces nouveaux frais destinés à l'honorer. Même pour un chanoine illustre et respecté comme Antoine de La Porte, la bataille de succession entre le chapitre et ses descendants fut dantesque et, à mesure que les règlements traînaient, les intérêts s'accumulaient. Par rapport à sa promesse initiale d'une rente annuelle de 10 000 livres consacrée aux travaux, il n'en avait finalement versé que 9 000[9]. Procès, discussions, actes notariés s'accumulaient et cette querelle ne fut réglée que deux ans après son décès, ce qui explique probablement l'inscription tardive de l'épitaphe sur sa tombe. Le chapitre, initialement mécontent de n'avoir récupéré qu'une somme insuffisante sur les frais funéraires exorbitants de 1 650 livres – une somme considérable quand on sait que 10 000 livres permettaient de financer une année de travaux pour la restauration du chœur –, annula dans un premier temps la commande des tableaux du chanoine et il décida de faire réajuster à leur place « six des meilleurs de l'église ». La succession du chanoine coûta finalement à la famille 30 000 livres dont la moitié alla au chapitre et l'autre moitié au roi[10]. Le chapitre, pour la succession de ses chanoines, ou de ceux considérés comme tels, « ne lâchait rien ».

Le chapitre connaissait tous les détails de la vie de Joachim du Bellay et de sa fin et si, dès l'annonce du décès, il s'était montré réticent à cette inhumation, les soutiens familiaux mentionnés ont fait pencher la balance. Il s'incline donc, mais prescrit une inhumation le jour même, sans que l'on sache si c'est immédiatement après cette assemblée qui s'est tenue au même moment que la grand-messe, soit le soir après vêpres, puisqu'une autre cérémonie, qui était peut-être prévue à ce moment-là, a été reportée au lendemain. Théoriquement, même dans le cadre d'une inhumation décidée à la hâte, le soir du 3 janvier les chanoines auraient dû être convoqués pour les vêpres et les matines des morts, et après les laudes de la nuit ils auraient dû chanter les laudes des morts. Le lendemain, il aurait dû y avoir la levée de corps le matin, une procession vers Notre-Dame depuis le cloître, puis l'inhumation après la grand-messe. Dans le cas présent, une partie de la cérémonie était escamotée : la famille allait devoir s'activer et si Jean de Morel, un proche de Joachim du Bellay, avait reçu dès le 2 janvier d'un ami une lettre de condoléances, preuve que la nouvelle de la mort de Joachim se répandait, la précipitation impliquait une assemblée restreinte.

Que le chapitre décide d'une inhumation le jour même était une chose rare, presque impensable. Pourtant, en 1508, pour Jean L'Enfant, ce même chapitre statue ainsi : « Qu'il soit inhumé ce soir, cela ne peut attendre. » D'après les registres, il aurait été enterré devant la chapelle Saint-Louis, à gauche du chœur, dans l'axe de la cathédrale. Cette urgence, ce « ne peut attendre », n'avait rien à voir avec une hâte ou une réticence, comme pour Joachim. Selon Hélène Verlet, c'est peut-être parce qu'il était décédé du choléra et donc que le corps risquait de se décomposer très rapidement. Et puis, au début du XVIIIe siècle, on retrouve sa tombe devant la chapelle Saint-Crépin, à droite du chœur, loin de l'endroit indiqué. La précipitation n'avait peut-être pas permis de respecter la décision initiale mais le chapitre l'avait entérinée[11].

Ce compte rendu du chapitre, secret, ne dévoile aucun indice concret sur ce qui pourrait advenir par la suite. Il ne fait que nous plonger dans l'atmosphère particulière qui émane de ces réunions, dans cette vie obscure de cet organe de pouvoir, où les délibérations et leurs conclusions semblent teintées d'hypocrisie. On ressent dans ces notes une tension sourde, bien que l'on sache que le chapitre, de toute façon, ne révélera jamais tout. Les deux réunions échouent à traiter calmement l'affaire – la destination du corps de Du Bellay. Le choix qui est arrêté apparaît comme une concession, car le chapitre refuse de s'imposer, mais les requérants vont le payer cher. Il y a là quelque chose de trouble et, surtout, de désobligeant. En fait, c'était une forme de résistance passive, peut-être la seule possible pour le chapitre à cette occasion. Qui protégeait le rideau de fumée administratif et à qui le message que portent ces comptes rendus était-il destiné ? Tiré de son contexte, ce compte rendu pourrait faire croire que le chapitre avait affaire à une exception qui l'embarrasse et dont il ne désire pas qu'elle se reproduise puisqu'elle bafoue son règlement. Sa décision aurait alors un caractère historique en ce sens qu'elle pourrait faire jurisprudence. Elle serait donc destinée au chapitre des jours, des années et des siècles à venir au cas où une telle demande se reproduise en lui indiquant en quelque sorte « la marche à suivre ». La réalité semble tout autre. La lecture de comptes rendus du chapitre démontre qu'il lui arrivait de discuter de l'inhumation de laïcs et, comme nous le soulignerons, on peut même soupçonner nombre d'inhumations de laïcs sans compte rendu. Ce qui se passe ici est différent, la famille du Bellay est en train d'imposer au chapitre un mort dont il ne veut pas. Il va en discuter et il va le faire sentir dans le texte. Ce dernier est finalement destiné au cardinal et à l'évêque, qui seront informés des décisions que le chapitre n'a acceptées que sous la pression de leurs noms.

CHAPITRE 9

Notre-Dame et les sépultures du clan du Bellay

« Digne tombeau d'une si digne cendre. »

Joachim du Bellay, *Songe*.

Une cartographie funéraire symbolique

À la suite de mes fouilles menées dans des cimetières médiévaux et modernes, je savais que, au XVIe siècle, le lieu d'inhumation revêtait une grande importance pour un chrétien. Selon les croyances de l'époque, il avait peu de chances d'accéder directement au paradis. Outre les indulgences, sommes d'argent permettant de se racheter, une sépulture proche d'un endroit où il « entendait » la messe et les prières était particulièrement recherchée pour faciliter son entrée au paradis. Les places dans le chœur, à proximité de l'autel, étaient les plus prisées, mais aussi les plus coûteuses. Ensuite venait la nef, et dans le cas des cimetières paroissiaux, les tombes près de l'église, voire adossées à ses murs, étaient plus recherchées que celles éloignées du lieu saint. Pour celui qui allait mourir, le lieu d'inhumation importait donc beaucoup plus que ce qui devait être inscrit sur sa tombe. Toutefois, cette hiérarchie des inhumations, liée à un pouvoir religieux, aristocratique et économique, avait développé dans les lieux prestigieux la mode des épitaphes. Celles-ci renseignaient sur la personne inhumée, mais elles servaient aussi de témoignages pour montrer au visiteur l'importance du lieu.

Le chœur et les chapelles adjacentes de Notre-Dame recevaient essentiellement, avant le XVIIe siècle, des personnages haut placés dans la hiérarchie religieuse ou aristocratique. On y retrouvait des archevêques, des évêques, des conseillers du roi, mais tous ces personnages détenaient, au moment de leur décès, de nombreuses charges, et ils étaient presque tous chanoines de la cathédrale. La nef était réservée aux personnages moins prestigieux, simples chanoines qui, bien souvent, étaient dotés de charges religieuses, et donc de prébendes, en dehors de Paris. Rappelons que le chœur était réservé à une élite qui y célébrait plusieurs offices, de jour comme de nuit, et où tombeaux et plaques tombales renvoyaient à des membres illustres, dont les chanoines se souvenaient et qui représentaient autant d'exemples à suivre. Les chapelles, quant à elles, étaient dédiées à des confréries, des familles ou des dirigeants, et de nombreuses messes basses y étaient régulièrement célébrées. Cependant, souvent étroites, elles ne permettaient pas une circulation aisée. Les devants des chapelles et de la nef constituaient des espaces de vie pour les fidèles mais aussi pour les mendiants venus se réchauffer l'hiver et prendre le frais l'été, qui s'y déplaçaient tout en devisant ou en entendant simplement la messe célébrée derrière le jubé. Les plaques au sol, ornées de leurs épitaphes, marquaient dans la nef et le devant de ces chapelles autant de voies de passage sur lesquelles tout le monde circulait sans y prêter attention.

Les chanoines avaient généralement l'habitude de proposer le lieu de leur sépulture par testament, ainsi qu'une épitaphe, tout en précisant que ces choix pouvaient être modifiés en fonction des désirs du chapitre[1]. C'est ce qui se passa pour Nicolas Prévost, archidiacre de Brie, l'un des trois archidiacres de l'évêché de Paris dont nous reparlerons. Son choix testamentaire ne fut pas suivi, il fut finalement inhumé près de Louis du Bellay, l'oncle de Joachim qui avait occupé la même fonction avant de devenir archidiacre de Paris. Petri Dreux, qui fut inhumé en 1583 à côté de Nicolas Prévost, avait de nombreux titres dont celui d'archidiacre de Paris. Il y eut donc au cours du XVIe siècle une volonté de regrouper à Saint-Crépin des hommes d'un même statut et qui avaient occupé des fonctions semblables.

Le cas de Louis Hesselin, mort en 1544, est encore plus explicite. Il met en évidence l'importance des titres pour être inhumé dans cette chapelle tout comme les difficultés à accorder une foi absolue aux comptes rendus du chapitre. Trois ans après la mort de Louis du Bellay, ce chanoine de la cathédrale et curé dans le diocèse du Mans demande, dans son testament, à être inhumé dans la chapelle Saint-Crépin, près de la tombe de Louis du Bellay, mentionné explicitement. Cette requête me laissa perplexe. Comment un homme sans grande renommée, sans titres, simple curé de province, avait-il osé formuler une telle demande ? Ma stupéfaction grandit lorsque j'appris que le chapitre, en raison de la « qualité » du défunt, avait accédé à sa demande. Comme les travaux de 1758 n'avaient pas retrouvé sa tombe, je me précipitai alors sur les documents de François-Roger de Gaignières, ce collectionneur des XVII-XVIIIe siècles qui avait catalogué des milliers de tombes. C'est lui qui mentionna la tombe de Hesselin, située « devant la chapelle Saint-Crépin ». Le chapitre avait bien accédé à la demande, mais l'emplacement de la tombe avait été déplacé de la chapelle où étaient célébrés les offices dans un lieu de déambulation. Les filous ! Ce chapitre constituait un petit monde qui commençait à m'être familier. J'allais devoir me pencher sur le contexte, il y avait une explication à tout cela, ce n'était pas une erreur d'épitaphier.

Quand Louis du Bellay meurt en 1541, il souhaite être enterré dans la chapelle Saint-Crépin. Le cardinal, contre toute règle, préside la cérémonie, rôle normalement réservé au doyen du chapitre dont dépendait cette partie de la cathédrale puisque seule la nef était sous la responsabilité de l'évêque. Cette intrusion marqua les esprits au point que l'épitaphe, certainement dictée par le cardinal, mentionne que c'est lui qui a procédé à l'inhumation. Cela explique sans doute pourquoi, trois ans plus tard, Louis Hesselin, probablement un proche du cardinal, chanoine et curé dans le diocèse du Mans – diocèse que Jean du Bellay prendra en charge deux ans après et sur lequel Louis Hesselin l'informait peut-être déjà de l'état des prébendes, c'est-à-dire ce que rapportait l'évêché, et de la santé de l'évêque afin de pouvoir négocier le moment venu, voire un peu avant, avec ses successeurs –, demanda à être enterré à côté du cousin germain du cardinal. Ce dernier lui devait probablement quelque chose et Hesselin pensait sûrement que sa demande ne serait pas refusée. Ce que Louis Hesselin ignorait, et que j'avais fini par comprendre en étudiant la vie du cardinal, c'est que si ce dernier pouvait s'imposer lourdement pour un du Bellay, il fermait les yeux ou négociait pour les autres. Finalement, le chapitre accepta, peut-être avec une pointe d'ironie en évoquant la « qualité du défunt ». Puis il se contenta d'attribuer au défunt une tombe « devant la chapelle » et non dans le lieu prestigieux qu'il avait espéré.

Sans que l'on puisse parler de morale de l'histoire, elle nous apprend tout de même que les décisions du chapitre sur les lieux d'inhumation pouvaient être sujettes à « interprétation », que les relations du cardinal Jean du Bellay avec le chapitre étaient tendues et que le compte rendu de l'abbé de Montjoye semble pouvoir être suivi. Il existe toutefois une discordance entre l'épitaphier et le rapport de Montjoye. Ce dernier mentionne une huitième tombe sur laquelle était gravé le nom de deux religieux, mais l'identification était illisible. De son côté, Hélène Verlet*, dans la continuité de ses prédécesseurs des XVIIIe et XIXe siècles, a recensé quatre cent deux épitaphes connues sur les plaques tombales identifiées à Notre-Dame, du XIIe au XIXe siècle, et les a comparées aux comptes rendus du chapitre. Elle ne mentionne pas la plaque avec les deux religieux**, mais elle signale l'existence d'une tombe avec une plaque de cuivre, appartenant à un défunt décédé en 1458[2].

Ces différences soulignent la difficulté à localiser les tombes en se fondant sur des relevés anciens dont la temporalité et la contemporanéité des unes par rapport aux autres sont parfois incertaines, contrairement aux observations de l'abbé de Montjoye qui ont été réalisées en quelques jours. Ce sont d'ailleurs les tombes doubles, rares, qui présentent les plus grandes discordances. Il semble qu'un premier défunt était inhumé, puis, lorsqu'un second demandait à être enterré à ses côtés, parfois bien des années plus tard, la première plaque tombale était retirée et une nouvelle plaque, représentant les deux sujets, était installée plus ou moins longtemps après. C'est le cas des frères de Courcelles, l'un décédé en 1469 et l'autre en 1495, pour lesquels les archives mentionnent trois pierres tombales : une pour

---

* C'est une étude qualitative et quantitative qui fournit les critères d'inhumation dans la cathédrale et une approche de la distribution des inhumés par sexe, par âge, par statut social et position au sein de l'Église à différentes époques en confrontant les données du chapitre et les épitaphes retrouvées, notées ou dessinées par des générations d'érudits.

** Ce qui peut sembler naturel puisque l'abbé de Montjoye dit que l'épitaphe était illisible.

chaque frère, supposés avoir été inhumés au même endroit, et une autre sur laquelle sont gravés les deux religieux[3], la pierre était en 1711 dans la chapelle Saint-Martin et Sainte-Anne. Pourtant, lorsque l'abbé mentionne une plaque tombale représentant deux religieux, je songe aussitôt à celle-là. J'aurais voulu parler avec Hélène Verlet, comprendre pourquoi elle avait fourni dans son épitaphier la plaque tombale de chaque frère, mais pas celle où ils apparaissent ensemble. Hélas, elle est décédée en 2020, presque centenaire. Pourtant, la présence de la plaque des deux frères à Saint-Crépin pourrait s'expliquer simplement : Jean de Courcelles avait été archidiacre de Josas, l'un des trois diocèses de Paris. La plaque avait sa place à Saint-Crépin ; un cénotaphe d'archidiacre, un transfert de plaque qui n'a pas été noté dans les archives du chapitre, ou bien un document qu'on n'a pas encore retrouvé ? Ce qui étonne, c'est l'absence de la plaque en cuivre, relevée au début du XVIIIe siècle, mais déjà disparue en 1758 à Saint-Crépin. Comment a-t-elle pu disparaître ? Si les pierres tombales n'avaient aucune valeur pour les ouvriers – elles étaient cassées en morceaux pour être évacuées – les plaques de cuivre, elles, en avaient une. Quand je travaillais avec les fossoyeurs[4], on commençait tôt par le démontage des superstructures des tombes, peut-être faisait-on pareil à Notre-Dame et on a simplement oublié d'en parler à l'abbé de Montjoye…

La requête de la famille pour l'inhumation de Joachim

Joachim du Bellay n'a laissé aucun testament. C'est surprenant. Ses derniers souhaits, ou peut-être ceux de sa famille, furent transmis par les seigneurs Nicolas de Thou et Combraille. Aucune demande d'épitaphe ne semble avoir été formulée. Si la famille n'en demanda pas, c'est que les frais funéraires n'ont jamais été réglés ou qu'elle s'en est désintéressée par la suite. Sur l'épitaphe, on aurait attendu ses titres ecclésiastiques. Mais même dans ses délibérations, le chapitre évite, ne le nomme pas chanoine ou archidiacre de la cathédrale du Mans*. Il est dit « seigneur de Gonnor ». Un titre laïc qui, en théorie, interdit son repos en ce lieu. Cette appellation surprend : on ne sait même pas si Joachim pouvait encore en revendiquer l'usage. Le lecteur d'aujourd'hui se demande, imagine la scène. Il ressent l'atmosphère lourde, l'embarras palpable du chapitre**.

La sœur et les amis implorent les chanoines d'autoriser l'inhumation dans la cathédrale « près de la tombe du défunt archidiacre de Paris ». Nous avons vu que, sur des arguments non recevables, Léon Séché interprète cette demande comme « près de la tombe de Louis du Bellay ». Un raisonnement qu'il n'évoque pas mais qui pourrait aller dans son sens, c'est que Louis du Bellay était l'oncle de Joachim et il était fréquent pour un chanoine de demander par testament à être inhumé près d'un oncle lui aussi chanoine[5]. Cette tradition d'oncle et de neveu dans les ordres était particulièrement bien connue à la fin du XIXe siècle[6], mais elle était bien antérieure à cette époque. En effet, un cadet de famille aristocratique, qui ne pouvait donc pas hériter du domaine paternel, était souvent très proche d'un oncle, lui aussi cadet, qui le dirigeait – souvent comme lui – vers une carrière religieuse et qui bien souvent le suivait tout au long de sa vie. Il y avait donc une proximité intellectuelle entre les deux hommes, mais cette proximité était liée à des échanges

* Ce qui ne suffisait pas pour être inhumé à Notre-Dame.

** Dès 1748, Goujet notait (p. 118) que Joachim n'avait jamais été seigneur de Gonnor. C'est l'un de ses titres laïcs, parmi d'autres, dans cinq actes notariés de 1558 sans que l'on comprenne pourquoi Joachim se le soit attribué puisqu'il était celui de son frère et qu'à la mort de celui-ci il revenait à son neveu.

fréquents entre eux, voire des parties de vie communes, le père remettant entre les mains de son frère l'éducation de son cadet. Dans le cas de Du Bellay, c'était toutefois différent, puisqu'il ne semble pas avoir manifesté une quelconque attirance vers la vie ecclésiastique étant jeune.

Louis du Bellay avait été archidiacre des dizaines d'années, il était fort connu, il avait de nombreux titres et il était décédé le 5 janvier 1541, dix-neuf ans avant Joachim, et la famille s'en souvenait. Louis du Bellay avait pu prendre en charge l'éducation de Joachim mais aussi de son frère – qui fut chanoine de Notre-Dame – pendant plusieurs années à Paris à la suite du décès de leurs parents. C'est l'archidiacre qui aurait pu lui apprendre le latin, d'autant plus qu'il présidait la Sorbonne. Il y avait aussi cette tradition familiale de s'occuper de ses neveux puisque lui-même avait été nommé très jeune chanoine, puis archidiacre de Brie et enfin de Paris grâce à Louis de Beaumont de la Forest dont il était le neveu, qui l'avait élevé et qui avait eu pour lui une très forte affection[7]. Si Joachim rentra un jour en Anjou pour être placé sous la tutelle de son frère, ce dont il se plaint peu de temps avant son décès, ce fut certainement assez tardivement[8]. Par la suite, l'interprétation de Léon Séché ne fut jamais remise en doute et Joachim du Bellay aurait donc été traité comme un chanoine et inhumé près de la tombe de l'archidiacre de Paris, Louis du Bellay, inhumé dans la chapelle prestigieuse de Saint-Crépin et Saint-Crépinien, du côté droit du chœur.

La demande était toutefois audacieuse car d'après les titres que Joachim énonce aux notaires dans les semaines précédant son décès et ceux qui ont été recensés au cours de sa vie, il n'avait guère de légitimé pour être inhumé à Notre-Dame et *a fortiori* dans une chapelle aussi prestigieuse. Le lecteur d'aujourd'hui peine donc à comprendre ce qui s'est passé. Ce compte rendu n'est qu'un résumé des discussions, des concessions que le chapitre bien évidemment ne se donne pas la peine d'expliciter. Dans mes recherches, j'ai remarqué que certains biographes de Joachim affirmaient, contrairement à d'autres, qu'il avait été archidiacre de Paris[9]. Aucune trace dans les registres. Alors, pourquoi un biographe ou un historien aurait-il inventé ce titre ? Peut-être qu'il y avait eu, à un moment, une promesse, un projet de succession ou un mensonge pieux pour faire de son inhumation près de Louis du Bellay une évidence. Peut-être que cet argument a surgi, une façon pour les seigneurs de Combraille et de Thou qui menaient les négociations pour la famille de dire que ce titre reviendrait bientôt à Joachim. Pour le savoir, il fallait que je me plonge dans l'histoire des archidiacres de Paris, dans les liens qui unissaient les proches de Joachim et dans ce qui restait caché entre les lignes.

Quand Louis du Bellay mourut, Eustache du Bellay prit sa place comme archidiacre de Paris, puis, lorsque Eustache devint évêque de Paris, ce fut Guillaume Raguier qui hérita de la charge. Ce dernier, aumônier du roi, ancien de Notre-Dame, avait été chanoine dès 1532, au moment même où Jean du Bellay obtenait l'évêché à la demande de Montmorency, un grand du royaume qui deviendra son protecteur, pour services rendus au roi. Sa nomination comme archidiacre à la succession d'Eustache fut un jeu de chaises musicales orchestré par le clan du Bellay. Raguier leur devait tout, c'était donc un des leurs, de ceux qui auraient peut-être connu Joachim et qui, par fidélité ou par amitié, aurait pu promettre de céder sa place ou en tout cas le laisser supposer si le chapitre lui avait posé la question.

Mais seuls des amis proches pouvaient connaître cette histoire, tels ceux en charge de négocier l'inhumation de Joachim. Combraille, que l'on retrouvera dans les mois suivant le décès, et Nicolas de Thou. C'est sans doute lui qui, bien des années plus tard, a trahi les secrets des discussions du chapitre et la rumeur de la nomination de Joachim comme archidiacre de Paris. Jacques-Auguste de Thou qui fit part de cette rumeur[10] était un historien fier de ses informations de première main et, dans cette histoire, le neveu de Nicolas. Il y avait encore une fois cette relation de confiance entre l'oncle et le neveu. D'ailleurs, Jacques-Auguste devint en 1573 chanoine de Paris, reprenant la prébende de son oncle ainsi que son hôtel particulier dans le cloître de Notre-Dame[11]. Si les du Bellay devaient faire négocier, quitte à mentir ou à évoquer une vague promesse, c'est que le cardinal n'était pas présent et qu'Eustache se détournait de la question.

Par le passé, les du Bellay avaient déjà procédé à quelques coups de force pour leurs inhumations ou celles de leurs proches, comme nous l'avons signalé pour Louis du Bellay et Louis Hesselin. Il semble que l'origine de ces coups de force remonte à Louis de Beaumont de la Forest, oncle de Louis du Bellay. L'histoire, étonnante, dévoile les subtilités politiques de l'époque et la manière dont on décidait, avec soin, l'emplacement d'une sépulture.

Décédé à l'âge de 46 ans, Louis de Beaumont avait été évêque de Paris pendant vingt ans, après avoir été imposé au chapitre par Louis XI[12]. Bien qu'il ait consacré sa vie à la réforme de son clergé[13], c'était une personnalité originale, férue de lettres et d'astronomie, et il fut, dans les mois précédant sa mort, le protecteur de Simon de Phares, un astrologue poursuivi par la faculté de théologie de Paris pour possession d'un démon familier[14]. Un grand religieux, peut-être, et un politicien habile, sûrement. Sa succession fut difficile, puisque aucun évêque ne fut désigné avant six mois et qu'un autre candidat revendiqua l'évêché. La situation ne se stabilisa qu'en 1494, même si quelques chanoines s'y opposèrent[15] après la mort de l'un des deux prétendants, celui qui avait obtenu en 1492 la prébende de Louis du Bellay, fils adoptif du défunt. Famille, politique et religion se mêlaient alors étroitement. Après sa mort, dans cette ambiance délétère, son testament éclaire la face intime de l'évêque. Il demandait à être enterré dans un cercueil de bois, rempli de la terre des pauvres du cimetière des Saints-Innocents, après matines, pendant la messe de la nuit, à la lumière vacillante de deux lanternes, pour ne pas troubler le service de Notre-Dame. Il voulait que le pied de la croix processionnelle, lorsque le célébrant pénétrait dans le chœur, descendît vis-à-vis, au droit de son cœur. Pour un non-spécialiste, il s'agit d'une demande pieuse et très humble ; d'ailleurs le chapitre donna son accord au testament, de manière apparemment succincte s'agissant de la localisation.

En réalité, l'emplacement était désigné très précisément, selon une connaissance approfondie de la géographie de la cathédrale, aujourd'hui maîtrisée de quelques spécialistes, seuls à même de saisir une terminologie bien souvent elliptique. Conformément à son testament, Louis de Beaumont de la Forest fut inhumé dans l'allée centrale du chœur, un emplacement d'exception ! En effet, à cette époque, la croix de procession en argent était portée en tête du groupe des enfants de chœur par un adolescent, leur chef. En entrant par la porte nord du chœur, ils s'avançaient dans l'allée et l'adolescent devait certainement marquer une halte révérencieuse en son centre, face au grand autel et c'est là que fut inhumé Louis de Beaumont de la Forest[16]. Si son inhumation ne gêna pas le service, ce ne fut probablement pas le cas de l'installation, qui dut poser quelques difficultés, de sa plaque tombale exceptionnelle en cuivre et d'un coût faramineux. Son épitaphe, un peu trop emphatique, semble excuser cette place d'exception : généreux dans ses aumônes, assidu aux offices divins, de jour comme de nuit, il avait laissé à la cathédrale de précieux bienfaits[17].

Étude de Darwin Smith sur les minutes du chapitre

Délibération sur ce point du chapitre : *legerat suam sepulturam* 1. *in ecclesia* et 2. *in choro ejusdem* ; 3. *ante maius altare* ; 4. *in ingressu chori* ; soit 1. dans l'église, 2. dans son chœur, 3. devant le grand autel, 4. à l'entrée du chœur.

Point 1 : même si les évêques sont généralement enterrés dans la cathédrale, dans tous les cas le chapitre doit donner son assentiment, ce qu'il fera effectivement dans la suite de la délibération (non citée).

Points 2 et 3 : le grand autel mentionné par la décision capitulaire (point 3) se trouve à l'époque (avant les transformations du premier quart du XVIIIe siècle) dans le chevet, au bout et à l'est du « chœur » considéré dans son ensemble. Une fois sur l'allée, si l'on s'avance jusqu'en son milieu, venant du nord, on sera face au grand autel à gauche, et face à l'entrée du chœur des chanoines avec ses stalles, à droite. C'est entre le chevet et le chœur des chanoines, probablement au niveau de l'allée, en son centre, que la sépulture aura été réalisée.

À l'époque du décès de Louis de Beaumont, il y avait un muret du côté du chœur des chanoines le long de l'allée qui sera détruit sur ordre de François Ier (pour raison de visibilité lors d'une liturgie pour des ambassadeurs étrangers…). Il était percé d'une porte, et c'est de cette porte qu'il s'agit dans le troisième point de la délibération capitulaire. La croix de procession était maniée par l'adolescent chef des enfants de chœur appelé le « spé ». S'ils entraient par la porte (en fer) nord du chœur, venant de la porte Rouge, ils prenaient alors l'allée et il devait faire une station révérencieuse en son centre, en direction du grand autel. Faisant une station au centre de l'allée, il se trouvait devant l'entrée du chœur des chanoines, avec, sous ses pieds, la tombe de Louis de Beaumont.

Par la suite, alors que Jean du Bellay était évêque de Paris, il imposa que son frère René, évêque du Mans, qui venait de mourir à Paris où il avait été envoyé pour chercher de l'aide en raison d'une famine, reposât à Notre-Dame. Un lieu impensable pour un provincial dépourvu de titre parisien. Jean du Bellay força le chapitre de Paris à l'inhumer dans le chœur au milieu des chaires des chanoines. Un endroit exceptionnel qui fit jaser, et le cardinal, qui avait de l'humour, y répondit en dictant sans nul doute l'épitaphe sur la plaque tombale qu'il avait dû régler et qui commence par une devinette : « Qui repose dans ce tombeau ? » Contrairement à tant d'autres, elle ne liste pas les titres de l'inhumé, qui auraient pu fournir une bonne raison pour l'écarter de ce lieu, mais elle insiste sur sa piété, sur la noblesse de sa famille, sur les honneurs rendus à son frère aîné le seigneur de Langey. Elle ne le précise pas, mais les chanoines savaient que ce frère avait été apprécié du roi… Et surtout, elle suggère que, même d'où il est, il continue de veiller sur les fidèles du Mans[18]. Sa non-inhumation dans la cathédrale de son propre diocèse ne pouvait que paraître incompréhensible à ses ouailles et être mal reçue par son chapitre…

Finalement, le compte rendu du chapitre laisse entrevoir en filigrane la vie de Joachim. Il y avait eu ce différend avec le cardinal à propos d'écrits polémiques de Joachim, dans les mois qui avaient précédé sa mort et sur lesquels nous reviendrons, mais, malgré tout, Jean du Bellay restait là, présent, comme il semblait toujours l'avoir été. Peut-être cet attachement remontait-il à l'époque où Joachim n'était qu'un orphelin. Le chef de clan n'a jamais laissé tomber les siens. En janvier 1560 alors que Joachim vient de décéder, qu'il est affaibli par la maladie, la mort de ses frères et sa disgrâce en France quelques années auparavant, c'est désormais l'une de ses sœurs qui le représente, sans même que le chapitre ne juge nécessaire de mentionner son nom. Vivait-elle à Paris ou est-elle venue spécialement pour prendre en charge les affaires familiales ? Peu importe. Elle est là, elle, tandis que les autres – des parents éloignés, des amis – restent dans l'ombre, anonymes et sans poids. Pour les du Bellay, cela pourrait marquer la fin. Mais le chapitre demeure sur ses gardes. Des historiens suggèrent que le pouvoir du cardinal avait considérablement diminué en France depuis 1555. Pourtant, la décision du chapitre concernant cette inhumation suggère que cette idée pourrait être réexaminée. On se méfiait encore de lui. Après tout, au moment où le chapitre se réunit, l'élection du nouveau pape venait d'avoir lieu, le conclave désignant Pie IV s'étant achevé le 25 décembre, ses résultats n'étaient peut-être pas encore connus le 3 janvier au matin et le cardinal Jean du Bellay pouvait redevenir, d'une heure à l'autre, une figure centrale*.

Quant à la demande d'inhumation près de l'archidiacre de Paris à Notre-Dame, elle découle d'une relation plus intime : celle d'un père adoptif. Outre les relations logiques pour l'époque entre un oncle et ses neveux devenus orphelins**, nous savons que le frère de Joachim est devenu chanoine de Notre-Dame après avoir étudié à la Sorbonne[19], ce qui laisse supposer que Joachim a pu suivre un parcours universitaire similaire. Par ailleurs, la succession de Louis du Bellay ne fut réglée qu'en 1549, soit

* Passage de lettre, translaté en français contemporain, d'une lettre envoyée la veille de l'ouverture du conclave par Jean du Bellay (document initial dans Scheurer, 2016). « Je ne sais pas ce que fera le conclave où nous entrons demain. Je ferai ce qui me sera ordonné par les messieurs les surintendants et par l'ambassadeur. J'attends de le savoir. On dit que nous avons deux ou trois cardinaux français en tant que papes potentiels. Je sais que je n'en fais pas partie, car je n'ai pas encore parlé pour moi ni demandé à d'autres de parler en mon nom, et je ne le ferai pas. Mais si cela devait se produire, comme certains en sont tout à fait sûrs, ce serait un grand avantage pour le service du roi. Je les aiderai de toutes mes forces. »

** Déjà en 1912, l'abbé Bourdeaut, fin connaisseur du milieu ecclésiastique, soulignait avec perspicacité les relations entre oncles et neveux dans les familles nobles, une dynamique toujours d'actualité à la veille de la Première Guerre mondiale.

huit ans après sa mort[20]. En l'absence de descendants directs, seuls ses neveux et nièces, dont les parents étaient déjà décédés, pouvaient hériter. Selon Joachim, il n'avait toutefois pas reçu de Louis du Bellay ce qui lui était dû. La vente en 1551 des terres de son oncle[21], qui lui furent finalement allouées, lui permettra de subvenir à ses besoins à Paris avant son départ pour Rome. Cette relation entre l'oncle et le neveu ainsi que la dette morale et matérielle que le second avait envers le premier étaient connues non seulement de la famille mais aussi du chapitre. Certains de ses membres les plus âgés se souvenaient peut-être encore de l'enfant qu'avait été le poète, qu'ils avaient croisé avec son frère, devenu chanoine, un peu plus de vingt-cinq ans auparavant. Rien de surprenant à ce stade, finalement.

CHAPITRE 10

Adieux au défunt

> « Que les couronnes de laurier viennent ceindre nos cheveux. »
>
> Joachim du Bellay, *Poemata, Élégie II.*

L'autopsie et une couronne

Pour essayer de décrire ce qui se passa entre le décès et l'inhumation, il est nécessaire de recouper les données sur l'autopsie avec des données historiques proches mais mieux documentées. Le roi Charles IX mourut à l'âge de 24 ans en 1574. Le lendemain de sa mort, dans l'après-midi, une autopsie fut réalisée. Le corps, recouvert d'un linceul, fut posé sur une table, puis ouvert en présence du premier médecin, du premier chirurgien, ainsi que des médecins et chirurgiens ordinaires. Le grand chambellan, le premier gentilhomme de la chambre et le maître de la garde-robe étaient également présents. Le premier médecin chargea les chirurgiens d'effectuer l'ouverture et ce fut un jeune chirurgien, élève d'Ambroise Paré, qui réalisa l'autopsie sous l'œil du maître. Ensuite, les chirurgiens procédèrent à l'embaumement.

Ils vidèrent le corps, le lavèrent avec de l'eau et du vinaigre, le couvrirent de plantes aromatiques, avant de le transporter dans la chambre royale, transformée en chapelle ardente, où il fut exposé aux yeux des visiteurs[1].

Un procédé semblable expliquerait les constatations effectuées sur le squelette du cavalier de Notre-Dame. Il aurait été autopsié par un élève chirurgien, ce qui expliquerait les reprises de scie successives sur le crâne et la fracture du sternum. On répandit des plantes aromatiques sur son corps ; il ne s'agissait pas véritablement d'un embaumement mais de l'ajout de feuilles olfactives dont l'odeur rapprochait le défunt de celle du corps du Christ aux aromates[2]. Toutefois, dans de tels cas, Ambroise Paré signale que la décomposition du corps, malgré les traitements, s'accélérait au cinquième ou sixième jour, ce qui nécessitait de le mettre dans un cercueil en plomb si on ne souhaitait pas l'inhumer rapidement[3].

Nous n'avons pas les noms de ceux qui ont pratiqué l'autopsie ou qui y ont assisté, mais Joachim du Bellay était suivi par les meilleurs médecins et chirurgiens de son époque*. Étant donné les ajouts apportés lors de sa traduction du latin vers le français au texte de Jean Bodin par M. François de Fougerolles, médecin ordinaire du roi, on peut soupçonner l'implication de chirurgiens de l'entourage royal, d'autant plus qu'il est connu qu'ils intervenaient régulièrement dans le cloître[4]. À la fin de 1559, il y avait quinze chirurgiens ordinaires du roi, parmi lesquels Ambroise Paré et son ami Antoine Portail[5]. Ces chirurgiens avaient soit participé, soit observé de près l'autopsie d'Henri II six mois auparavant, décédé des suites d'une atteinte oculaire, compliquée d'une atteinte cérébrale[6]. Médecins et chirurgiens devaient avoir un vif intérêt à comprendre les circonstances du

* Voir chapitre 24.

décès de Joachim du Bellay qui se plaignait de maux de tête et de différents troubles cérébraux et qui devait être suivi par certains d'entre eux. C'est ce qui pourrait expliquer que le souvenir de cette autopsie ait persisté dans les milieux médicaux pendant des décennies, puisque François de Fougerolles, docteur en art et médecine, médecin ordinaire du roi, en connaissait encore les résultats trente-sept ans après.

La couronne du cavalier de Notre-Dame est plus intrigante. Une couronne de laurier-sauce est connue chez une aristocrate bretonne décédée à moins de 25 ans en l'an 1624, dont le père était par ailleurs sieur de la Turmelière[7], nom du domaine où était né Joachim du Bellay. Si les feuilles persistantes du laurier font évoquer aux archéologues « ceux qui meurent dans le Christ [et] ne cessent pas de vivre[8] », celles qui entourent le crâne du cavalier de Notre-Dame diffèrent : il ne s'agit pas de laurier mais d'hysope et de sauge[9]. Ces deux plantes, connues depuis des siècles, étaient traditionnellement utilisées pour traiter les troubles respiratoires, la fièvre et les paralysies. À la Renaissance, elles figuraient aussi parmi les ingrédients les plus prisés pour les embaumements, occupant une place importante parmi les trois cents substances répertoriées[10]. Leur présence dans le cercueil du cavalier pourrait donc découler d'un choix du chirurgien chargé de l'embaumement, en fonction des ressources disponibles dans la demeure du défunt. Joachim, tout au long de son existence poétique, célèbre dans ses sonnets la couronne qui doit ceindre son front pour l'éternité : « Déjà la victoire t'est acquise à coup sûr, et une sainte couronne vient ceindre ta tête[11]. » Depuis les cérémonies de triomphe des généraux romains, la couronne de laurier est symbole de victoire. Mais sur le corps du cavalier, cette couronne marque-t-elle un rite funéraire particulier, la volonté de cacher les traces de découpe du crâne sur le cadavre ? Est-ce un geste d'amitié de ses amis de lui remettre de cette fameuse couronne qu'il avait tant chantée si Joachim était ce cavalier ? Il se pourrait bien que toutes ces interprétations soient en fait recevables, l'une n'excluant pas l'autre.

Lors de la fouille, les traces de tissus étaient rares[12] et, dans la tradition de l'époque, il devait se présenter nu face au créateur, protégé certainement d'un linceul, les vêtements sur le corps apparaissant essentiellement en France à partir du XVIIe siècle. Ceux qui avaient effectué la mise en bière avaient opté pour une posture avec les avant-bras fléchis et alignés sur l'abdomen, le gauche au-dessus du droit ; toutefois, ce dernier a progressivement glissé vers le bas au fil de la décomposition des tissus corporels. Au fil de mes fouilles, j'avais constaté que, dans la France du XVIe siècle, les officiants donnaient souvent cette position aux défunts par respect pour le Créateur, mais aussi en raison des cercueils, trop étroits pour d'autres postures[13].

La décision du chapitre en faveur d'une inhumation très rapide ne manqua pas de susciter un certain émoi parmi les proches. En effet, contrairement aux pratiques aristocratiques qui permettaient de différer l'inhumation pendant plusieurs jours, il fallait désormais l'inhumer vite et se pencher sur la question du cœur et des entrailles. Mais que faire ? Une fois informés, ils s'engagèrent à respecter la décision prise mais cela exigeait cependant certaines adaptations. Pour l'inhumation de Joachim du Bellay, ce fut certainement un cercueil en plomb. En effet, Louis du Bellay décédé en 1541 et auprès duquel sa famille demandait qu'il soit inhumé, et Guillaume du Bellay, seigneur de Langey, décédé en 1543 étaient tous deux inhumés dans des cercueils en plomb dont la mode dans le premier cercle royal était donc antérieure au concile de Trente. Non seulement il assurait la protection du corps, mais, s'il demeurait hermétique, il pouvait également contribuer à sa préservation, évoquant ainsi dans l'esprit des pratiquants la résurrection de la chair.

Au XVIIe siècle, alors que cette mode se diffusait dans des milieux plus larges que les proches du roi, le plombier devenait une figure familière dans la chambre des morts, aux côtés de l'apothicaire et du chirurgien chargés de l'embaumement[14]. Son rôle consistait à prendre les mesures du corps, car les cuves étaient fabriquées sur mesure afin de s'adapter parfaitement aux dimensions des défunts, préservant ainsi leur intégrité. De manière curieuse, dans le cas du cavalier, ce n'est pas le cas ; on observe un élargissement au niveau du bassin, ce qui semble étrange pour un individu décédé cachectique, d'une maigreur extrême, et le cercueil est manifestement trop long par rapport au corps. Pour un homme mesurant probablement moins d'un mètre soixante, la longueur interne du cercueil est d'un mètre quatre-vingt-treize, avec un espace derrière la tête, expliquant ainsi le basculement possible de la calotte vers l'arrière, ainsi qu'un espace considérable entre l'extrémité des pieds et celle du cercueil. Il est fort probable que deux jours aient été un laps de temps trop court pour fabriquer un cercueil sur mesure, ce qui laisse envisager que la famille et les amis aient dû se résoudre à utiliser ou réutiliser un cercueil en plomb initialement destiné à une autre personne. Cela explique également pourquoi, pour pallier ces inconvénients, les officiants avaient moulé le couvercle sur le corps, dont le contour se dessinait nettement à la lumière rasante dans la salle d'autopsie de Toulouse.

Le mystère reste entier en ce qui concerne le cœur, le cerveau et les entrailles de Joachim du Bellay. Ils furent certainement déposés dans un autre lieu, peut-être une église proche du cloître de Notre-Dame, telle celle de Saint-Séverin où avait exercé son oncle, à moins qu'ils n'aient été transportés dans la cathédrale du Mans, une pratique parfois observée pour ceux inhumés à Notre-Dame et chanoines du Mans[15] d'autant plus que les du Bellay étaient très attachés à cette ville.

Hommages et règlement de la succession

L'hommage à du Bellay fut plus littéraire que solennel et aucune évocation de son inhumation n'est connue à ce jour. Joachim fut le premier des poètes de la Pléiade à s'éteindre, ce qui lui valut plus qu'un tombeau de nombreux hommages poétiques : une élégie de Ronsard, un chant pastoral de Belleau, et de la part de Jean de Morel et de ses amis, une gerbe d'épitaphes[16]. Comme pour tout décès, la question de l'héritage se posait. Joachim, à l'exception de sa sœur, qui hérita du château de la Turmelière, n'avait pas de descendants directs et l'on ignore ce qu'il advint de ses revenus.

Par la suite, il est peu probable que le cardinal et l'évêque réglèrent quoi que ce soit et Joachim n'avait personne pour prendre en charge les dépenses liées à son enterrement. Le cardinal, qui avait fait sa dernière apparition publique en décembre lors du conclave pour l'élection du nouveau pape, mourut à Rome le 16 février 1560 d'une longue maladie[17]. Il avait mené toute sa vie un train de vie majestueux et fastueux, il laissait des dettes énormes, des créanciers exigeants[18] et sa succession ne fut réglée qu'en 1577, et aucun des nombreux documents de cette succession ne renvoie à un règlement à Notre-Dame[19].

Les relations entre Eustache du Bellay, évêque de Paris, et Joachim durant les derniers mois de vie de ce dernier étaient exécrables. Joachim l'avait notamment menacé de révoquer les grands vicaires nommés par le chapitre, qu'il qualifiait avec dédain de « valets ». L'évêque comptait parmi ceux qui s'étaient offusqués des écrits romains de Joachim et qui les avaient dénoncés au cardinal. Leurs échanges épistolaires étaient féroces, teintés de dénigrements et de méchanceté à peine voilée. Ce n'est pas lui qui allait financer son tombeau. Il resta une partie de l'année 1560 à Paris puis partit pour Rome où il prit part aux dernières sessions du concile de Trente. Il s'y distingua par son éloquence et son intérêt pour les questions religieuses. Sur ce point-là, il semble avoir été bien différent de son oncle à la mode de Bretagne, le cardinal Jean du Bellay, pour qui la religion s'inscrivait avant tout dans un jeu politique. En 1563, au terme du concile, il revint à Paris et renonça à sa charge d'évêque, geste rare, presque insolite. Deux ans plus tard, sa mort fut marquée par un autre fait étonnant : il ne fut pas inhumé à Notre-Dame mais dans l'église de Gizeux, au cœur du diocèse d'Angers, là où reposaient certains de ses ancêtres. Peut-être était-ce le choix d'un homme sage, retiré à la campagne après avoir dignement servi l'Église ? Ou bien était-ce le geste d'un homme désabusé, ne supportant plus ceux qui évoluaient dans l'enceinte de l'édifice parisien ? On peut se demander quelles furent ses relations avec le chapitre après le décès de Joachim, qui, sans doute, le pressait de régler les frais funéraires.

CHAPITRE 11

Sous les dalles, des siècles d'inhumations

« Quelque bonne fortune, comme il en survient au hasard des recherches, éclaircira peut-être un jour ce qui reste obscur aujourd'hui. »

Henri CHAMARD, *Joachim du Bellay, Œuvre poétiques II*, 1961, p XI.

Des difficultés d'identifier un inconnu à travers les siècles

Au sommet de la nouvelle flèche de la cathédrale, un bouquet accroché en janvier 2024 annonçait la résurrection du monument. Florence, avec cette urgence propre à ceux soumis aux contraintes de l'actualité, peaufinait son film et Christophe terminait les fouilles, cherchant d'ultimes questions ou réponses à l'histoire du monument. Le président de la République avait gagné le pari engagé et il assisterait à la messe de début décembre de cette même année, un geste solennel, marquant la finalisation de la reconstruction de Notre-Dame et son lien avec la

France, Paris, la chrétienté, les fidèles et les élites : « Nous avons redécouvert ce que les grandes nations pouvaient faire : réaliser l'impossible*. » Du Bellay, devenu pour moi Joachim, au fil de la découpe des pages de ses sonnets, m'avait offert un voyage dans la France et la Rome du XVIe siècle. Toutefois, l'atmosphère devenait plus tendue à mesure que le mystère du cavalier se précisait.

J'avais reçu une multitude de conseils pour confirmer mon enquête. Il y avait ces analyses isotopiques sur les dents encore présentes du cavalier. Elles pourraient révéler les lieux où il avait passé son enfance. Mais nous ignorions les séjours précis de Joachim avant ses 20 ans et ces fragments d'information ne contribuaient guère à son identification. D'ailleurs, une fois les recherches menées, elles révélèrent que, quelques années avant ses 10 ans, il avait vécu dans la région parisienne[1]. Cela confirmait que, si le cavalier était bien Joachim du Bellay, orphelin, il avait été envoyé, avec un de ses frères chez son oncle, Louis du Bellay, archidiacre de Paris et proviseur de la Sorbonne. D'autres collègues suggéraient une reconnaissance faciale comparant le crâne aux représentations de Joachim, oubliant que le seul portrait, peut-être de son vivant, que nous ayons de lui le représente de trois-quarts avec barbe et moustaches dissimulant une partie du visage émacié avec un long nez qui ne laisse guère de traces sur le squelette**. « Le dessin, comme bien souvent, dira ce que nous lui ferons dire[2]. » Toutefois, les proportions de

---

* Président Emmanuel Macron, discours à Notre-Dame, le 7 décembre 2024.

** Il existe un portrait de Joachim du Bellay, attribué à l'atelier de Jean Cousin le Jeune, qui aurait été réalisé de son vivant. Il est tête nue avec un col fourré. Après son décès, une iconographie apparaît où il est en fraise et coiffé d'un chapeau, par la suite apparaissent des représentations avec des lauriers sur la tête. Sur le portrait de Jean Cousin, Joachim a un aspect émacié, avec un regard étonnant entre tristesse, sévérité et bonté. Après son décès, à mesure que le temps passe, sur les représentations le teint devient guilleret ou grave et il reprend des joues…

son visage semblent correspondre à celles du cavalier : un grand front, un visage plutôt étroit, la mandibule, parfois connue sous le nom de maxillaire inférieur, assez fine, des ressemblances qui ne confirmaient rien… Et puis, il y avait l'ADN, cette quête de certitude. Aujourd'hui, pour que l'identité d'un squelette soit validée, il faut une correspondance entre l'ADN du squelette et celui de la personne recherchée. Mais comment obtenir l'ADN de Joachim ? L'idée la plus simple aurait été de retrouver sa brosse à dents – si jamais il en avait eu une ! – qui arrache à chaque utilisation quelques cellules gingivales ou buccales. On aurait pu comparer ces cellules à celles du squelette, les confronter, chercher une vérité biologique. L'ADN de son squelette, oui, nous pouvions l'obtenir. Celui de sa brosse à dents était une absurdité archéologique ou poétique. Seize à dix-neuf générations nous séparent de lui, une succession qui ne permet plus d'envisager une filiation génétique, sans compter les histoires d'amour ignorées et les secrets familiaux. En l'absence de l'ADN, de la brosse à dents ou de tout autre objet sur lequel Joachim aurait laissé ses empreintes génétiques, Norbert, médecin légiste, devait se contenter d'un faisceau de présomptions pour établir une concordance possible, voire probable entre Joachim et le cavalier suivant les critères d'Interpol, l'organisation internationale de police criminelle qui publie régulièrement des critères afin d'harmoniser les identifications à travers le monde.

Il fallait s'en tenir aux faits solides : son sexe, son âge, son histoire de vie et de maladie, tous marqués dans les os. Le cercueil en plomb, semblable à ceux de nombreux membres de sa famille, était d'un type antérieur au XVIIe siècle. Le carbone 14, avec ses marges d'erreur, n'écartait pas le XVIe siècle[3]. Pour un ami historien, la croisée du transept était l'endroit idéal pour du Bellay. Il n'avait pas de titre justifiant sa présence dans la chapelle Saint-Crépin, mais de la croisée, il « voyait » Louis de Beaumont et René du Bellay, le frère du cardinal. À sa mort, étant archidiacre et chanoine de la cathédrale Saint-Julien du Mans, son inhumation proche de la chapelle Saint-Julien du Mans à Notre-Dame apparaissait comme un choix naturel*. En revanche, certains archéologues pensaient que Joachim avait été exhumé en 1758 par des fossoyeurs qui, sans le savoir, étaient passés à travers son cercueil qui aurait pu être en bois. Le cavalier n'était peut-être qu'un double de Joachim, l'un de ces doubles biologiques qui pourraient exister ailleurs dans la cathédrale. À moins qu'il n'ait été, comme Louis Hesselin, inhumé à côté de Saint-Crépin. Ces suppositions, inévitables, menaient à des discussions interminables. Pourtant, selon moi, qui avais eu quelques expériences de fossoyeur et qui en avais suivi bon nombre dans leur travail[4], il me semblait improbable de ne pas remarquer un cercueil, même ancien, en le traversant. Quant à Louis Hesselin, son enterrement avait eu lieu dans un tout autre cadre. C'étaient des négociations entre le chapitre et Jean du Bellay, alors évêque de Paris, qui en avaient décidé.

Quelques pistes restaient à explorer. Qui, à l'exception du chanoine Antoine de La Porte, avait été inhumé à la croisée du transept ? Si nous ne le trouvions pas, quelle était la possibilité pour qu'un sujet dont l'histoire de vie et de maladie s'apparenterait à celle de Joachim ait pu être inhumé à cet endroit ? Sinon, j'avais exploré toutes les pistes possibles d'archidiacres inhumés à Notre-Dame, mais chaque hypothèse sur ce possible « archidiacre de Paris » qui n'aurait pas été l'oncle de Joachim se terminait par une impasse ou par la moue polie de Sébastien, l'archiviste qui, tard le soir, acceptait de réfléchir sur mes obsessions.

* À l'époque de son inhumation, bien qu'éloignée d'une vingtaine de mètres de son cercueil, c'était la chapelle la plus proche parmi toutes celles disposées le long de la cathédrale.

Des épitaphes au catalogue des défunts

Pour envisager l'existence d'un « double biologique » de Joachim du Bellay dans la cathédrale Notre-Dame, il fallait d'abord m'intéresser aux corps ensevelis au XVIe siècle et tenter, à travers l'histoire de leur vie, d'identifier ceux qui auraient pu succomber à une tuberculose méningée dans leur quatrième décennie. Mais avant cela, il fallait savoir qui avait été inhumé dans la cathédrale, et plus spécifiquement dans la chapelle Saint-Crépin et dans la croisée. Il fallait aussi comprendre comment le traitement des morts par le chapitre et les fossoyeurs avait pu influencer la conservation et la préservation des restes squelettiques.

Presque toutes les épitaphes relevées par Hélène Verlet sont celles de chanoines, d'évêques ou d'archevêques décédés souvent âgés et couverts de titres*. Ce qui interpellait, c'est que seulement deux avaient entre 25 et 40 ans et qu'ils ne représentaient que 3 % des adultes. Par ailleurs, elle n'en mentionnait aucune intéressant un sujet de cette tranche d'âge entre 1550 et 1600.

De tout temps, les tombes du chœur ont accueilli les personnages les plus prestigieux. C'est là que le chercheur retrouve de nombreuses épitaphes, tandis que le transept, qui devait abriter de nombreuses tombes, en livre bien moins. Le nombre augmente du XVe au XVIe siècle, atteignant un pic entre 1550 et 1660, en pleine guerre de Religion. À cette époque, il valait peut-être mieux indiquer qui l'on était et, surtout, retracer son parcours au sein de l'Église catholique. Je m'aperçus plus tard que les épitaphes de

* Pour les quatre-vingt-cinq où un âge est connu. Les âges sont signalés par H. Verlet ou ont été retrouvés par A. Alcouffe dans divers documents historiques. Par ailleurs, il ne s'agit que des sujets dont un âge précis est connu, pour bien d'autres des documents d'archives ne donnent pas leur date de naissance mais celle du mariage ou de la naissance de leurs enfants, ce qui permet souvent d'envisager un âge minimal. Nous ne les avons pas repris dans cette statistique mais simplement lors de l'étude visant à infirmer certains sujets.

l'époque avaient souvent été relevées par des antiquaires au début du XVIIIe siècle, tandis que celles des siècles précédents avaient disparu, les tombes ayant été détruites pour faire place à d'autres. C'est durant cette période que la chapelle Saint-Crépin s'était « remplie ». Outre deux autres sujets bien antérieurs à l'oncle de Joachim, décédé en 1541, et Nicolas Prevost en 1569, deux autres figures prestigieuses y furent respectivement déposées en 1583 et 1590.

Comme dans bien d'autres monuments en France[5], c'est à partir du XVIIe siècle que les inhumations se multiplièrent dans la cathédrale, surtout dans les chapelles. Autrefois, les règles étaient strictes : seuls les chanoines et les évêques pouvaient être inhumés à Notre-Dame. Mais à partir du XVIIe siècle de plus en plus de grandes familles obtinrent des emplacements dédiés et la mode des caveaux se répandit. Après 1758, la chapelle Saint-Crépin en fut un exemple, fournissant trois caveaux destinés aux chanoines. Ces caveaux pouvaient accueillir des dizaines de corps, là où, autrefois, il n'y avait que quelques tombes, souvent marquées par des plaques funéraires avec ou sans épitaphe. Parallèlement, les tombes individuelles devinrent plus rares, souvent réservées à des personnages très importants. De 1769 à 1775, le repavage en marbre de l'église entraîna la destruction de nombreuses pierres tombales et c'est à cette occasion que la tombe d'Antoine de La Porte fut dissimulée sous le nouveau pavage. Ironiquement, cette intervention a permis, sans le savoir, de sauver plusieurs sépultures de la fureur révolutionnaire, car seules celles qui n'avaient pas été dissimulées sous le nouveau pavage en marbre ont été profanées, les autres restant invisibles. Pour celles profanées qui avaient des cercueils en plomb, ils en ont été extraits pour être fondus et transformés en balles.

Les épitaphes relevées par Hélène Verlet, confrontées aux données du chapitre, offrent une mine d'informations. Mais toutes les épitaphes ne sont pas publiées[6] et une partie des inhumés, surtout dans la nef et les transepts, a été oubliée, leurs épitaphes ayant disparu, si tant est qu'il y en ait eu. La comparaison, entre les épitaphes et les comptes rendus du chapitre, révèle aussi que ce dernier pouvait omettre de mentionner certains laïcs dans ses rapports. Leur inhumation étant interdite, s'ils reposaient là, c'est que leur famille avait bénéficié de l'appui de membres influents du chapitre, voire du doyen, peut-être sous la pression du roi. Mieux valait alors ne pas en parler dans les comptes rendus, pour ne pas officialiser un écart à la règle[7]. La mention de l'épitaphe d'Édouard de La Madeleine, décédé en 1587 à la fin des guerres de Religion, éveilla une fascination chez Florence. Cette épitaphe, qui recelait un mystère, offrait un sujet idéal pour un documentaire avec en toile de fond les guerres de Religion et les intrigues de la Renaissance. Ce noble, dont l'épitaphe le présentait, suivant en cela saint Matthieu, comme « prudent comme un serpent » tout en ayant « surpassé les anciens en vertu », « victorieux dans les combats », et donc certainement cavalier, suscitait bien des questionnements. Pour Hélène Verlet, sa tombe se trouvait « à l'entrée à droite dans la croisée », mais elle n'avait pas retrouvé sa trace dans les registres capitulaires. L'absence de renseignements, la localisation supposée de la tombe – près de l'autel Saint-Martial –, ainsi que l'âge de ce possible cavalier estimé à plus de 50, voire 60 ans selon les sources, l'écartèrent après quelques semaines des candidats potentiels pour le rôle de « cavalier de Notre-Dame ». Cependant, certains collègues poursuivirent cette piste, allant même jusqu'à soupçonner que cette identité était celle d'un page, oubliant que ce titre, retrouvé dans une généalogie, ne pouvait désigner qu'un jeune homme de 16 à 18 ans tout au plus. Comme me l'avait enseigné l'étude des généalogies de cette époque, les variations orthographiques – Madelaine ou Madeleine –, ainsi que la répétition fréquente des prénoms au sein d'une même branche familiale, étaient courantes et souvent source de confusions.

Vicissitudes de squelettes

Depuis le XIXe siècle, notamment à travers les travaux de restauration menés par Viollet-le-Duc, chaque excavation du sol de la cathédrale avait révélé des cercueils, souvent non identifiés, ainsi que des ossements dispersés[8]. C'était inévitable. La cathédrale est bâtie sur des monuments religieux plus anciens qui abritaient déjà dans et autour d'eux des sépultures que les fossoyeurs, les ouvriers et les archéologues peuvent retrouver. Par ailleurs, dans la cathédrale, les inhumations se succédaient et, après quelques générations en l'absence d'épitaphe, elles devaient être détruites, disloquant des squelettes. Plus intrigant encore, les lieux retenus pour les inhumations par le chapitre semblent parfois étonnamment semblables à plus de cent ans d'intervalle, comme si – consciemment ou inconsciemment – parce qu'il fallait faire de la place ou que les souvenirs s'espaçaient, un roulement était introduit.

Le développement des inhumations à Notre-Dame, pour la période qui nous intéresse du XIIe au XVIe siècle, est concomitant, dans les cimetières urbains où il y a souvent de fortes densités d'inhumations, d'un désintérêt par les fossoyeurs de l'intégrité des squelettes[9]. Alors que les corps étaient autrefois perçus comme des dormeurs en attente de la résurrection, à cette époque, ils étaient devenus des réceptacles d'âmes qui, après la mort, entraient au purgatoire. Le paradis ? Il dépendait des actions du vivant, des prières qu'on offrait ou qu'on récitait pour lui ou « que le mort entendait » afin de pouvoir sortir de ce purgatoire, ce lieu de transition entre l'enfer et le paradis. Dès lors, comme pour les funérailles multiples, qui faisaient bénéficier le défunt d'un maximum de messes et de personnes qui priaient pour lui, la dispersion des ossements d'un squelette qui perdait son identité importait finalement peu. Ce qui comptait, c'était cette appartenance à la communauté des défunts de l'église ou du cimetière et cette proximité des ossements avec un lieu où étaient dites des prières et des messes. Un roulement, rapide, qui épargnait les tombeaux les plus remarquables ou peut-être ceux dont on se souvenait avec une pointe d'affection. Dès le XIVe siècle, des ossuaires furent créés dans de nombreuses églises, parfois adossés à leurs murs, afin de ranger les os longs de manière ordonnée, tandis que les crânes étaient parfois placés dans des espaces cachés de l'église ou dans des chapelles extérieures[10]. L'ossuaire, visible de tous, rappelait l'imminence de la mort et incitait les vivants à prier et à mener une vie pieuse. Dans les cimetières de village, où la gestion était plus familiale et où l'espace était moins contraint, les recoupements et les destructions de tombes étaient moins fréquents. Même si certaines tombes accueillaient plusieurs corps, la gestion demeurait plus « familiale[11] ». La mode des cercueils en plomb, qui eux avaient pour but de conserver l'intégrité du corps, allait à l'encontre de ces pratiques car on ne pouvait pas les ignorer, pas plus que ceux en bois qui restaient intacts si le milieu était sec. C'est ce qui se passa dans la chapelle Saint-Crépin en 1758 où les cercueils découverts lors des travaux furent d'abord entreposés dans un lieu temporaire avant d'être déposés dans un caveau.

Il y avait aussi les travaux. Lors des réfections du chœur au XVIIe siècle, les plaques tombales furent arrachées et les squelettes chamboulés, ce qui sortait des pratiques habituelles tout comme lorsqu'en 1687 le chapitre fit transporter des pierres tombales – et des ossements ? – du petit cloître – où les tombes notamment de chanoines étaient nombreuses avant le XVIe siècle[12] – vers la nef. Avant cette période, il est difficile de savoir si la gestion des inhumations se faisait à Notre-Dame en « bons pères de famille » comme dans les villages ou alors comme dans les cimetières à forte densité d'inhumations par des fossoyeurs qui n'avaient aucun lien avec les défunts et n'y attachaient guère d'importance. Il est probable que, du fait du statut des chanoines, le creusement des tombes était laissé aux ouvriers. Une fois la décision prise, un subalterne devait simplement indiquer où creuser.

Face à cette complexité, il me fallait revenir à l'essentiel, repenser mes méthodes et m'appliquer à la vieille manière de faire, simple et efficace. Les épitaphiers étaient riches, peut-être trop. J'avais besoin de simplicité, de dépasser les mots gravés pour retrouver les lieux d'inhumation dans les relevés du chapitre. Ameline qui connaissait mes méthodes vint à ma rescousse. Elle avait ce don : transformer les épitaphiers en cartes graphiques, plaçant sur le plan de Notre-Dame les personnages et les lieux où ils avaient été enterrés à chaque époque (figure 9 A, B, C). C'était un travail démesuré, mais elle l'accomplit avec une rapidité désarmante[13]. Il fallait aussi un chercheur passionné, capable de parcourir les comptes rendus du chapitre avec la même aisance que déployait Ameline sur ses cartes. Sébastien, l'archiviste, m'assura qu'il existait. Darwin Smith est le véritable érudit de Notre-Dame ; il a passé des années à déchiffrer les délibérations médiévales du chapitre et il a développé une connexion intime avec les textes. Si j'avais appris sur le chapitre quelques éléments, Darwin lui s'y était immergé depuis longtemps. Le latin lui est aussi familier qu'à un lettré de la Renaissance et les chanoines du passé sont presque des amis. Il les suit à travers les siècles, connaissant nombre d'anecdotes à leur propos, dont je me demande où il arrive à les découvrir. Sébastien organisa notre rencontre. Darwin accepta de m'aider, je ne l'oublierai jamais.

Il fallait commencer par la croisée du transept mais le chapitre préférait se repérer autrement. Il parlait des chapelles, des piliers, des portes ou des escaliers, des points plus concrets, plus simples à nommer. Les recherches s'orientèrent d'abord vers les épitaphes situées dans la croisée. La croisée à gauche livra les noms de sept chanoines* dont la localisation des tombes avait été définie par rapport à la porte du cloître et donc situés dans le transept gauche et non à la croisée. La croisée droite ne semble avoir fourni que trois épitaphes, deux inhumés dans la branche droite du transept[14] et celle de Claude Bouin, prêtre et chanoine inhumé « auprès de la porte du chœur du bas-côté à droite », mais il était décédé au XVIIIe siècle. La fouille ne l'a pas retrouvé et sa tombe était certainement située aux limites de cette zone. Finalement, à part Antoine de La Porte, aucune épitaphe n'était mentionnée dans cette fameuse croisée du transept. Peut-être fallait-il revenir à Antoine de La Porte pour tenter de comprendre comment son lieu d'inhumation avait été choisi, et sur quels critères ?

Le chapitre avait décidé de faire inhumer Antoine de La Porte « vers le premier degré, au milieu de la porte centrale du chœur[15] ». Il fallait donc fouiller dans les relevés du chapitre pour voir quelle tombe se trouvait en rapport avec cette fameuse porte, surmontée d'un crucifix. La recherche fut difficile. Darwin m'apprit que, en plus de la porte qui nous intéressait, il y en avait une autre, petite. Seule une lecture minutieuse des comptes rendus du chapitre, en tenant compte du contexte de l'époque, permettait de s'y retrouver. Ce n'était pas vraiment une consolation, mais d'autres auteurs, qu'ils soient épitaphiers ou biographes, étaient tombés dans le piège de cette « petite porte » depuis le XVIIIe siècle.

---

* Jean de Saint Vérin décède en 1420 à un âge avancé, croisée à gauche sous le tronc. Jean des Landes décède en 1500, croisée à gauche au pilier qui sépare les deux ailes de la nef. Pierre Cardonnel décède en 1438 à plus de 40 ans, croisée à gauche près de la porte du cloître. Nicolas Tueleu et Quantin Tueleu, âges inconnus, inhumés de façon proche, voire ensemble, décédés en 1520, croisée à gauche vis-à-vis de l'entrée de l'aile dans l'église. Jean de Paris décède en 1524 à plus de 47 ans croisée à gauche, devant la porte du cloître. Pierre Tapereau décède en 1527 certainement jeune, croisée à gauche, vis-à-vis de la porte du cloître, 1527. L'épitaphe d'Olivier François de Fourcy a été retrouvée sous le transept (localisation ?), il est décédé à 53 ans au XVIIIe siècle.

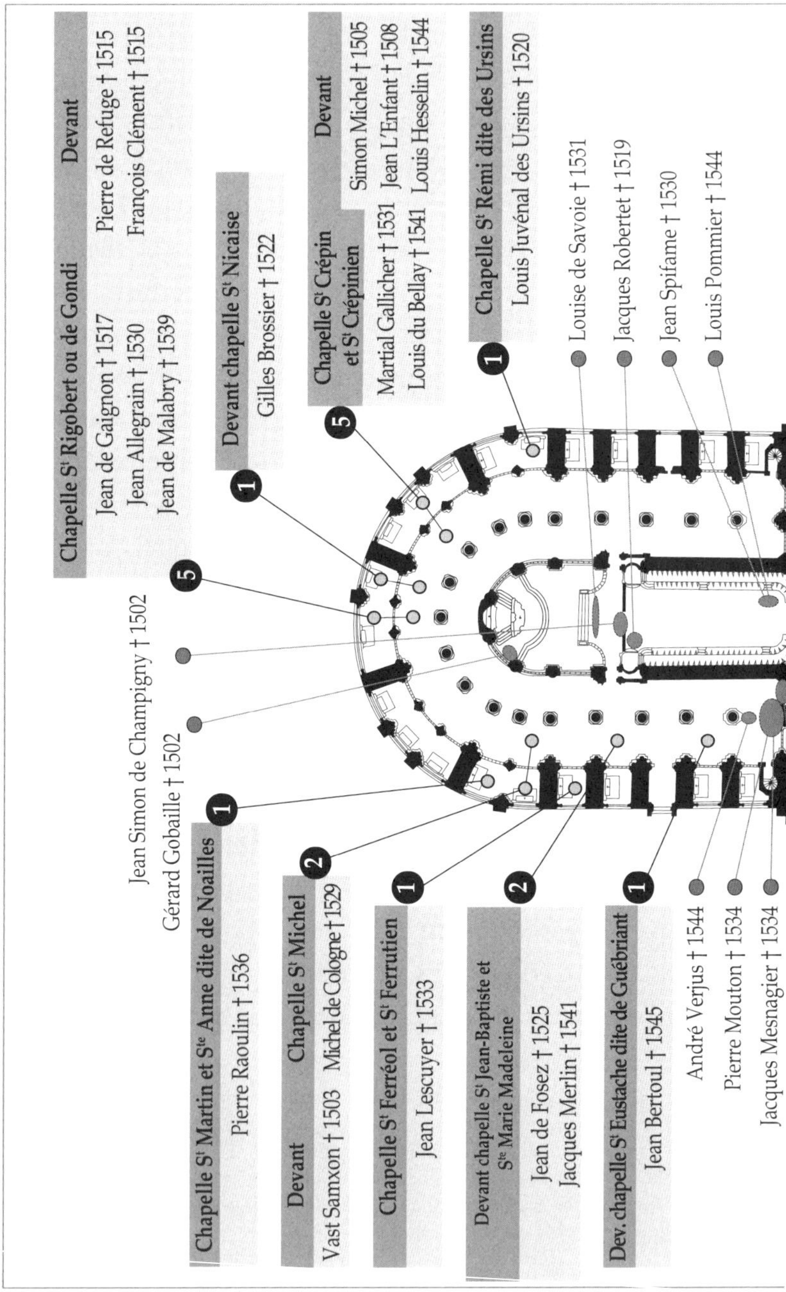
Chapelle St Rigobert ou de Gondi
Jean de Gaignon † 1517
Jean Allegrain † 1530
Jean de Malabry † 1539
Devant
Pierre de Refuge † 1515
François Clément † 1515
Devant chapelle St Nicaise
Gilles Brossier † 1522
Chapelle St Crépin et St Crépinien
Martial Gallicher † 1531
Louis du Bellay † 1541
Devant
Simon Michel † 1505
Jean L'Enfant † 1508
Louis Hesselin † 1544
Chapelle St Rémi dite des Ursins
Louis Juvénal des Ursins † 1520
Louise de Savoie † 1531
Jacques Robertet † 1519
Jean Spifame † 1530
Louis Pommier † 1544
Jean Simon de Champigny † 1502
Gérard Gobaille † 1502
Chapelle St Martin et Ste Anne dite de Noailles
Pierre Raoulin † 1536
Devant
Vast Samxon † 1503
Chapelle St Michel
Michel de Cologne † 1529
Chapelle St Ferréol et St Ferrutien
Jean Lescuyer † 1533
Devant chapelle St Jean-Baptiste et Ste Marie Madeleine
Jean de Fosez † 1525
Jacques Merlin † 1541
Dev. chapelle St Eustache dite de Guébriant
Jean Bertoul † 1545
André Verjus † 1544
Pierre Mouton † 1534
Jacques Mesnagier † 1534

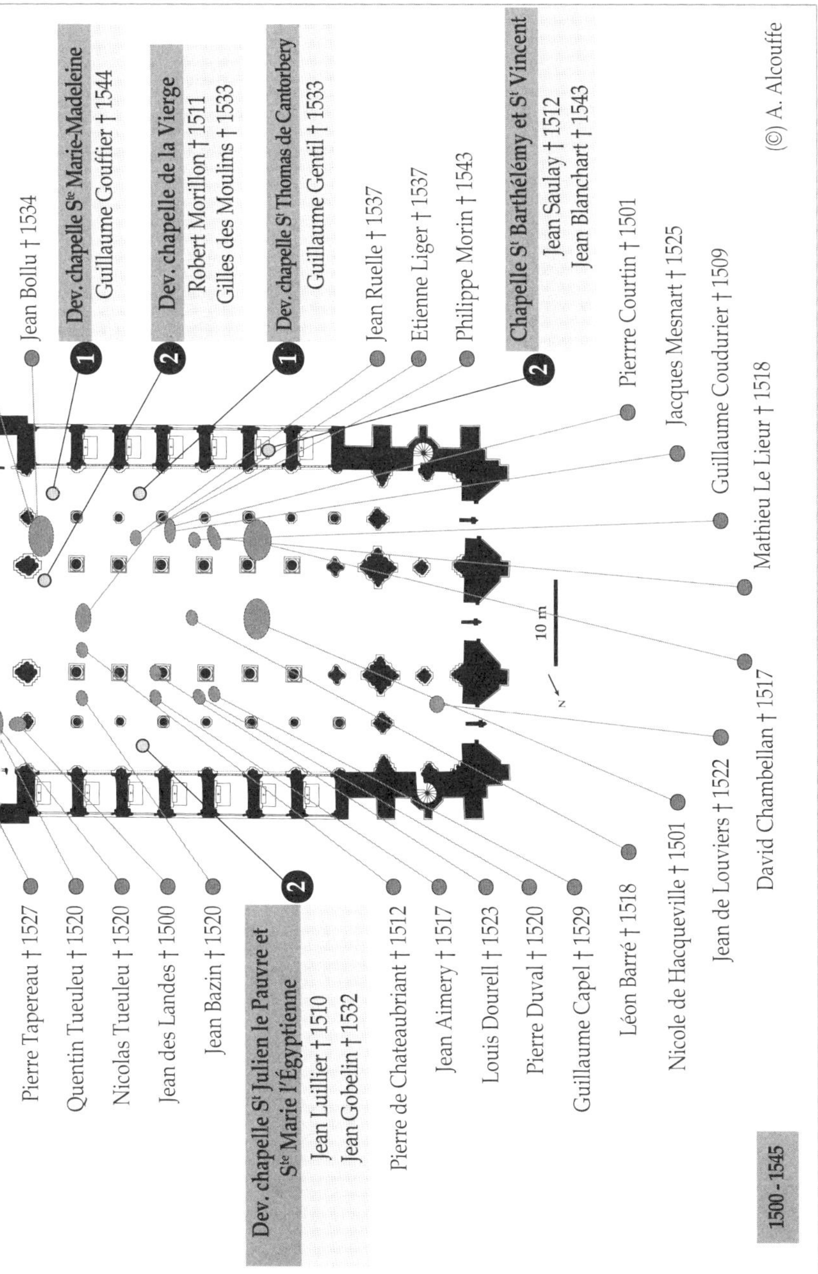

Figure 9 A. Les inhumations dans la cathédrale de 1500 à 1545.

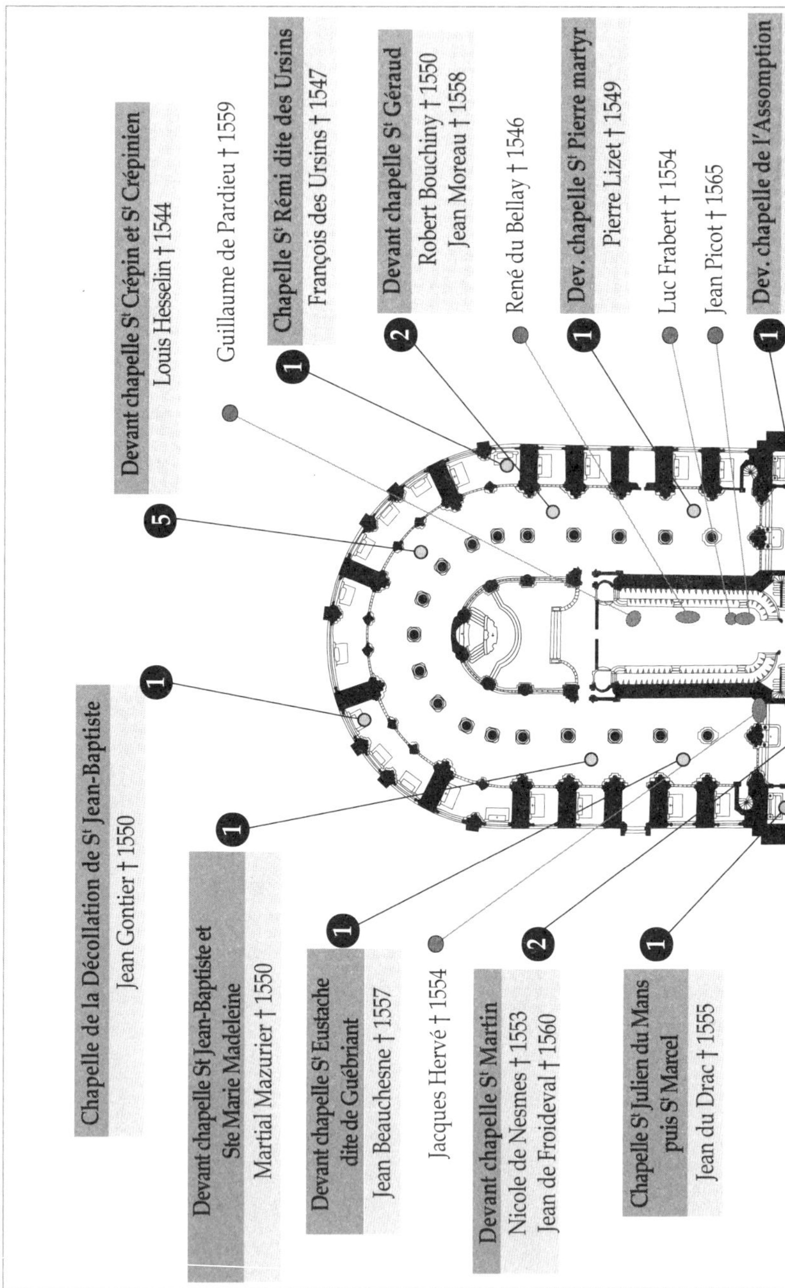
Devant chapelle St Crépin et St Crépinien
Louis Hesselin † 1544
Guillaume de Pardieu † 1559
Chapelle St Rémi dite des Ursins
François des Ursins † 1547
Devant chapelle St Géraud
Robert Bouchiny † 1550
Jean Moreau † 1558
René du Bellay † 1546
Dev. chapelle St Pierre martyr
Pierre Lizet † 1549
Luc Frabert † 1554
Jean Picot † 1565
Dev. chapelle de l'Assomption
Chapelle de la Décollation de St Jean-Baptiste
Jean Gontier † 1550
Devant chapelle St Jean-Baptiste et Ste Marie Madeleine
Martial Mazurier † 1550
Devant chapelle St Eustache dite de Guébriant
Jean Beauchesne † 1557
Jacques Hervé † 1554
Devant chapelle St Martin
Nicole de Nesmes † 1553
Jean de Froideval † 1560
Chapelle St Julien du Mans puis St Marcel
Jean du Drac † 1555
5
1
2
1
1
1
1
1
2
1

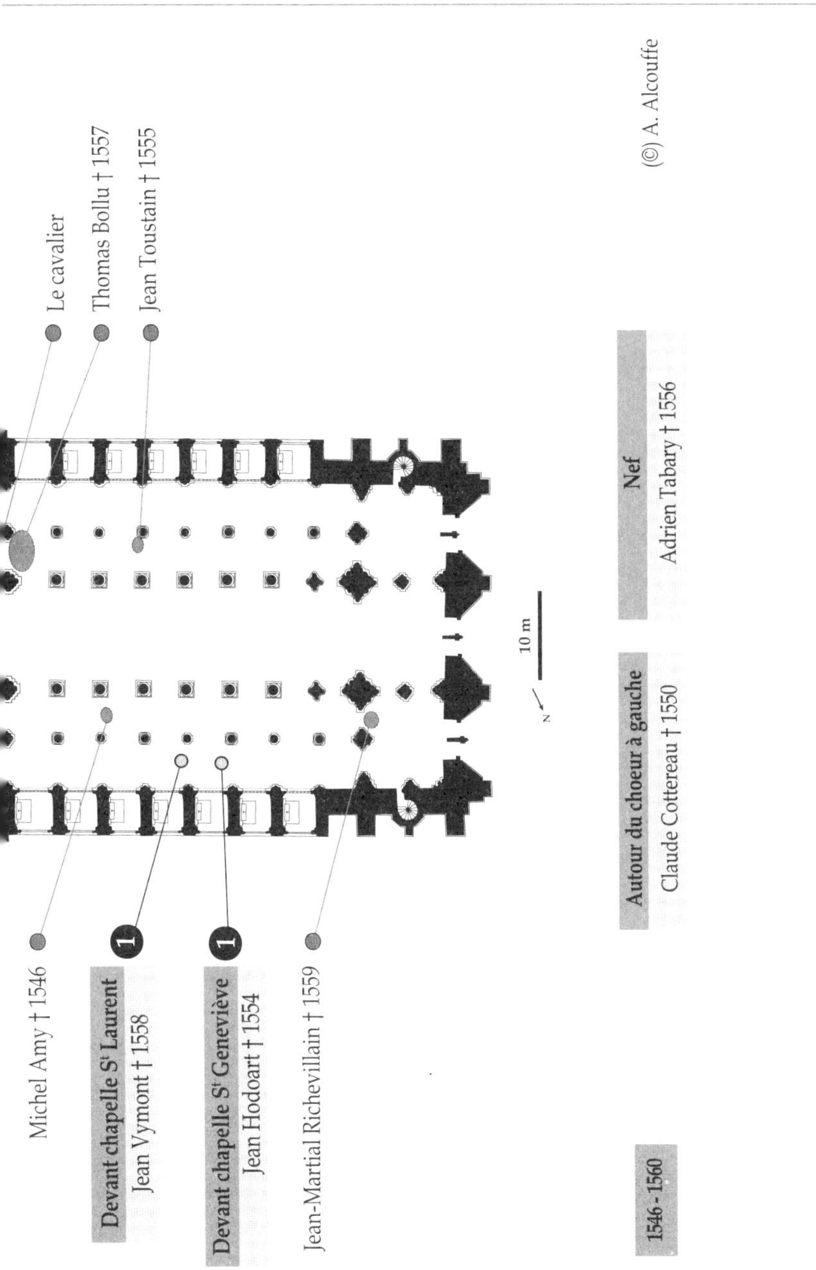

Figure 9 B. Les inhumations dans la cathédrale de 1546 à 1560.

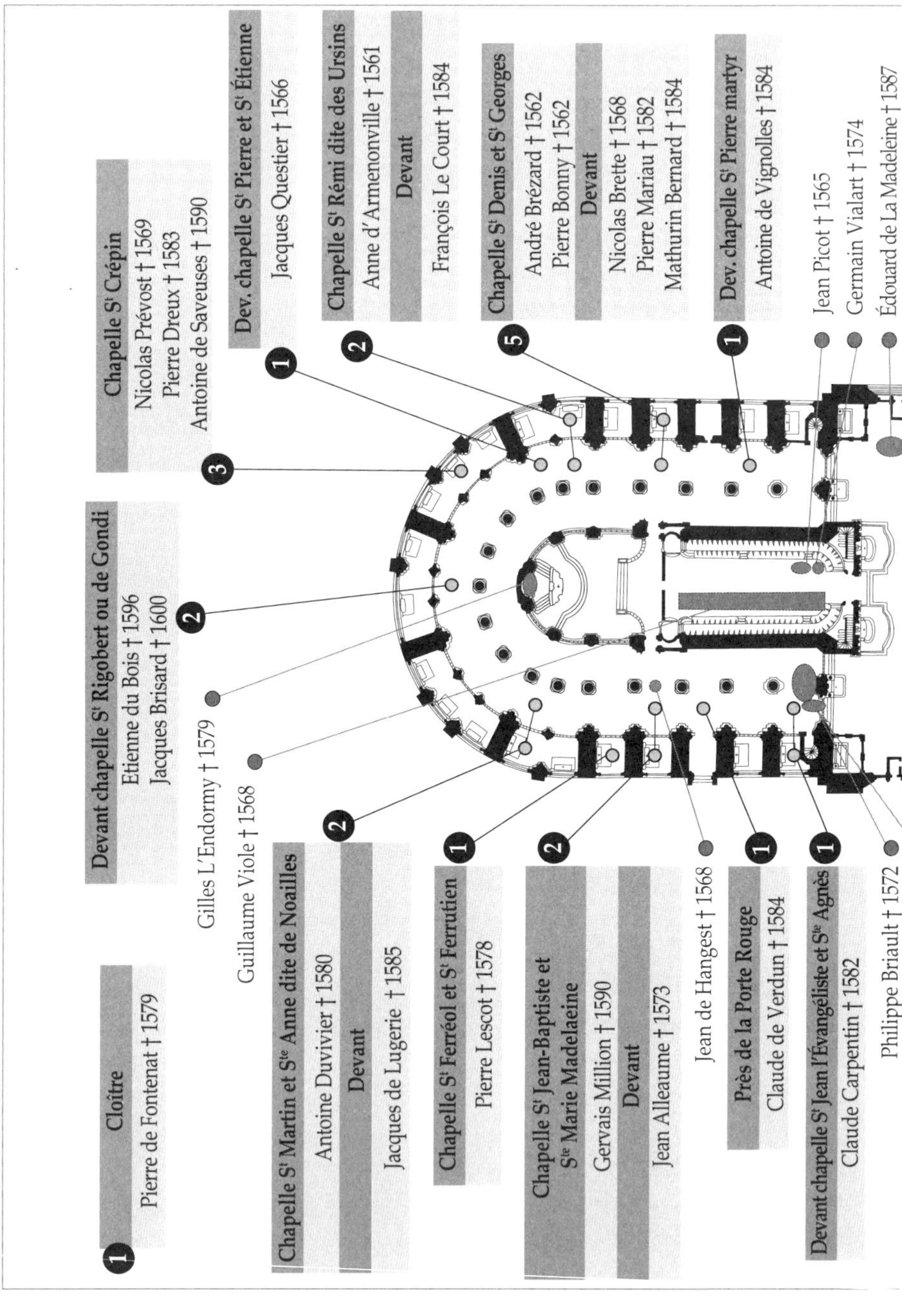

1
Cloître
Pierre de Fontenat † 1579
Chapelle St Martin et Ste Anne dite de Noailles
Antoine Duvivier † 1580
Devant
Jacques de Lugerie † 1585
2
Chapelle St Ferréol et St Ferrutien
Pierre Lescot † 1578
1
Chapelle St Jean-Baptiste et Ste Marie Madelaeine
Gervais Million † 1590
Devant
Jean Alleaume † 1573
2
Jean de Hangest † 1568
Près de la Porte Rouge
Claude de Verdun † 1584
1
Devant chapelle St Jean l'Évangéliste et Ste Agnès
Claude Carpentin † 1582
1
Philippe Briault † 1572
Guillaume Viole † 1568
Gilles L'Endormy † 1579
Devant chapelle St Rigobert ou de Gondi
Etienne du Bois † 1596
Jacques Brisard † 1600
2
Chapelle St Crépin
Nicolas Prévost † 1569
Pierre Dreux † 1583
Antoine de Saveuses † 1590
3
Dev. chapelle St Pierre et St Étienne
Jacques Questier † 1566
1
Chapelle St Rémi dite des Ursins
Anne d'Armenonville † 1561
Devant
François Le Court † 1584
2
Chapelle St Denis et St Georges
André Brézard † 1562
Pierre Bonny † 1562
Devant
Nicolas Brette † 1568
Pierre Mariau † 1582
Mathurin Bernard † 1584
5
Dev. chapelle St Pierre martyr
Antoine de Vignolles † 1584
1
Jean Picot † 1565
Germain Vialart † 1574
Édouard de La Madeleine † 1587

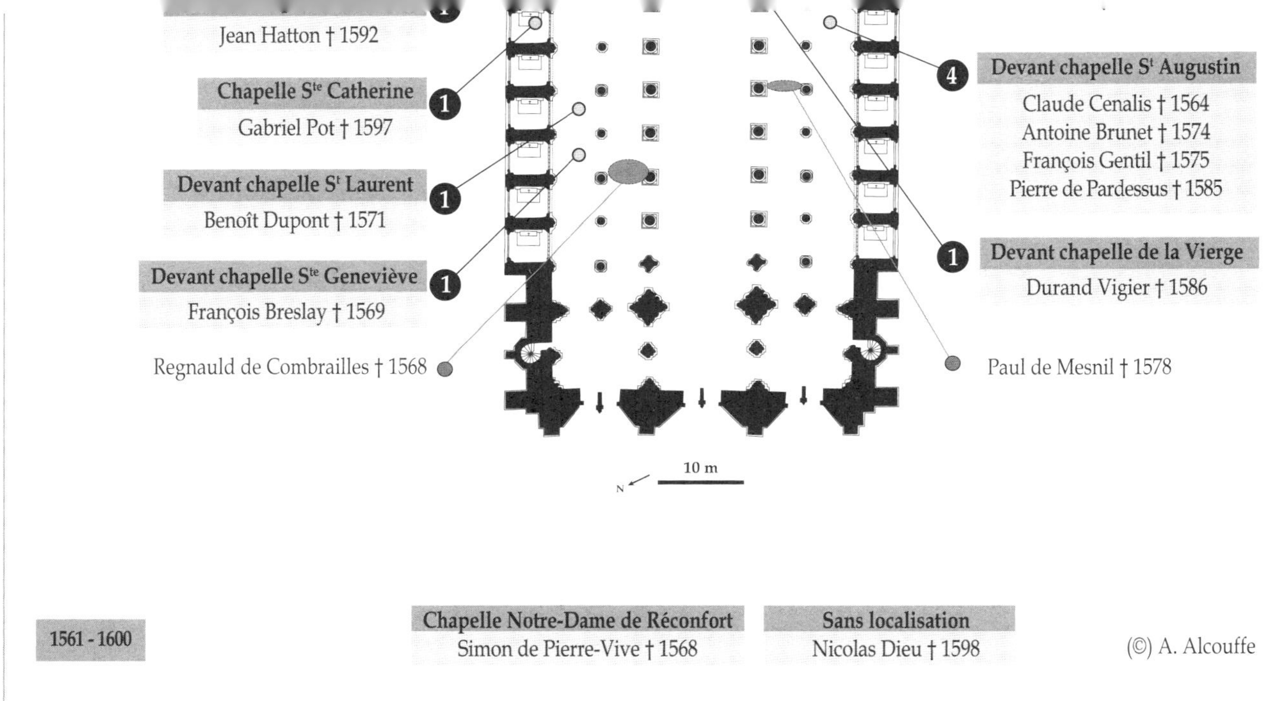

Figure 9 C. Les inhumations dans la cathédrale de 1561 à 1600.

Darwin découvrit que Guillaume Grantsire et Thibaut de Vitry, morts au XVᵉ siècle, avaient demandé à être inhumés sous le Christ, dans le transept. Si cela venait à être vérifié, le cavalier était dans l'une de leur tombe à moins qu'il ne fût l'un d'eux ! Les recherches fiévreuses me retenaient tard dans la nuit et Darwin acceptait de répondre à mes interrogations dès le lendemain. Guillaume Grantsire, cavalier émérite sans nul doute, était décédé à plus de 60 ans en 1454 et Thibaut de Vitry à plus de 80, en 1464. Guillaume Grantsire avait décidé de son inhumation au moins trente-cinq ans avant son décès en retour de la fondation en 1428 d'un luminaire perpétuel « à l'intérieur de la nef, devant le crucifix et la statue de la Vierge ». En raison du nombre de demandes d'inhumations dans la cathédrale, il y avait des moments où des lieux ou des chapelles étaient pleins, et il fallait discrètement faire de la place. C'étaient des affaires internes, sur lesquelles le chapitre gardait le silence. De même, expliquait Darwin, on supprimait périodiquement certaines messes anniversaires pour les morts. Avec plus de sept cent cinquante messes basses par semaine pour les chapelles, il fallait en retrancher discrètement pour répondre aux demandes de nouvelles familles souhaitant ajouter leurs propres célébrations. Pour Guillaume Grantsire, ce fut différent et le chapitre mentionne que son ensevelissement « sera fait sous la septième lampe du milieu [le luminaire qu'il avait offert], ou presque, dans une "petite place" entre deux anciennes tombes ou inscriptions funéraires, [petit espace] que l'on fera vider et là nous voulons lui permettre d'être inhumé ». Peu après il est mentionné que ses héritiers feront faire une pierre tombale avec son nom et sa représentation.

Pour l'inhumation de Thibaut de Vitry, le relevé du chapitre laisse le chercheur interrogatif : « Il plaît à messeigneurs que maître Thibaut de Vitry, lors de son décès, soit inhumé et sa tombe déposée dans la nef, sous les lampes, dans le lieu autrefois choisi par Grantsire. » Dix ans après sa mort, on aurait bien pu vider la tombe de Grantsire pour y placer Thibaut de Vitry ! Et à vrai dire, on ne sait même pas si une pierre tombale avec une épitaphe avait été posée sur celle de Grantsire. La place nécessaire pour son inhumation aurait très bien pu abîmer les tombes et les plaques tombales d'à côté. D'ailleurs, cinq tombes* qui restent à étudier avaient été retrouvées lors des fouilles[16]. Sans vraiment l'expliciter, le chapitre laissait entendre qu'on pouvait très bien détruire de vieilles tombes, même celles avec des épitaphes gravées sur des pierres, et les vider. Cela impliquait l'existence d'un ossuaire à Notre-Dame à cette époque et la rareté des épitaphes anciennes pourrait s'expliquer par ces destructions. Cela confirme aussi l'idée à laquelle j'avais déjà pensé : un roulement des tombes. Si j'évoquais initialement un cycle d'environ cent ans, il pouvait dans ce cas n'être que de dix ans, toujours pour des tombes sans cercueil en plomb. Pour les tombes contenant un cercueil en métal, un effacement discret était impossible. Cela explique peut-être pourquoi ce type de cercueil se répandit parmi ceux qui en avaient les moyens.

Comme il y avait eu un choix pour Saint-Crépin avec à la fin du XVIe siècle l'inhumation préférentielle des archidiacres, aurait-il pu y avoir un choix dans la croisée ? Quels sont les points communs reliant Guillaume Grantsire, Thibaut de Vitry et Antoine de La Porte, voire Joachim du Bellay sur plus de deux cent cinquante ans ? Aucun des quatre ne disposait d'un titre d'importance à Notre-Dame mais ils s'y firent respecter et ils furent connus de leur vivant par une assemblée plus large que celle des chanoines et de ceux qui gravissaient autour de la

* Dont la mise en place pourrait dater du XVe siècle (Eldin, 1994).

cathédrale. Grantsire comme Joachim n'étaient pas chanoines, tout juste chapelains ; mais si Joachim avait représenté le cardinal, et à travers lui le pape, Grantsire représenta le chapitre, dont il avait procuration, auprès du roi d'Angleterre pendant la domination anglaise de 1420-1437[17] ; un homme politique d'importance qui semblait aller de l'autre côté de la Manche assez régulièrement. Thibaut de Vitry, chanoine de Notre-Dame pendant vingt ans, était, selon le poète François Villon qui se moque de lui, un richissime vieillard connu pour être particulièrement chicanier[18]. Tout comme Antoine de La Porte, il fit d'importantes donations à Notre-Dame*. La donation de Grantsire du fameux luminaire qui lui valut d'être inhumé dessous semble de peu d'importance** par rapport à ses fonctions pendant la domination anglaise. Joachim n'a sûrement pas fait de donations à Notre-Dame et l'on ne sait ce qu'il advint de ses revenus mais il avait su se servir du titre de procureur du cardinal et de son vivant, tout comme après la publication de ses œuvres en 1568, il était connu.

* Données de Darwin Smith. Cinq immenses tapisseries relatant la vie de la Vierge en quinze épisodes, installées dans le pourtour intérieur du chœur derrière les stalles des chanoines en 1449, don qui lui valut une reconnaissance officielle, attestée par une longue page inscrite dans le martyrologue du chœur, qui relate qu'en signe de reconnaissance pour ce don extraordinaire il aurait droit à une messe perpétuelle aux anniversaires de sa mort.
** Étude de Darwin Smith : la fondation du luminaire est financée par une donation de deux maisons, à Beaubourg et à Orly, des terres et des jardins.

CHAPITRE 12

Deux histoires pour un même emplacement

« Déjà dans les mémoires, un passé fictif occupe la place d'un autre, dont nous ne savons rien avec certitude. »

Jorge Luis BORGES, *Fictions*, 1952.

Un scénario familial

Les fouilles étaient achevées. Au même moment, des études se terminaient, d'autres commençaient et je m'attardais lors des longues soirées de juin 2024 sur les liens, peu renseignés, entre du Bellay et ses médecins. Quelle relation avait Joachim avec Rabelais, cet autre géant de la littérature de la Renaissance, père de Gargantua et de Pantagruel ? Rabelais, formé à la faculté de médecine de Montpellier, curé à ses heures, avait soigné le frère du cardinal Jean du Bellay, Guillaume, le seigneur de Langey (figure 10). À sa mort, fidèle aux du Bellay, il était devenu médecin et secrétaire du cardinal. Mais le temps avait passé et, avec la disparition de Rabelais, Joachim avait pris la route de Rome avec le cardinal, pour se charger de certaines des tâches administratives laissées par le médecin.

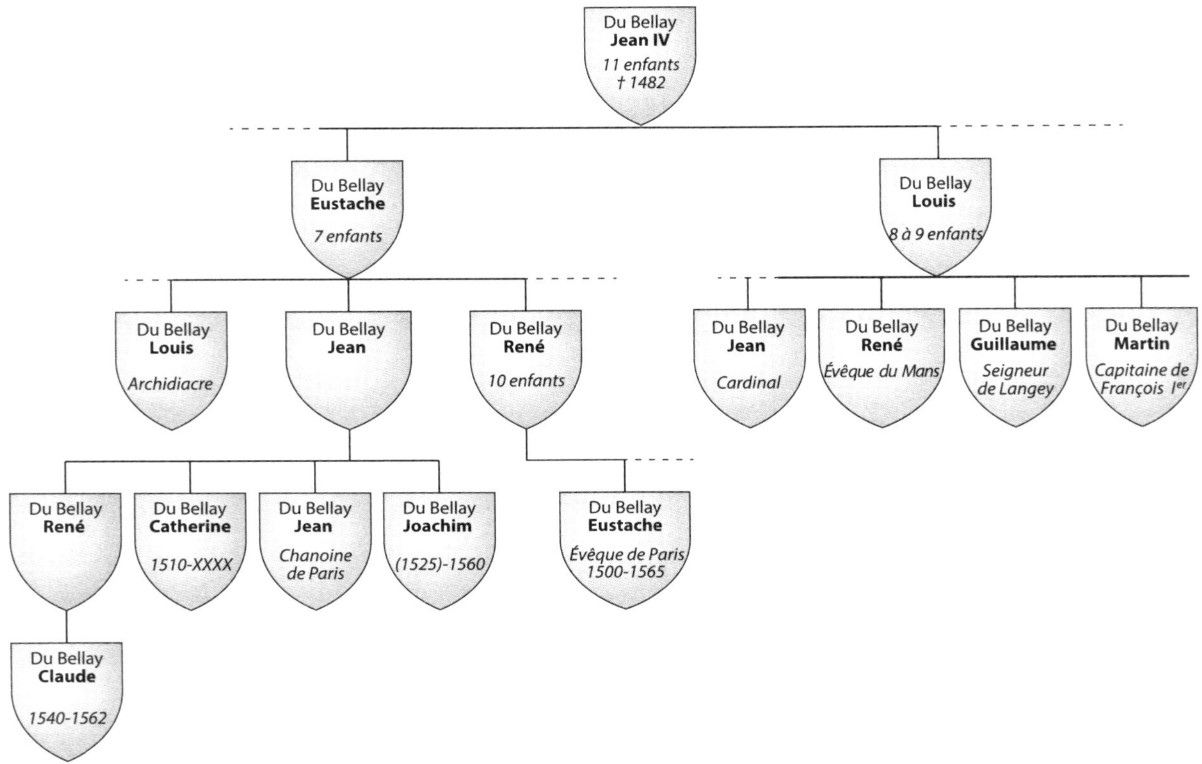

Figure 10. Les relations familiales au sein du clan du Bellay.

Je fouillais dans les pages des résultats de recherche de Google, explorant les archives littéraires de la France. Bien des études avaient eu lieu à la fin du XIXe siècle, une époque où des prêtres et des universitaires conversaient encore en latin, tout comme les chercheurs d'aujourd'hui manient l'anglais. Les manuscrits de la Renaissance faisaient alors l'objet de recherches par des archéologues de la littérature qui jouissaient d'un accès aisé aux archives. La Renaissance semblait être une de leurs passions, avec ses manuscrits en papier obtenu à partir de chiffons de lin et de chanvre, leurs calligraphies élégantes en latin. Un livre attira particulièrement mon attention : *Rabelais : ses voyages en Italie, son exil à Metz.* Dans le livre trouvé sur Google, on découvrait les liens entre du Bellay et Rabelais. Publié en 1891 sous sa plume d'Arthur Heulhard, polémiste notoire qui soutenait que Jésus n'avait jamais existé, mais qui, en dehors de cette théorie mythiste, était l'un des historiens de Rabelais. Si Joachim faisait quelques brèves apparitions dans cet ouvrage, son oncle, Guillaume du Bellay seigneur de Langey, y tenait une place d'honneur. Rapidement, je me dirigeai vers les circonstances de son inhumation. C'est que depuis que je m'intéressais à Joachim, je rêvais d'écrire un roman sur ce jour mémorable, le 5 mars 1543, et ce lieu emblématique : la cathédrale du Mans. Ce jour-là, lors de la grand-messe, une cérémonie grandiose réunit, aux côtés des plus grands seigneurs de France, René du Bellay, évêque du Mans, ainsi que sa famille et ses proches. Joachim était peut-être présent. On y trouvait également Rabelais, Jacques Peletier – mathématicien et futur membre de la Pléiade – et Pierre de Ronsard, qui reçut la tonsure des mains de l'évêque le lendemain de l'enterrement de Langey. Le père de Ronsard, proche de Guillaume du Bellay, portait alors un coin de l'étoffe recouvrant le cercueil de plomb[1].

Cette concentration étonnante de personnalités permettrait à elle seule d'écrire en un lieu et en un jour une histoire de la Renaissance. Mais pour mon propos immédiat, il y avait mieux : un scénario historique et familial sur lequel pouvait se calquer l'histoire du cercueil de Joachim du Bellay. Il rappelait de plus en plus le cavalier de Notre-Dame dans le transept de la cathédrale de Paris, gisant sur un tas de gravats, même pas aplani.

L'espérance littéraire de celui qui rêvait encore d'un roman avec une unité de temps, de lieu et d'action, un enterrement, était déçue. L'archéologue était transporté. L'unité de temps s'étirait sur quatorze ans, mais, en y réfléchissant, elle était indéterminée ; l'unité de lieu restait la cathédrale, bien que marquée par des emplacements successifs. L'unité d'action, nécessitant dans le théâtre classique une seule intrigue principale sans digressions ou sous-intrigues, était totalement bouleversée. Les autres critères, ceux de vraisemblance et de bienséance, s'avéraient étonnants. Encore une fois, nous étions bernés par des propos elliptiques qui, sans explication du contexte, ne permettaient aucune interprétation claire. Il fallait donc s'intéresser à l'histoire du décès, puis de l'inhumation du seigneur de Langey.

Guillaume du Bellay, seigneur de Langey, qui avait pour secrétaire et médecin Rabelais, se trouvait en Italie avec son frère Martin lorsque sa maladie articulaire chronique, appelée goutte, s'aggrava. Le 13 novembre 1542, à Rome, il rédigea son testament, pensant bientôt mourir et être enterré en Italie. À cette occasion, il institua comme héritiers universels son frère, le cardinal Jean du Bellay, deux autres de ses frères, Martin et René – ce dernier étant évêque du Mans –, ainsi que sa sœur et une nièce. Ces cinq héritiers étaient chargés de payer ses dettes et d'honorer les nombreux legs, dont certains leur étaient destinés, qu'il souhaitait voir réalisés après sa mort. Ses exécuteurs testamentaires étaient ses trois frères et un ami ; ils devaient s'apercevoir après son décès qu'il laissait des affaires embrouillées et de lourdes charges.

Guillaume du Bellay, appelé en France, partit en litière en janvier 1543 et décéda le 9 ou 10 janvier à Saint-Symphorien, dans la Loire, en exprimant le vœu d'être inhumé à Langey, dans le Maine. Un long voyage s'imposait… Il fut donc embaumé et, tandis qu'une caravane ramenait le corps, son frère René, évêque du Mans, interrogeait le cardinal Jean du Bellay, qui devenait par droit d'aînesse arbitre des questions familiales[2]. Dans une première lettre, ce dernier trouve que l'inhumation à Langey entraînerait des « frais merveilleusement grands » et demande expressément qu'un inventaire des biens du défunt soit fait et que personne n'y touche sans les exécuteurs testamentaires. Dans un second courrier, après réflexion, il demande que Langey soit enseveli dans la cathédrale du Mans, ce que le chapitre enregistre le 6 février. Pour des raisons que nous ignorons, peut-être la présence de René, cela allait diminuer les frais. Le 5 mars, des obsèques grandioses eurent lieu. Pendant la messe, le cercueil fut déposé au milieu de la croisée du transept, sous une chapelle prévue à cet effet puisque le chœur et le transept étaient réservés aux chanoines, à l'évêque et à des personnalités de l'élite, tel le roi. Les archives du chapitre de la cathédrale concluent qu'il fut conduit au lieu de la sépulture marquée dans la chapelle Notre-Dame du Chevet à l'extrémité est de la cathédrale (figure 11).

Le cardinal Jean du Bellay avait toutefois promis à son frère René, l'évêque du Mans – celui que quelques années plus tard il fera inhumer dans le chœur de Notre-Dame en raison, dit l'épitaphe, de la façon dont fut menée l'inhumation du seigneur de Langey –, de faire construire un splendide mausolée pour Guillaume afin d'honorer sa mémoire car il avait été tout au long

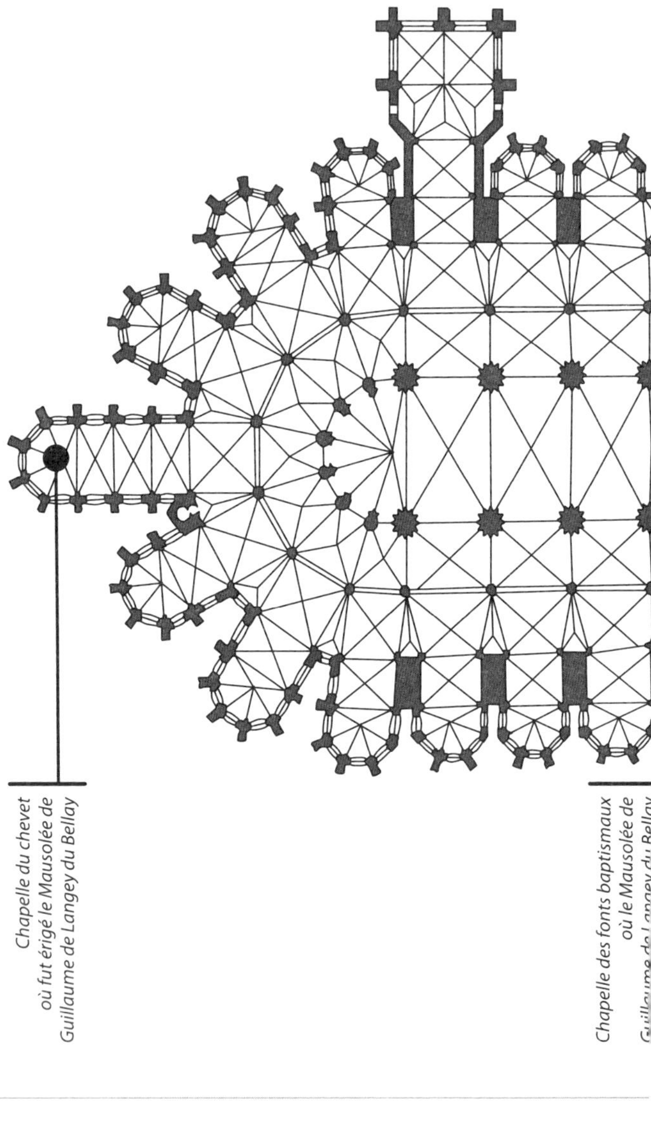

Cathédrale Saint-Julien du Mans

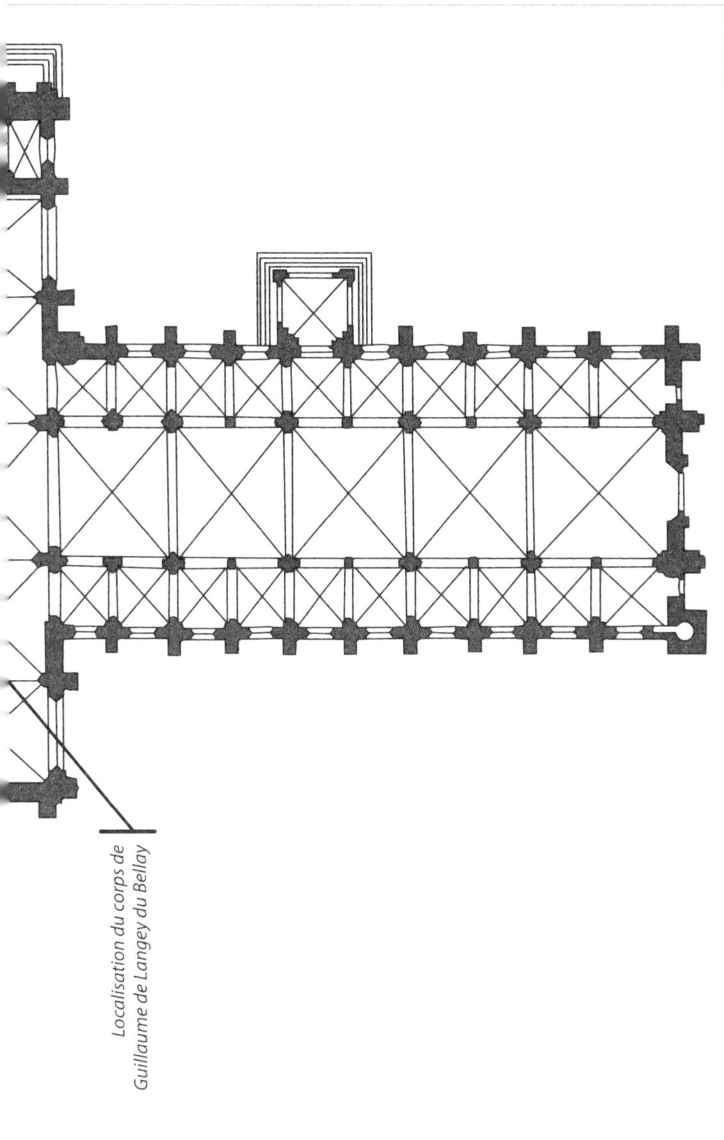

Figure 11. Plan de la cathédrale du Mans et des localisions réelles ou supposées de la tombe du seigneur de Langey.

de sa carrière un mentor qu'il admirait[3]. Mais le cardinal n'était pas « argenteux », menant un grand train de vie à Rome et étant souvent couvert de dettes, les siennes mais aussi quelques années plus tard celles de ses frères, Guillaume, seigneur de Langey pour lequel il devait faire faire le monument, et René, évêque du Mans mort en 1546, ce dont il se plaignait encore amèrement en 1549 car cela allait achever de le ruiner[4]. Cependant, il tint sa promesse et le tombeau, une œuvre majeure de la Renaissance, fut aménagé en mai et juin 1557 dans la chapelle du Chevet[5]. Au centre d'un monument en marbre accolé au mur se trouve une niche avec le seigneur de Langey grandeur nature, puissant comme le guerrier qu'il était, torse nu, allongé sur un sarcophage, le buste redressé, le coude gauche nonchalamment appuyé sur son heaume. Sa tête altière, légèrement tournée vers la gauche, était ornée d'une épaisse moustache et d'une longue barbe atteignant le milieu du thorax (figure 12).

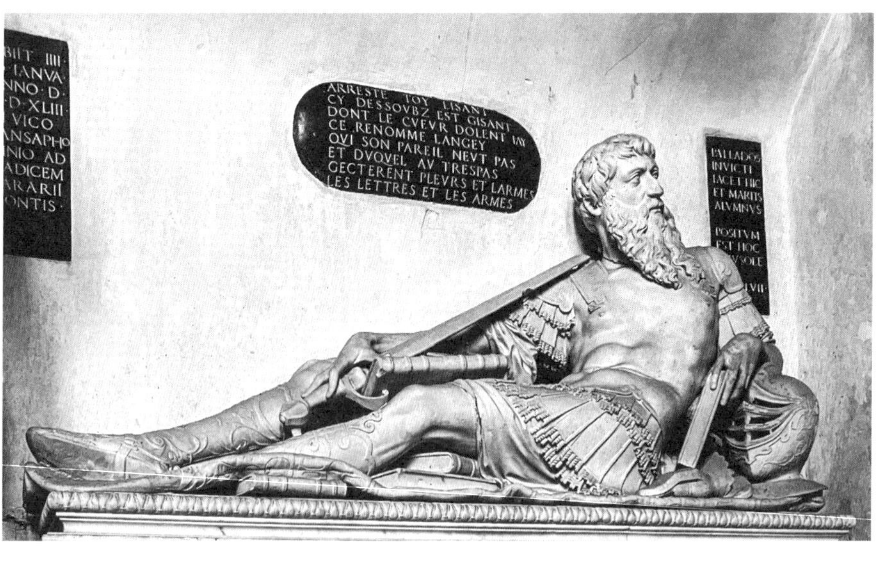

Figure 12. Le tombeau du seigneur de Langey, « oncle à la mode de Bretagne » de Joachim du Bellay dans la cathédrale du Mans et le détail de sa sculpture (photographies : Pascale Crubézy-Marengo).

Deux ans après la mise en place du monument, jamais véritablement inauguré puisque le cardinal était à Rome, Martin du Bellay, lui aussi ancien grand capitaine de François Ier, décède en 1559. Début mai, le cardinal demande alors *via* son grand vicaire que cet autre frère soit inhumé dans la cathédrale suivant ses dernières volontés. Le chapitre accepte et, d'après le rapport du chapitre, Martin est inhumé le 20 mai, aux côtés de Guillaume du Bellay, dans la chapelle du chœur. Le cardinal conseille à la veuve de Martin de devenir sa seule héritière après l'inventaire des biens[6] et s'engage à faire réaliser pour ce frère un tombeau avec, semble-t-il, le marbre noir et blanc restant après la réalisation de celui de Guillaume.

Martin semble également laisser de nombreuses dettes car, en septembre 1559, Eustache du Bellay, évêque de Notre-Dame, et « M. du Bellay » – probablement Joachim – demandent que les meubles de son château soient vendus, contre évidemment l'avis de sa veuve*. Tout lecteur des lettres échangées et des rapports du chapitre pourrait penser que Martin avait bien été inhumé le 20 mai près de son frère. Il n'en était rien. Le 12 août, sa sœur écrit au cardinal pour se plaindre du peu d'égard accordé à la sépulture de son mari. Il n'y a sur la fosse qu'un drap de velours pour tout ornement, « aucunes armes, aucuns étendards. C'est un appareil indigne d'un tel seigneur[7] ».

Ces comptes rendus des inhumations des deux frères démontrent une fois de plus l'importance du cardinal dans la famille, les liens qu'entretenaient entre eux ses différents membres. Il est ainsi assez surprenant de voir intervenir, dans la succession de Martin, l'évêque de Notre-Dame et Joachim, qui

* Les relevés notariés parisiens (Jurgens, 1985, p. 335-338) du 16 février et 30 septembre 1559 laissent planer un doute sur les transactions lors de cette succession. Le 16 février 1559, il semble que Joachim du Bellay rende aux héritiers de Martin du Bellay 2 400 livres tournois (monnaie de l'époque) « voulant user de bonne foy ».

agissaient en fait comme « représentants » du cardinal pour des affaires financières. Le cardinal risquait de perdre gros puisqu'il allait se retrouver à devoir, encore une fois assumer seul, Martin étant ruiné, les frais de l'inhumation et du tombeau. Ces comptes rendus mettent également en évidence les limites des décisions liées aux finances du cardinal, ainsi qu'à celles du défunt. Étant à Rome, le cardinal ne pouvait pas superviser ce qui se passait dans la cathédrale du Mans. Dans le cas de Martin, tant que le chapitre n'avait pas été réglé, la fosse était simplement recouverte d'un drap de velours. Dans le cas de son frère Guillaume, ses proches durent attendre quatorze années pour voir le fameux mausolée enfin mis en place, un mausolée qui chantait *a posteriori* plus la gloire du cardinal qui l'avait fait ériger que celle de Guillaume, dont le souvenir s'éclipsait doucement. En ce qui concerne Martin, bien peu est connu, mais avec la disparation du cardinal en février 1560, sa tombe fut certainement réduite à sa plus simple expression. Le tombeau de Guillaume fut mutilé pendant les guerres de Religion, démonté par la suite et finalement réinstallé dans une autre chapelle de la cathédrale, celle des fonts baptismaux, où on peut encore le voir aujourd'hui.

L'histoire aurait pu s'arrêter là, mais le 16 octobre 1862, lors du remplacement des marches du chœur, à l'emplacement d'un des angles de la croisée du transept du XVIe siècle, un cercueil anthropomorphe en plomb « moulé » sur un corps fut découvert. Le cadavre était enveloppé dans deux grosses toiles goudronnées formant quatre feuillets, ficelés par des cordes moyennes créant des anneaux circulaires rapprochés, unis par d'autres cordes allant de l'un à l'autre sur le devant et sur les côtés, le pressant ainsi dans un réseau très solide à larges mailles. Les bras étaient croisés sur la poitrine, le cœur avait été prélevé, le thorax et l'abdomen recousus et le corps embaumé selon des recommandations qui semblaient tirées directement d'un traité d'Ambroise Paré. On voyait près des pieds les restes d'herbes aromatiques sèches qui avaient été déposées dans le thorax. Le corps fut étudié par un fameux médecin de l'époque, dépêché sur place, et il surprit tous les spectateurs par sa remarquable conservation. Dépeint comme étant d'une stature colossale, il avait une barbe grise très longue et son visage présentait une « ressemblance absolue » avec la figure du seigneur de Langey sculptée sur le mausolée[8]. Bien que plus de cinquante ans plus tard un sceptique eût attribué cette identification à un évêque, cette dernière reste peu convaincante. En effet, avec ce que l'on sait aujourd'hui des inhumations en cercueil de plomb et des techniques de l'époque[9], le prélèvement du cœur n'est pas en faveur de l'identification d'un évêque. Les toiles goudronnées, exceptionnelles dans ce mode d'inhumation, évoquent une préparation pour permettre au corps de résister à un long voyage. C'est d'ailleurs ces toiles et l'embaumement, plus la sécheresse de l'emplacement, qui permirent une telle conservation du corps. Par ailleurs, la stature et la barbe, sans même prendre en compte « la ressemblance absolue » du visage plaident pour y reconnaître le seigneur de Langey, homme de guerre à la force exceptionnelle et à la barbe légendaire.

Après la mort du seigneur de Langey, son cœur aurait été prélevé, puis il aurait été embaumé, enveloppé dans des toiles afin d'éviter sa décomposition, inséré dans un cercueil en plomb, puis transporté au Mans. Lorsque le chapitre, peut-être en tenant informé le cardinal, statua secrètement sur le dépôt dans la chapelle Notre-Dame du Chevet, il semblait sous-entendre qu'il allait y être déposé lors de la mise en place de son tombeau qui comportait par ailleurs un sarcophage. Dans l'immédiat, il fut placé dans une sépulture provisoire dans un angle de la croisée du transept, proche de l'endroit où le cercueil reposait durant la messe. Quatorze années plus tard, lors de la mise en place du mausolée, alors que les décideurs, dont l'évêque, étaient décédés, il n'y eut pas de transfert de cercueil. L'important était que le monument soit en place à l'endroit indiqué et que le corps repose dans la cathédrale. L'évêque était mort, les prébendes des chanoines devaient changer assez rapidement de mains. Souvent âgés, leur espérance de vie était limitée et peut-être que lors de l'érection du mausolée aucun témoin de l'inhumation provisoire n'était présent. Par ailleurs, lors du décès de Martin, le chapitre décida qu'il serait inhumé à côté de Guillaume, sous-entendu à côté de son tombeau. Mais dans ce cas-là aussi, peut-être que plus personne ne savait où le corps avait été initialement déposé et cela n'avait peut-être aucun intérêt.

Que se passa-t-il à Notre-Dame de Paris le soir du 3 janvier 1560, après les vêpres ? Les événements de cette soirée restent enveloppés de mystère. Alors que le froid de la nuit s'infiltrait déjà dans la cathédrale, les dernières lueurs du jour s'éteignaient derrière les vitraux, laissant place à la lueur tremblotante des cierges. Le cercueil, apporté par la porte du cloître, fut déposé avec solennité dans la croisée du transept, tandis qu'une atmosphère lourde, imprégnée de l'odeur de l'encens, pesait sur les rares personnes présentes. Le doyen, le visage impassible, ne daignait pas accorder un regard aux quelques parents et amis debout dans le transept. Les négociations avaient été acharnées, chaque mot pesé, chaque geste observé. Pour obtenir gain de cause, la famille n'avait pas hésité à lancer l'histoire d'une nomination imminente au titre d'archidiacre. Un mensonge habile, une rumeur pour renforcer leur position. Le chapitre ne s'était pas laissé faire, mais il avait dû céder sur l'inhumation dans l'église de Notre-Dame. Ce compromis révélait des secrets enfouis, des accords non écrits, et le doyen n'allait pas se laisser imposer une décision dont il n'avait pas voulu. Pourtant, à l'arrivée de Jean de Morel, un proche de Joachim, son attitude changea : une révérence obséquieuse pour l'homme de cour et un sourire mauvais pour le disciple d'Érasme.

À peine le doyen s'était-il retiré derrière la porte du chœur qu'un murmure émergea du jubé, et l'introït de la messe des morts s'éleva : « *Requiem aeternam dona eis, Domine, et lux perpetua luceat eis.* » La tension était palpable parmi les proches de Joachim, exacerbée par des questions matérielles qui à ce moment semblaient hors de propos. Mais les frais pour la cérémonie et une sépulture dans la chapelle de Saint-Crépin et Saint-Crépinien étaient devenus un sujet brûlant, suscitant des regards furtifs et des allusions à peine voilées. On murmurait qu'un nouveau pape aurait été élu, le cardinal s'entendrait-il avec lui, mais il allait mal, passerait-il l'hiver ? Quoi qu'il en soit, il ne tolérerait pas des dépenses « merveilleusement grandes » sans conséquences. La cérémonie se terminait, le chant *In Paradisum* s'élevait : « *Chorus angelorum te suscipiat, et cum Lazaro quondam paupere, aeternam habeas requiem.* » Ces mots n'étaient qu'une simple prière, « Que le chœur des anges t'accueille, et avec Lazare, autrefois pauvre, puisses-tu avoir le repos éternel », mais ils résonnaient différemment dans la situation présente. Le tombeau dans la chapelle Saint-Crépin n'avait pu être préparé à temps. Le doyen avait donc ordonné l'ouverture d'une vieille tombe vers le transept pas très loin de la porte du chœur et de la chapelle Saint-Marcel et Saint-Julien du Mans. La grandeur des lieux importait davantage que le remblai inégal qui allait accueillir son cercueil pour un temps. Cette sépulture devait n'être qu'une étape. Dès le retour de l'évêque et après en avoir informé le cardinal – comprenez, une fois les frais réglés –, une tombe serait aménagée à l'emplacement prévu. Le cercueil serait alors transporté selon les volontés du très révérend cardinal. Mais la suite de l'histoire, nous la connaissons bien. Le chapitre apprit rapidement l'élection du nouveau pape, peut-être était-elle déjà connue dès ce fameux 3 janvier. Le cardinal, accablé de dettes, ne tarda pas à suivre Joachim dans la tombe. Sans héritiers directs pour préserver sa mémoire, ce qui devait être provisoire devint définitif.

Un mort qui tombe à point

Il me fallait sortir de mes rêveries inspirées par le *Da Vinci Code* et revenir vers Darwin. Contrairement à moi, qui avais passé plusieurs nuits à en rechercher les incohérences, Darwin faisait davantage confiance aux décisions du chapitre. Il avait du mal à imaginer une sépulture provisoire, même si la croisée du transept correspondait à un homme comme Joachim du Bellay. Selon lui, le chapitre ne trompait pas, il gérait les affaires courantes avec un sens pragmatique. Entre 1560 et 1590, trois ou quatre tombes furent ajoutées dans la chapelle, en dehors de celle potentielle de Joachim du Bellay, si elle s'y trouvait. La chapelle semblait d'ailleurs déjà pleine lorsque l'abbé de Montjoye la décrivit en 1758. Si une tombe avait dû être déplacée, cela aurait naturellement été celle de Joachim, qui n'avait pas sa place à cet endroit, d'autant plus qu'à partir de 1569, date de la première inhumation suivante, le contexte avait complètement changé. Le poète avait acquis une reconnaissance posthume avec la première compilation de ses œuvres entre 1568 et 1569. Cette reconnaissance posthume n'arrangeait cependant personne. Pour les protestants, il était celui qui avait critiqué les Genevois, partisans de la Réforme, pour les catholiques, il était celui qui avait critiqué l'Église de Rome[10]. Ainsi, Jacques Grévin, qui avait rejoint la Réforme dès 1560, s'inspirait des *Antiquités de Rome* de Joachim pour écrire ses *Sonnets romains* afin d'arriver aux mêmes conclusions, à savoir que Rome n'est plus Rome, sous-entendu pour lui que l'autorité papale était dépassée et, en 1568, en guise de répression, la faculté de médecine de Paris biffa son nom des registres[11].

À la même époque, la situation à Notre-Dame se détériorait. Après cinq mois de paix, la troisième guerre de Religion (1568-1570) faisait rage. Bien que les catholiques bénéficiassent du soutien du pape, celui-ci tardait à entériner la décision du roi de France, prise le 4 mai 1568, de nommer Pierre de Gondi, évêque de Langres, protégé de Catherine de Médicis et d'origine italienne, comme évêque de Notre-Dame. Les bulles papales confirmant cette nomination ne furent accordées[12] que le 14 décembre 1569 et le nouvel évêque ne rentra à Paris que le 9 mars 1570. C'est que la famille Gondi était mal perçue par les catholiques français qui considéraient qu'ils occupaient des places qui auraient pu revenir à des nationaux[13]. La famille Gondi appréciait sûrement peu ceux qui pouvaient écrire, ou qui avaient pu écrire, que « Rome n'est plus Rome ».

En cette année 1569 les loups qui avaient entouré Joachim étaient décédés et son nom était désormais associé à sa poésie. Ses anciens conflits avec le chapitre étaient presque oubliés. La plupart de ses amis, n'ayant probablement pas pu assister à la cérémonie funéraire, avaient écrit toute une série d'épitaphes posthumes en son honneur[14]. Quant à la famille Morel, en particulier Jean de Morel, qui le considérait comme un frère et qui vécut jusqu'en 1581, elle le pleurait, imaginant pour lui un tombeau de marbre, plus noble que la lourde pierre qui le recouvrait[15]. Mais Jean de Morel, personnage influent au réseau étendu, pratiquait l'« érasmisme », une volonté d'entente qui s'exerçait de mille façons[16], ainsi il intercédait à cette époque discrètement dans différents conflits entre protestants et catholiques[17] et si le déplacement du cercueil pouvait calmer certaines tensions il ne s'y opposerait pas.

En 1569, avant l'arrivée du nouvel évêque à Notre-Dame, fallait-il retirer d'une chapelle où reposait un archidiacre de Paris un défunt qui, si une épitaphe était gravée sur sa tombe ou seulement son souvenir évoqué, aurait pu devenir encombrant pour les catholiques ? Ou Jean de Morel voulut-il faire transférer la tombe de ce « frère » vers un lieu plus approprié à son statut de poète ? Les raisons d'amitié, de recherche d'un lieu plus approprié pour un poète, voire de dissimulation pour les responsables de Notre-Dame se complétaient peut-être mais il fallait le faire discrètement. Le décès de Nicolas Prévost le 21 octobre 1569 allait leur en donner l'occasion.

Nicolas Prévost, chanoine, conseiller du roi, président de la cour du Parlement, archidiacre de Brie, demandait par testament à être inhumé près de la tombe de feu seigneur du Refuge, devant la chapelle Saint-Étienne, qui jouxte la chapelle Saint-Crépin, peut-être parce qu'il avait été conseiller du roi comme lui et chargé des finances, un titre qui valait celui de président de la cour du Parlement. Toutefois, le chapitre répond : « Et comme ce lieu [près du seigneur de Refuge] n'a pas été considéré comme étant convenable pour une inhumation, le corps a été inhumé avec cérémonies et solennités dans le petit sanctuaire [*in sacello*] des saints Crépin et Crépinien martyrs[18]. » Cette inhumation eut lieu six jours plus tard, dans un cercueil en plomb, dans la chapelle Saint-Crépin et, en 1758, sa tombe sera bien retrouvée près de celle de l'oncle de Joachim. La décision du chapitre a dû surprendre. Pour influencer une telle décision, il fallait une voix qui compte. Guillaume Raguier, archidiacre de Paris, conseiller du roi, fut vraisemblablement cette voix. C'était lui qui avait laissé courir la rumeur. Celle qui disait que Joachim pourrait prendre sa place dès les premiers mois de 1560. Rumeur qui lui avait été imposée, qu'il avait peut-être mal vécue, dont bien des chanoines savaient désormais qu'elle n'avait aucun fondement mais qui avait tout de même permis l'inhumation de Joachim près de son oncle. En tant qu'archidiacre de Paris il avait la légitimité pour s'exprimer au sujet de l'inhumation d'un autre archidiacre du diocèse, Nicolas Prévost. Il proposa comme lieu Saint-Crépin, un choix qui, selon lui, convenait beaucoup mieux. La cause était facile à défendre, Nicolas Prévost était archidiacre de Brie, l'un des trois archidiacres de l'évêché de Paris, et Louis du Bellay, l'oncle de Joachim, avait occupé la même fonction avant de devenir archidiacre de Paris et il avait été aussi conseiller au Parlement. Ce n'était pas innocent, Raguier savait exactement ce qu'il faisait et le doyen du chapitre le suivit, certainement comme il en avait l'habitude dans de telles circonstances en regardant chaque membre du conseil d'un fin sourire et en inclinant la tête. Cette décision impliquait le déplacement discret du cercueil de Joachim du Bellay car, à cette époque, on attendait de tout membre du Parlement un comportement religieux exemplaire[19] et, si être inhumé près d'un archidiacre était prestigieux, à côté de l'auteur des *Regrets* et des *Antiquités de Rome*, qui n'était même pas chanoine de Notre-Dame, ce l'était beaucoup moins*. La croisée du transept, un espace resté vide depuis des années, convenait mieux à celui qui, bien que non-chanoine, voyait sa renommée grandir, tant comme poète que dans certains milieux de la Réforme, après la publication intégrale des *Regrets*. Avec ce lieu, les quelques

* Le texte de l'abbé de Montjoye ne laisse guère de place au doute. Louis du Bellay archidiacre est entouré, d'une part, de maître Martial Gallichier, chanoine avec de très nombreux titres ecclésiastiques décédé en 1533 et, d'autre part, de Nicolas Prévost.

personnes qui se doutèrent du déplacement ne pouvaient pas s'en offusquer…

Où fut déposé le cercueil de Joachim le 3 janvier 1559 ? A-t-il été déplacé par la suite ? La question reste en suspens, dissimulée dans les secrets des chanoines de la cathédrale. Sans épouse, sans héritiers directs, avec son protecteur à l'agonie, puis face à une situation politique désastreuse, son corps semblait destiné à rester dans une tombe provisoire, à la croisée du transept. À moins qu'il n'ait été, en tant que poète reconnu, discrètement transféré bien plus tard vers un emplacement jugé plus honorable par certains, ou plus discret par d'autres, quittant ainsi la chapelle Saint-Crépin où il avait initialement été inhumé, peut-être même à la suite d'une ambiguïté liée à sa nomination prochaine au poste d'archidiacre. Ce n'est que lorsque l'incendie, l'effondrement de la flèche et la reconstruction eurent lieu que les restes du cavalier de Notre-Dame furent retrouvés. « C'est une hypothèse probable, voire très possible d'après les critères d'Interpol », me souffle Norbert, tout en s'engouffrant dans une salle d'autopsie hypermoderne, ne me laissant que son sourire, à la manière du chat du Cheshire.

J'avais suivi la fouille et étudié les ossements du cavalier. J'avais démêlé une partie du puzzle, montré que les emplacements des tombes pouvaient ne pas correspondre aux comptes rendus du chapitre, surtout en cas d'inhumation précipitée ou lorsqu'il n'y avait pas d'adéquation entre les lieux choisis et les titres des défunts. Le chapitre ne disait jamais tout. C'était parfois du silence ou une conclusion polie qui n'était pas forcément suivie. Le monde fermait les yeux. Les comptes rendus fixaient ce qu'il fallait, mais souvent l'hypocrisie s'insinuait. J'avais découvert une ou deux hypothèses possibles pour expliquer l'emplacement de la tombe de Joachim du Bellay.

Mais quelque chose manquait encore. J'avais senti comme un malaise autour de Joachim, un mélange de ressentiment et de peur, surtout quand il s'agissait de sa famille. Les du Bellay étaient encore un grand nom, ce matin du 3 janvier 1560 à Notre-Dame. Mais le soir du 3, si l'annonce de la nomination du nouveau pape était arrivée à Paris, qu'est-ce que ça changeait ?

Il fallait que je connaisse mieux Joachim, que je me rapproche de son oncle, le cardinal. Je devais m'introduire, d'une façon ou d'une autre, dans leurs vies. Ou du moins essayer de comprendre – désir prétentieux – comment ils pensaient ou du moins comment ils avaient vécu.

PARTIE IV

JOACHIM DU BELLAY OU LES OMBRES DE L'AMBITION

CHAPITRE 13

Renaissance littéraire

« Ce retour d'attention accordée au vieux poète angevin m'encourage [...] à compléter sur lui d'anciennes études. »

SAINTE-BEUVE,
« Anciens poètes français. Joachim du Bellay »,
Revue des Deux Mondes,
4 (20), 1840, p. 161-190.

Un poète populaire ?

Joachim du Bellay, un nom éphémère croisé, il y a bien longtemps au lycée, lorsque la littérature du XVIe siècle s'imposait au programme et que nous apprenions avec des camarades le trente et unième des cent quatre-vingt-onze sonnets du recueil des *Regrets* :

Heureux qui, comme Ulysse, a fait un beau voyage,
Ou comme celui-là qui conquit la toison,
Et puis est retourné, plein d'usage et raison,
Vivre entre ses parents le reste de son âge !

La lecture d'un ouvrage collectif de 2022, célébrant le cinq centième anniversaire de sa naissance, fixée par des biographes en 1522, éclaira mon interrogation du début de mes recherches sur l'ignorance publique envers cet homme et son œuvre. Rémi Poirier, dans *Pour ne pas regretter* Les Regrets[1], met en lumière la notoriété en retrait de Du Bellay par rapport à son ami Ronsard, car on n'étudie de lui que quelques poésies très connues. Aucun autre auteur, même Proust avec sa fameuse madeleine, ne semble connaître selon lui une telle réduction de son œuvre à une page, celle du trente et unième sonnet des *Regrets*. Ses poésies, plutôt que d'être savourées comme des lectures forçant à la réflexion ou à l'inspiration, sont imposées aux lycéens comme des sujets d'expérimentation académique, dénaturant la poésie en laboratoire d'intelligence artificielle pour adolescentes et adolescents soucieu(ses)x de réaliser rapidement des commentaires de texte. Du Bellay semble relégué aux marges des études littéraires. Il est devenu une relique d'archéologie littéraire exposée aux élèves dans ces musées que sont les programmes scolaires qui reprennent année après année ce qui a été transmis à leurs parents. Sa lecture par plaisir semble devenue un phénomène rare et étrange, ce qui fait de lui un auteur apparemment inutile, réservé à quelques passionnés ou aspirants agrégés de français*.

« Nos vers coulent d'une veine facile, et la foule nous lit, la Cour nous lit, assidûment. Nous écrivons pour les gens sans culture et, tout aussi bien, pour les gens cultivés[2] », écrivait Joachim du Bellay à la fin de sa vie. Cette idée d'une écriture pour les gens sans culture, et donc les écoliers, avec la généralisation du français, ainsi que l'évocation de la France et de l'Anjou renforcèrent un effet de mode autour de ses œuvres entre les

* La publication de *La Pléiade* (Huchon, 2024) pourrait être le signe d'un regain d'intérêt pour ces poètes.

années 1870, après la défaite de Sedan face à la Prusse, jusqu'à la Seconde Guerre mondiale. Ainsi pouvait-on dire à propos des auteurs de la Pléiade : « Ils se proposaient non d'imiter servilement les Anciens, mais d'enrichir la langue et les lettres françaises des dépouilles de l'Antiquité. Celle réforme intéressait donc à la fois le goût littéraire et le patriotisme[3]. » Il fallait célébrer les auteurs qui avaient défendu une certaine idée de la France tout en s'exprimant en français et non en latin, langue jugée désormais universelle dans un empire colonial français en pleine expansion et relevant finalement de la République et non de sa rivale l'Église, où la messe était toujours dite en latin.

La revendication du poète d'être lu facilement et ses accents que certains considéraient comme patriotiques firent naître la légende de Du Bellay : son enfance en Anjou, pays de la douce France, sa défense de la langue française, sa satire de la papauté dans *Les Regrets*, son amitié littéraire avec Ronsard et sa mort à sa table de travail la nuit du 1er janvier 1560. La réalité pourrait avoir été fort différente et l'histoire littéraire, comme toute histoire, fut aussi celle des historiens. Si des poèmes de Du Bellay, par leur sonorité et leurs accents, peuvent toujours s'apprécier aujourd'hui, surtout s'ils sont traduits ou translatés en français contemporain, leur compréhension ne peut être saisie que dans le contexte de son époque et il en va de même pour sa vie et les choix qu'il fit tout au long de celle-ci.

Sur le plan littéraire cette période fut très particulière. L'œuvre de Du Bellay se situe dans une époque, parfois reprise comme bien d'autres où s'exprima une effervescence littéraire ou scientifique[4], sous les termes de « république des lettres ». Pour le XVIe siècle, cette période peut être située entre la fin de vie de François Ier, décédé en 1547, figure emblématique de la Renaissance, et les guerres de Religion qui débutèrent en 1662.

Durant ce temps, l'œuvre de Joachim et celle des membres de la Pléiade qui écrivirent en même temps que lui furent une fenêtre grande ouverte sur une Europe cosmopolite qui illuminait l'esprit libre d'une époque postmédiévale. Une époque où les ecclésiastiques osaient encore écrire des poèmes érotiques, se vantant de leurs amours avec des femmes mariées, une époque vite révolue, engloutie par la rigueur du renouveau de l'Église catholique et la naissance du protestantisme. Ce fut un âge de liberté éphémère qui s'effaça en France avec la rigueur implacable des années qui débutèrent juste avant la fin du concile de Trente et la mort du roi Henri II en juillet 1559.

Henri II fut le protecteur des poètes et des écrivains, surtout de ceux qui avaient l'audace de défier l'Église, et plus encore le pape. Pour lui, l'Église gallicane, celle de France, devait être maîtresse en son propre domaine. Depuis le début du XVe siècle, sous l'influence royale, l'Église de France s'était autorisé certaines libertés face à la papauté romaine. Si le pouvoir spirituel restait aux mains du pape, c'était le roi qui nommait les évêques[5], s'assurant ainsi la mainmise sur une part significative de l'économie en désignant les bénéficiaires de ces charges lucratives. Henri II ne concédait au pape qu'un rôle spirituel et, sans hésitation, il s'en prit aux privilèges financiers de Rome. Il interdit que des revenus français soient envoyés au Vatican et refusa que ses sujets paient pour obtenir « dispenses, grâces ou autres choses quelconques[6] ».

Henri II fut ainsi le protecteur de Rabelais (1483-1553), ce moine devenu médecin et écrivain, qui suivait son roi avec ardeur. Dans *Pantagruel* – repris plus tard dans *Le Quart Livre* – et *Gargantua*, il dénonce la « papimanie », une sorte d'idolâtrie grotesque. Les aventures burlesques de ses deux géants, Pantagruel et Gargantua, ne sont qu'une suite de moqueries où prêtres, moines, honneur et vertu chrétienne sont traînés dans la boue, caricaturés, réduits au ridicule. Les sorbonnistes, érudits catholiques de Paris, étaient scandalisés : pour eux, Rabelais minait le respect dû aux choses sacrées, transformant la foi en farce. Le tumulte autour de *Pantagruel* fut tel qu'ils portèrent l'affaire jusqu'au Parlement, espérant une condamnation exemplaire. Par deux fois, le 1er mars et le 8 avril 1552, le Parlement interdit la vente du *Quart Livre*, mais Henri II protégea Rabelais. Il en alla de même pour *Les Regrets*, l'œuvre majeure de Joachim du Bellay, qui put paraître avec l'accord du roi. Mais après la mort d'Henri, Joachim perdit son protecteur et, dans les dernières semaines de sa vie, il dut endurer de sévères remontrances pour des poèmes écrits des années plus tôt.

Joachim n'avait pas vu venir le changement, non, il ne l'avait même pas entrevu, ce qui lui valut de nombreuses souffrances. Selon Gilbert Gadoffre, l'un de ses biographes, dans cette république des lettres cosmopolite, du Bellay était à la recherche « d'un absolu situé au-delà de l'amour, au-delà des institutions divines et humaines, au-delà de l'histoire. Une recherche qui persista en changeant de formes, grâce à un renouvellement interne lié à la résistance que le monde extérieur, [y compris la maladie], lui opposait ».

La querelle des langues

Mes ambitions d'une lecture exhaustive et rapide de l'œuvre dans ses versions originales furent rapidement douchées par les difficultés : sa lecture reste un challenge[7]. Du Bellay s'exprimait parfois en latin, dont il ne me restait que de vagues notions, et lorsqu'il écrivait en français, c'était dans la langue de l'époque, ce qui peut rapidement fatiguer, voire endormir un lecteur attentif d'aujourd'hui, surtout s'il tente une lecture le soir sous la couette*. L'œuvre de Du Bellay s'inscrit dans un temps où l'imprimerie évoluait, offrant une abondance de textes aux lettrés, une réalité qui n'existait pas auparavant. Le roi François Ier (1494-1547), que les élèves connaissent pour la bataille de Marignan en 1515, a, par l'édit de Villers-Cotterêts en 1539, aboli l'usage du latin dans la rédaction des textes administratifs. Dorénavant, ces écrits devaient employer le français ou la langue vulgaire, principalement parlée à Paris et autour, renforçant ainsi davantage la prééminence du pouvoir royal « car ainsi il nous plaist il estre fait ». En ce temps-là, le royaume de France ne correspondait pas à la France d'aujourd'hui ; le Nord, l'Est et le Roussillon n'en faisaient pas encore partie et chaque région avait son propre parler avec ses variantes locales.

Du Bellay s'inscrit dans cette généralisation du français, qui commençait à faire des adeptes en poésie, peut-être par opportunité comme il l'annonce aux débuts de sa carrière littéraire dans l'un de ses premiers écrits *L'Olive* : « Si je désirais me faire un nom entre les poètes grecs et les latins, je devrais y employer le reste de ma vie et (peut-être) en vain, ayant déjà passé l'âge de faire des études et me trouvant chargé d'affaires domestiques déjà assez compliquées pour dégoûter un homme qui serait plus studieux que moi[8]. » À cette époque, il étudiait à Paris au collège de Coqueret avec un peu moins d'une dizaine d'amis, jeunes, fougueux, instruits, aimant la poésie, dont Pierre de Ronsard, qui était considéré comme le plus doué d'entre eux. Ils formèrent un groupe informel que Ronsard nomma « la Brigade » et plus tard « la Pléiade ».

* Dans le présent ouvrage, j'ai présenté pour les textes et sonnets du XVIe siècle suivant les moments, soit la translation en français actuel, ce qui permet de comprendre facilement, soit pour quelques sonnets ou passages le texte initial lorsqu'il me semblait rendre une certaine « ambiance ».

Les membres de la Brigade croyaient au renouveau, ils se voyaient à l'aube d'un changement et Joachim signa seul à Paris en 1549 le premier texte d'importance de la Brigade, un manifeste intitulé *La Deffence et Illustration de la langue françoise*. La publication de l'œuvre, révolution dans le monde littéraire, constituait une agression contre les anciens mais aussi nombre de leurs contemporains, considérés par Joachim et ses amis de la Brigade comme dépassés ou un peu trop dangereux car susceptibles d'être leurs rivaux. Si le manifeste s'inspirait, voire les pillait, des devanciers français et italiens, Sperone Speroni en tête, écrivain qui avait composé en italien une série de dialogues en 1542 et 1546 et qui prônait un plein pouvoir d'expression à chaque langue, sa force vient de son ton pamphlétaire et de son souffle passionné. Pour Joachim et la Brigade, l'usage du français devait désormais rivaliser avec les langues anciennes, voire l'italien, alors la langue à la mode. *La Deffence* annonce une nouvelle ère poétique, une explosion de genres et de formes qui va s'épanouir avec Ronsard et qui chez du Bellay prendra la forme de son chef-d'œuvre publié quelque temps avant sa mort, *Les Regrets*. Avec les textes de ces auteurs, une vague de la modernité va déferler sur l'*intelligentsia* française, voire au-delà, mais elle va aussi ouvrir des voies qui jusque-là étaient inconnues et dont nous sommes les descendants.

Après des siècles d'usage du latin dans l'écriture, la transition vers le français, et plus précisément vers le français d'imprimerie, ne s'est pas réalisée facilement et ce qui suit pourrait servir de source de réflexion à tous ceux qui rencontrent des difficultés en orthographe. En effet, il fallut transposer une langue essentiellement parlée à Paris et dans ses environs en une écriture avec une syntaxe, une orthographe et des caractères d'imprimerie appropriés, dont les premiers furent les caractères fabriqués par Claude Garamond. L'alphabet était différent de l'actuel et jusqu'en 1542 la lettre « j » n'existait pas, conduisant à l'écriture de « Ioachim » plutôt que « Joachim » ; le « j » fut inventé par un imprimeur qui allongea le « i » pour le distinguer du « j » dont le son est différent[9], ce qui explique que les deux lettres se suivent désormais dans l'alphabet. Le « w » pouvait être remplacé par « uv », et le « x » et le « z » servaient parfois à indiquer le pluriel ; en imprimerie le « s » ressemblait à un « f » sans barre horizontale, et des lettres dites non fonctionnelles en français, avec l'emploi du « f » par exemple, étaient répandues, tel « efcripts » pour « écrits ». Les typographes eux-mêmes, peu habitués au français, commettaient de nombreuses erreurs, une source de frustration que Joachim du Bellay exprimait, consacrant un temps considérable à la relecture des premiers jets des imprimeurs, truffés de fautes, ce qui le poussa parfois à les laisser se débrouiller seuls !

Pour compliquer davantage la tâche du lecteur contemporain, il est à noter que certains mots ne revêtaient pas nécessairement le même sens qu'aujourd'hui ; ainsi, « brigade » signifiait simplement le rassemblement d'amis et n'avait aucune connotation militaire. La question de la syntaxe s'est avérée délicate, car la liberté dans la disposition des mots était, suivant en cela le latin, bien plus étendue qu'elle ne l'est dans le français contemporain[10], et l'emploi de la virgule assez étonnant et incompris de la plupart de ses lecteurs d'aujourd'hui. Pour l'orthographe, le passage n'a pas été sans difficulté et au moment des premiers écrits de la Brigade, elle n'intéressait pas grand monde. En 1550, Joachim du Bellay annonce ainsi au lecteur de *L'Olive* : « C'est encor' la raison pourquoy j'ay si peu curieusement regardé à l'orthographie, la voyant au jourdhuy aussi diverse qu'il y a de sortes d'ecrivains », et, en 1552, dans les *Œuvres de l'invention de l'auteur* il avoue même qu'il a laissé l'orthographe à la discrétion de l'imprimeur et qu'il a modifié certains choix qui lui semblaient un peu durs à l'oreille ! Ces dispositions n'étaient pas uniquement celles des poètes, même dans les textes notariés l'orthographe changeait considérablement, ainsi celle de Joachim du Bellay ne se stabilise qu'une fois ses premiers écrits connus, auparavant il pouvait être nommé Jouachim, quant à ses titres, des synonymes pouvaient être employés et le nom des seigneuries avait des lettres qui changeaient d'un notaire et d'un jour à l'autre. Comme pour toute réforme, il y avait des conservateurs, représentés par les anciens, en faveur d'une orthographe étymologique en référence à l'étymologie du latin, dont une partie du français découlait. D'un autre côté, il y avait des progressistes ou modernes prônant une orthographe phonétique. Du Bellay naviguait entre ces deux positions, oscillant entre les conservateurs et les modernes : « Quant à le'Orthographe, j'ay plus suyvy le commun et antiq'usaige que la Raison [...]. J'approuve et loue grandement les raisons de ceux qui le'ont voulu réformer ; mais voyant que telle nouveauté desplait autant aux doctes comme aux indoctes, j'ayme beaucoup mieux louer leur invention que de la suyvre[11]. » Il a fallu attendre la fondation de l'Académie française en 1635 par le cardinal de Richelieu, qui a chargé l'Académie de « travailler avec tout le soin et toute la diligence possible à donner des règles certaines à notre langue et à la rendre pure, éloquente et capable de traiter les arts et les sciences », pour que l'orthographe se stabilise.

Du Bellay popularisa le sonnet, une forme poétique composée en français de quatorze vers avec une alternance de rimes spécifiques. De nombreux vers font dix syllabes mais, à partir de 1555, sous l'influence de Ronsard, certains en font douze, alternant des rimes masculines et féminines. Heureusement, Joseph

Vianey, avec *Les Regrets de Du Bellay*[12], me prit par la main pour m'expliquer ces subtilités, et Henri Chamard, archéologue de la poésie, avait comparé les éditions, notant que certains poèmes pouvaient avoir été supprimés par l'auteur de certaines éditions car décasyllabiques et il ne souhaitait pas les mélanger avec d'autres en alexandrins, plus récents.

Un monde culturel commun ?

Le fonds culturel de ses sonnets est profondément marqué par des poètes italiens antérieurs et nombre d'entre eux sont imprégnés d'influences italiennes et de métaphores mythologiques, bibliques, mystiques auxquelles Joachim recourait pour exprimer le réel sous forme d'images. Elles mobilisent depuis le XIXe siècle l'incroyable érudition de quelques spécialistes afin d'en découvrir le sens caché mais aussi pour identifier les inspirations ou les modèles issus des auteurs latins tels que Virgile, Catulle, Ovide, ou italiens comme Pétrarque. C'est qu'il fallait, suivant Joachim dans *La Deffence*, désigner le nom de quelque chose par ce qui lui est propre, comme « le Père foudroyant » à la place de « Jupiter » et rechercher tous ces exemples chez les rhétoriciens grecs et latins. Ainsi, dans la première ligne du onzième sonnet des *Regrets*, Ulysse, le héros mythique qui mit dix ans à retrouver son épouse après la guerre de Troie, est évoqué. La deuxième ligne fait référence à « cestuy-là qui conquit la toison », où « cestuy-là » se réfère à Jason, un autre héros mythologique qui partit conquérir la Toison d'or, le pelage d'un bélier fabuleux, et qui connut de nombreuses aventures. Tout lettré de l'époque le reconnaissait dans cette périphrase qui laisse l'élève d'aujourd'hui interrogatif jusqu'à ce qu'il interroge Google. Un auteur contemporain aurait pu écrire « et celle-là qui conquit la

Toison », soulignant le rôle essentiel de Médée, la magicienne, dans la conquête de la Toison par Jason aidé de quatre-vingt-sept hommes pour une femme. Un détail intrigant relie Jason, étymologiquement « le guérisseur », à du Bellay, tous deux élevés en dehors de leur famille et ne réalisant pas leurs aspirations après leur retour dans leur pays.

Même les textes les plus renommés offrent une diversité d'interprétations. Les contributeurs à l'ouvrage célébrant le cinq centième anniversaire de Du Bellay[13] mettent en lumière ces diverses facettes de l'écrivain, un passeur du latin au français, évoluant entre l'Antiquité et son époque, adoptant parfois des postures ambivalentes, voire contradictoires, au sein de ses vers. Joachim avait assimilé la forme et la substance des auteurs anciens mais en les dénaturant*. Il jouait souvent sur un jeu d'antithèses, comme dans les derniers vers du « Sonnet XXXI » des *Regrets* :

> Plus mon Loire gaulois, que le Tibre latin,
> Plus mon petit Lyré, que le mont Palatin,
> Et plus que l'air marin, la douceur angevine.

En tenant compte des métaphores et des origines latines, certains poèmes, même les plus simples, sont aujourd'hui difficilement compréhensibles car le cadre de référence est souvent ambivalent. Ainsi, si les vers précédents ont été appris par de nombreux écoliers, c'est parce que les enseignantes et les enseignants considéraient qu'ils chantaient la douce France. Cependant, ces vers ont été écrits à Rome et du Bellay voulait démontrer que « Rome n'est plus Rome[14] », signifiant que la grandeur impériale romaine ne reviendrait plus, malgré ce que

* Selon la bonne doctrine de Dorat, son maître (Demerson, 1984).

pouvaient en penser les papes et certaines élites. Il ne chante donc pas uniquement la douce France qu'il regrette, mais la fin de l'idée d'une puissance triomphante, comparée à un petit bout de campagne française[15]. Il reprenait à ce propos une pensée du cardinal Jean du Bellay, qui dans l'un de ses poèmes de jeunesse évoquait le domaine de Langey dont il était originaire et dont l'un des bois « rivalise en hauteur avec l'Olympe[16] ».

Selon Gilbert Gadoffre, la société évolua si rapidement durant les guerres de Religion qu'une grande partie des codes utilisés par du Bellay étaient devenus inintelligibles dix ans après son décès[17]. Parfois, comme dans le *Songe* qui fait suite aux *Antiquitez de Rome*, il utilisait un langage codé pour critiquer ouvertement certains personnages, à condition que ses allusions soient comprises. Mais même à son époque, en 1558, un érudit confiait à Jean de Morel que malgré tous ses efforts beaucoup de choses lui avaient échappé…

CHAPITRE 14

Une œuvre et sa lecture

« Déjà notre tête se glace. »

Joachim du Bellay, *Poemata*,
« Épigramme 35 ».

Les sources et leur contexte

Dans ma quête de sens des écrits de Du Bellay, j'ai saisi que la clé de compréhension résidait dans la connaissance du contexte à l'origine des mots de l'auteur. Ainsi, lorsque dans ses *Poemata*, dans l'« Épigramme 35 », du Bellay écrit « Déjà notre tête se glace et imite les très hautes montagnes / Déjà nos tempes blanchissent d'une neige argentée[1] », tout lecteur comprend sans peine que les cheveux de ses tempes blanchissent, ce qui pour un homme qui a tout juste 30 ans renvoie peut-être à un état maladif. Pourtant, nul à ma connaissance n'a encore tenté de résoudre l'énigme que représente « notre tête se glace ». À l'époque où il écrivait ces vers, Joachim partait de Rome ou il venait d'arriver à Paris, suivi par d'éminents médecins de son temps qui devaient lui prescrire l'habituel remède des maux de tête que représentait l'application régulière de pains de glace sur le crâne. Cette glace devait venir de glacières dont on sait qu'il y en avait à Rome, des personnages célèbres, tel Ferdinand de Médicis, étaient friands de sorbets. Ils nécessitaient pour être réalisés de la glace descendue des montagnes pendant l'hiver puis stockée dans ces endroits spéciaux où on arrivait à la conserver jusqu'à l'automne suivant. De telles glacières n'existaient peut-être pas encore à Paris mais durant l'hiver et le printemps les médecins devaient utiliser la glace, voire de la neige. Il aurait donc pu écrire, en modifiant le vers, qu'il sentait « le froid de la glace », mais dans *La Deffence* il avait interdit un tel emploi qui manquait selon lui de grâce et de véhémence*. Il fallait, dit-il, remplacer une telle tournure par mille autres façons de parler – « que tu pourras mieux observer par fréquente et curieuse lecture ». Ainsi, lorsque le poète fit parvenir ces mots à son ami Jean de Morel, il lui dévoilait ses souffrances qui le contraignaient à recourir fréquemment à ce traitement.

L'exploration de ces divers aspects s'annonçait passionnante mais ardue. Il me restait ses biographes dont j'espérais qu'ils allaient me faciliter la tâche. L'érudition de certains, dont Gilbert Gadoffre, força mon admiration et m'ouvrit des voies. La biographie de référence demeure celle d'Henri Chamard en 1900, qui marque le point d'ancrage autour duquel des générations ultérieures de biographes se sont installées, oubliant de citer ou citant ses travaux de manière plus ou moins fidèle, reproduisant souvent ses données avec quelques touches personnelles. Ces ajustements demeurent énigmatiques pour le chercheur d'aujourd'hui, qui peine à discerner s'ils résultent de

* « Use donc hardiment de l'infinitif pour le nom, comme l'aller, le chanter, le vivre, le mourir ; de l'adjectif substantivé, comme le liquide des eaux, le vide de l'air, le frais des ombres, l'épais des forêts, l'enroué des cimballes, pourvu que telle manière de parler ajoute quelque grâce et véhémence, et non pas le chaud du feu, le froid de la glace, le dur du fer, et leurs semblables. »

découvertes inédites du biographe, d'idées élaborées en fonction du contexte, ou simplement d'inventions pures et simples. Je devais découvrir qu'Henri Chamard avait lui-même bénéficié de travaux bien antérieurs*. Je remontais ainsi de source en source pour m'apercevoir que la petite phrase de Jean Bodin en latin en 1596 avait été reprise, sans toujours être citée par Ballu, Chamard et beaucoup de leurs successeurs qui ignoraient pour la plupart qu'elle provenait de Bodin et que chacun y avait ajouté un détail, donnant naissance ainsi à une autre légende dont les fondements étaient plus passionnants que la légende elle-même ! Durant mes recherches, j'ai sacrifié un temps précieux à tenter de démêler les intentions cryptiques des uns et des autres et à vérifier des dates d'ouvrages de seconde main**.

Parmi les épisodes marquants qui ont ponctué ce travail, l'un s'est révélé particulièrement comique, issu de la consultation d'un site Internet au nom solennel, *Le Comptoir littéraire*, qui propose des biographies d'écrivains de toutes époques et de tous horizons. La notice consacrée à Joachim du Bellay s'étirait sur pas moins de quarante-deux pages. Même si la plupart des informations fournies semblaient familières, tirées d'ouvrages dont j'avais connaissance avec leurs éclairages et leurs inexactitudes, l'auteur introduisait cependant quelques détails inattendus, qui avaient échappé – je le croyais alors – à mes lectures. Parmi ceux-ci, une mention particulièrement intrigante attira mon

* Notamment des travaux de Camille Ballu en 1884 qui avait lui-même bénéficié de la publication des lettres de Joachim du Bellay par Pierre de Nolhac en 1883.

** De nombreuses dates données dans des ouvrages de seconde main sont inexactes – je les signalerai – certainement en raison du fait que leur lecture est parfois difficile dans certains documents d'époque, que les auteurs – y compris moi-même – n'ont pas toujours accès à la totalité des documents de la Renaissance (dont une grande partie restent encore ignorés car dispersés dans des fonds différents et pour ceux connus ils n'ont pas forcément été déchiffrés) et que dès l'époque des erreurs étaient commises dans des documents non administratifs (épitaphes par exemple) et seule leur comparaison avec les documents administratifs (actes notariés par exemple) permet de les repérer ou de les soupçonner. Mais, même dans ceux-là, il peut y avoir des erreurs comme nous le signalerons pour un acte notarié.

attention : celle de la perte des dents de Joachim, en concordance avec nos observations sur le crâne du cavalier. Après de laborieuses investigations, je décidai de contacter l'auteur par courriel pour le féliciter de son travail et lui demander l'origine de cette révélation inédite. Huit heures plus tard, sa réponse éclaira pour moins de vingt-quatre heures mon questionnement : « Monsieur, vous devez comprendre que je n'ai rien inventé ! D'ailleurs, la preuve de ce malheur survenu à Joachim du Bellay réside dans ce quatrain tiré des *Regrets* : "Joyaux de ma bouche si tôt dilapidés / Au hasard de ruines romaines si dures / Que n'y pouvait mordre angevine denture / D'un apert gentilhomme sournoisement trompé !". »

Cette réponse me plongea dans un abîme de perplexité. Comment avais-je pu méconnaître l'existence de ce mauvais sonnet qui se terminait par un point d'exclamation, rare mais qui commençait à se généraliser au XVIe siècle ? Je me replongeai alors avec attention dans l'œuvre du poète et, finalement, j'adressai dès le lendemain un nouveau courriel demandant les références précises, n'ayant trouvé aucune trace de ces vers. La réplique, prompte et cinglante, éclaira mes doutes : j'avais été berné par un pastiche grossier, un indigne canular. Je compris alors que l'auteur avait beaucoup lu et un peu inventé. Pour une fois que je pensais avoir rencontré un autre autodidacte de la recherche sur l'œuvre ! La perte de ses dents est d'ailleurs l'un des seuls maux dont ne se plaint pas Joachim du Bellay tout au long de ses écrits ; tout au plus évoque-t-il dans *La Vieille Courtisane*, « la denterelle » ou mal de dent. Cela tient sans doute au fait que la perte de la plupart de ses dents s'est produite lors de son retour de Rome à une époque où sa production littéraire ne porte pas – à l'exception de l'*Élégie à Jean Morel d'Embrun*[2] – sur des problèmes médicaux spécifiques. Pour celles tombées avant son séjour à Rome ou pendant celui-ci, il ne s'en plaint pas car il s'agissait alors d'une affection commune. Seul Ronsard, lorsqu'il évoquera quelque temps après sa mort le spectre de Du Bellay, précise à propos de la bouche du squelette qu'elle « fut sans langue et sans dens ». Si dans sa description du mort il est très conventionnel, évoquant la pourriture du cadavre et son décharnement[3], l'absence de dents sur un cadavre dont la décomposition débute est assez étonnante et pourrait renvoyer à un détail qui avait marqué ses contemporains, d'autant plus que dans ce poème « ce n'est pas Ronsard que nous entendons, mais le souvenir que Ronsard a gardé d'un ami[4] ».

Il fallait donc se pencher résolument sur les sources mais aussi sur le contexte qui seul permet de les interpréter. Les récits de la vie de Du Bellay émanent de diverses origines : ses poèmes, ses lettres, les mots écrits par ses amis, ainsi que ceux qui prononcèrent ses éloges sous forme d'épigraphe après son décès, une mode de l'époque, et, je devais le découvrir, les actes notariés où il doit décliner ses titres. Comme toute œuvre humaine, la confrontation de ces écrits, que ce soit entre eux ou avec d'autres sources, tels les cycles lunaires, comme nous le découvrirons, révèle leur nature parfois approximative. Les interprétations d'un même fait variaient, les mémoires fléchissaient, les témoignages se faisaient peu précis, imparfaits et par moments il était simplement nécessaire de rendre hommage au grand homme. Des détails jugés significatifs, recueillis çà et là, et dont je vous entretiendrai, laissent entrevoir que l'homme était très connu de son vivant, qu'il évoluait dans un cercle assez restreint et que son souvenir a persisté très longtemps. Des années après sa disparition, des anecdotes, souvent teintées de vérité, continuaient à circuler à son propos.

Retrouvailles littéraires

> « Avoir le plus souvent deux langues en la bouche. »
>
> Joachim du Bellay, *Les Regrets*, XCII.

Au fil de mes lectures, je commençais à saisir l'importance du climat général de l'époque sur l'œuvre de Joachim du Bellay. Sans connaissance particulière, je retrouvais dans certains de ses poèmes des éléments de sa vie, mais certains de ceux qui y avaient travaillé y voyaient surtout des références latines. Si pour des biographes il est le précurseur francophone de l'introspection littéraire, d'autres rejettent toute interprétation psychologique de ses œuvres, préférant y voir l'expression de traditions littéraires, certaines remontant à l'Antiquité. Cette position peut sembler étrange, comparée à celle qui refuserait à un équipage d'un navire en perdition un SOS sous prétexte que ce signal de détresse a été défini anciennement lors de la deuxième conférence de la radiotélégraphie internationale. Il se pourrait qu'il y ait ici une confusion entre le mode d'expression des émotions et les émotions elles-mêmes, ou entre le visage et le masque[5]. Il fallait donc aller plus loin et lire les textes en profondeur pour comprendre que Joachim du Bellay avait multiplié les confidences. Il parle de lui plus facilement que Ronsard ou Baïf et, selon Gilbert Gadoffre[6] qui ne tient pas compte de sa tuberculose, il se plaint même et manifeste un penchant pour la *self pity*.

Dès lors, les semaines s'écoulèrent en compagnie de Joachim. Les rares amis que je m'autorisais à voir me demandaient simplement : « Et le poète, comment va-t-il ? » Mais le travail se révélait bien plus complexe que je ne l'avais d'abord imaginé. Joachim du Bellay, après avoir suscité un intérêt entre la fin du XIXe siècle et le milieu du XXe siècle, ne captivait plus guère l'attention, même si quelques universitaires courageux, qui m'ont facilité la tâche, s'étaient lancés dans une réédition complète de ses œuvres. Google ignorait une partie de ses ouvrages, n'importe quelle question posée à ChatGPT pour savoir où se trouvait un de ses vers glané au hasard de la lecture d'un article ardu donnait comme réponse *Les Regrets*. Manifestement ceux qui avaient nourri l'algorithme ne lui avaient donné que ce recueil… Les éditions étaient nombreuses, y compris du vivant de Joachim et de l'une à l'autre des poèmes pouvaient apparaître ou disparaître. J'avais acquis pour ma fameuse tablette, pour une somme modique car il n'y avait plus de droit d'auteur à régler pour l'éditeur, les *Œuvres complètes de Du Bellay* en deux volumes. Hélas, j'avais été trompé par le titre qui aurait dû être *Choix quasi aléatoire de quelques œuvres de Joachim du Bellay sans mention de l'année d'édition*. Je découvrais aussi que la compréhension aisée de Du Bellay requiert une traduction du latin vers le français ou une translation du vieux français vers une forme plus contemporaine de la langue.

Finalement, j'eus entre les mains, pour une somme modique chez un bouquiniste l'édition critique puis sa réédition des *Œuvres poétiques de Du Bellay* en deux tomes par Henri Chamard, totalisant quatre volumes, deux de 1939 et deux de 1961. Aucun de ces livres n'avait été ouvert, les pages demeuraient intactes, non découpées. Ce moment de découverte fut une révélation. Contrairement aux éditions contemporaines, ces tomes offraient un texte d'une taille agréable, pour des yeux fatigués, et leurs notes de bas de page étaient judicieusement placées, facilitant leur compréhension. L'intérêt de découper les pages avec un simple couteau de cuisine, faute de coupe-papier dans les tiroirs familiaux, est de transformer chaque poème en une surprise. Parcourir tranquillement chacun entre deux découpages fut une expérience inoubliable. La lecture des écrits de Du Bellay semblait exiger des méthodes d'un autre temps, mais chaque geste, chaque pause, chaque lenteur, en valait la peine, dans ma quête de révélations biographiques.

Si Henri Chamard avait écrit la biographie initiale, si Gilbert Gadoffre s'était intéressé à la recherche du sacré dans l'œuvre et si nombre de biographes avaient exploré les sources latines ou autres, toutes leurs interprétations demeuraient empreintes d'un classicisme rigide, évitant tout commentaire personnel susceptible de guider le lecteur. Rares sont les allusions à l'interprétation des vers qui, pourtant, semblent offrir d'importantes indications sur sa vie personnelle et ses relations avec les femmes mais aussi avec les hommes, notamment Ronsard. Ces dernières sont principalement examinées sous l'angle de l'influence poétique et il est tout au plus mentionné une affection réelle, voire une véritable et sincère amitié entre eux[7], Ronsard et du Bellay ne cessant d'être visités l'un par l'autre au moment de l'écriture poétique[8]. Encore une fois, seule une anglophone, Janet Espiner-Scott, spécialisée en littérature qui avait fait sa thèse à Paris en 1929, osa en 1941 employer à propos de Joachim les termes de « *his sex-life* » en faisant remarquer que, s'il fallait toujours admirer le travail d'Henri Chamard, la société n'était plus en 1941 celle de 1900. Propos iconoclastes, teintés de féminisme, et elle resta ignorée.

Et Joachim ? Au fil de mes lectures, je n'avais pas développé de sympathie pour lui, demeurant plutôt un archéologue et un anthropologue qu'un biographe intéressé par l'homme. Aucun syndrome de Stockholm ne s'était emparé de moi pour ce ravisseur qui me retenait parfois jusque tard dans la nuit, enchaîné à ma table de travail. Si je reconnaissais en lui un homme exceptionnellement doué pour la poésie et parfois d'une sensibilité extrême, il ne m'était pas spécialement plaisant car trop engagé dans des réseaux de pouvoir et d'argent. Toutefois, contrairement à Joseph Vianey, qui avait fermé les yeux sur quelques propos et apprécié sa politesse, je m'amusais lorsque du Bellay devenait drôle et rabelaisien et lorsqu'il se laissait aller au satirique. Son adresse au lecteur dans *L'Olive* aurait plu à nombre d'humoristes sarcastiques : « Les écris d'un petit Magister, d'un conard, d'un badault, et autres mignons de telle farine, dont les oreilles de notre peuple sont si abreuvées, qu'elles ne veulent aujourd'hui recevoir autre chose. » Lorsque plus tard, vers la fin de sa vie dans *Les Regrets* il développe la satire envers la figure de la courtisane, les descriptions se corsent :

> Ô cuisse délicate ! et vous, jambe grossette,
> Et ce que je ne puis honnêtement nommer !

Ou encore :

> Avoir le plus souvent deux langues en la bouche,
> Des courtisanes sont les ordinaires jeux.

Et plus loin à propos des Vénitiens :

> Il fait bon voir, Magny, ces Coyons magnifiques,
> Leur superbe Arsenal, leurs vaisseaux, leur abord,
> Leur saint Marc, leur Palais, leur Realte, leur port, [...]
> Mais ce que l'on en doit le meilleur estimer,
> C'est quand ces vieux cocus vont épouser la mer,
> Dont ils sont les maris et le Turc l'adultere.

Au bout de quelques semaines, alors que mon enquête avait bien avancé, je parvins enfin à avoir sur mon bureau la traduction française des *Poemata*, recueil composé en latin durant la période romaine de Joachim du Bellay[9]. Sa lecture fut une révélation, bouleversant ma compréhension de l'œuvre. Henri Chamard avait relégué les *Poemata* au rang de curiosité anecdotique, affirmant : « Les *Poemata* sont une source précieuse pour la vie du poète... Il ne me paraît pas utile, néanmoins, d'en faire une étude d'ensemble. » Ayant moi-même tenté de suivre les différentes éditions des œuvres et les travaux des biographes, je saisis les propos de Chamard, énoncés à l'aube du XXe siècle. De nombreuses interrogations parsemaient mes notes, explorant diverses facettes de l'existence du poète, et c'étaient les *Poemata* qui y apportaient des réponses. C'était là, semblait-il, le fond des propos d'Henri Chamard, mais il y avait aussi entre ces lignes l'avertissement de l'universitaire de la fin du XIXe siècle : « Évitons de nous aventurer trop avant dans l'analyse des *Poemata*, de peur que nous soyons contraints de revisiter notre perception du poète et de nous engager dans des pensées qu'il serait préférable de laisser inexplorées. » À Rome, du Bellay avait, semble-t-il, divisé son œuvre romaine en deux segments distincts : l'un, en français, abritant notamment *Les Regrets*, qui dévoilait par bribes sa vie, sa perception des femmes et des hommes ; l'autre, dans les *Poemata*, où il se faisait plus explicite, esquissant parfois des prémices de ce qu'il écrivait par ailleurs : « Heureux celui qui vit du lopin paternel, et qui ne recherche pas avidement les richesses qui font trembler. Cet homme-là, une vie tranquille et sûre le retient et l'arrache à des milliers de puérils. » Si certaines parties des *Poemata* sont parfois plus policées que celles des *Regrets*, je ne pouvais plus suivre un auteur qui, il y a trente ans, trouvait du Bellay élégant, poli, amoureux et nostalgique : le beau-fils idéal des beaux quartiers. Il était plus étonnant.

CHAPITRE 15

Son entourage, « *his sex-life** »

« Toi qui naguère étais la moitié de mon âme. »

Joachim DU BELLAY, *Élégies*, IX, *Poemata*.

Famille, amis, femme aux jeux effrontés

Dès son jeune âge, Joachim du Bellay se trouva orphelin et ses relations avec sa famille furent souvent marquées par des tensions. Entouré d'amis et d'ennemis, il mena une vie dont les détails quotidiens nous échappent en grande partie, comme c'est le cas pour de nombreux de ses proches. Après la mort de son frère Guillaume de Langey en 1543, le cardinal Jean du Bellay devint le chef de la famille[1]. C'était un protecteur des arts, un mécène des lettres qui aimait la satire et la poésie et qui, après son frère le seigneur de Langey, eut Rabelais pour médecin et secrétaire. Il était en privé d'une humeur exquise, il pratiquait l'autodérision et il réservait à tous des plaisanteries mordantes et des lettres souvent elliptiques. Toutefois, les nombreux cousins germains de Joachim nous restent en grande partie inconnus.

---

* Voir chapitre 14.

Vers la fin de sa vie, il reçut néanmoins une lettre d'un « cher cousin », Jacques du Bellay, dont l'importance au sein de la famille venait de son mariage avec une fille de Guillaume de Langey, frère du cardinal et très apprécié de lui. Jacques lui confie qu'il vient de recevoir une lettre de son frère, Eustache du Bellay, évêque de Notre-Dame, qui, à son âge, n'arrive plus à tolérer Joachim qui cherche à lui imposer sa loi, voulant révoquer des vicaires qu'il avait nommés, un acte qu'il ne pourrait accepter que du cardinal. Le « cher cousin » se dit prêt à traverser les montagnes pour aller dénoncer, en face, les excès de Joachim à Jean du Bellay. Il n'est d'ailleurs pas impossible que ce soit à la suite de ces courriers que Joachim fut révoqué, comme nous le verrons, de son rôle de représentant du cardinal[2].

Il faut nous intéresser aux actes notariés pour avoir un aperçu de la vie quotidienne car l'époque était à la célébration de la virilité masculine et des passions amoureuses, laissant peu de place aux récits de la vie ordinaire. Seules figures féminines des écrits de Du Bellay : les amantes, supposées ou réelles ; tandis que les parentes n'apparaissent pas. C'est dans des moments de crise, lorsqu'elles sont appelées à soutenir la famille, que l'on retrouve leurs traces dans des documents administratifs. À la fin de sa vie, le 5 décembre 1559, alité et nécessitant une aide quotidienne pour ses besoins les plus élémentaires, il signe un acte notarié en compagnie de sa sœur Catherine afin de recevoir six cents livres de rente[3] à se partager*. C'est aussi l'une des sœurs du cardinal du Bellay qui s'occupera des dispositions funéraires et de l'organisation de ses obsèques. Ainsi, les femmes de la famille étaient présentes aux moments les plus critiques de sa vie et il devait fréquenter des cousins et cousines.

* Sa sœur n'habitait pas Paris et elle aurait pu se faire représenter (fréquent dans les actes notariés pour de nombreuses personnes).

Au-delà de ces figures féminines dont l'histoire nous reste obscure, son cercle intime était constitué d'amis fidèles, parmi lesquels les membres de la Brigade occupaient une place particulière, surtout avant son départ pour Rome. Pour ces poètes, si leurs œuvres sont érigées en éloges amoureux de la femme et en rhapsodies sur le désir, elles finissent par témoigner d'une confusion identitaire[4]. Si ces hommes décrivent un amour passionné pour une femme, oscillant entre le désir le plus charnel et les sentiments les plus nobles, on ignore parfois si ces sentiments ont été pleinement réalisés. Les interprétations des biographes semblent davantage dépendre de leurs formations et de leurs idées que de la réalité quotidienne des poètes. Ainsi, dans *L'Olive*, premier recueil amoureux de Du Bellay qui fait suite en 1549 à *La Deffence*, il ne célébrerait pas seulement un corps féminin, mais la beauté idéale qui en émane et qu'il reflète. Olive serait alors moins le nom d'une femme que celui d'un idéal de vie et d'écriture[5]. Pour un auteur d'obédience chrétienne *L'Olive* s'achèverait sur l'évocation du pénitent tourné vers le Christ en croix, qui « a purgé [nos] péchés de son sang[6] ». Il ne s'agit toutefois que du « Sonnet CVII », alors qu'au « Sonnet CXV », le dernier, une autrice s'étonne que « le poète tende la main non pas à sa belle, mais à Ronsard[7] ».

Pourtant, lorsqu'il était à Rome, aucun doute ne subsiste quant à ses relations avec Faustine, une femme mariée : « Soit plus encore que tu tâtes ses seins jumeaux que Cupidon fit de ses propres mains, et que tu connaisses ces joies que nous avons connues, transporté de bonheur, et pas une seule nuit, tandis qu'elle me caressait et me réchauffait dans ses bras souples, tandis qu'elle murmurait et chuchotait doucement, tandis que sa langue vibrait, et que par des techniques variées elle se livrait à des jeux effrontés[8]. » C'est qu'il désire des baisers à l'italienne et pas à la française, comme ceux entre frères et sœurs[9]. Les auteurs du milieu du XXe siècle[10] se cachaient les yeux face à ces écrits, reconnaissant au mieux que « si du Bellay raconte une vie pleine de vices, la finesse angevine l'a préservé de la grossièreté de Rabelais et du cynisme de l'Arétin ». Contemporain de Joachim, ce dernier auteur fut l'un de ses précurseurs, notamment par ses critiques acerbes de la vie romaine dans ses satires. Il rédigea également seize sonnets érotiques illustrant des gravures intitulées « Les seize postures », souvent considérées comme une version Renaissance du Kamasutra.

Des hommes aimés

Il est remarquable de constater que ces poètes de la Pléiade produisent des écrits qui suggèrent qu'ils entretenaient des relations amicales plus étroites avec des hommes qu'avec des concubines ou des amantes, ce qui pourrait relever davantage de l'homosociabilité que de l'homosexualité. Quelques chercheurs ont toutefois fait preuve d'audace en explorant ce domaine autrefois tabou, tout en soulignant l'importance de la prudence dans l'approche d'un tel sujet dont les méthodes d'analyse risquent de renvoyer à une conception contemporaine de l'homosexualité qui n'existait pas à l'époque[11]. D'ailleurs, elle ne pouvait être exprimée clairement sous peine de finir au bûcher pour accusation de sodomie bien que, comme pour l'adultère, la société française semblât assez libre. Toutefois Ronsard sur la fin de sa vie, vers 1580, tint des propos homophobes à propos du roi Henri III, qui aimait les femmes et son épouse, mais qui aimait aussi ses mignons. Il ne lui en voulait pas tant pour son homosexualité entre adultes consentants, mais pour cette façon d'assujettir des jeunes gens, en agitant la menace de les couper de ressources.

> Le Roi, comme l'on dit, accole, baise et lèche
> De ses poupins mignons le teint frais nuit et jour.
> Eux, pour avoir argent, lui prêtent tour à tour
> Leurs fessiers rebondis et endurent la brèche.

Trente ans auparavant, à l'époque de Du Bellay et de Ronsard, le roi Henri II conviait régulièrement le duc Anne de Montmorency dans sa chambre, sans que cela n'ait jamais suscité de réprobation. Dans ses courriers il l'appelait « Mon compère » et il lui écrivait, alors qu'il avait été fait prisonnier : « Je vous prie de croire que vous êtes la personne en ce monde que j'aime le plus et pour cela je ne saurais rien vous offrir, car mon cœur vous appartient déjà[12]. » Cependant, après le concile de Trente et dans le contexte des guerres de Religion, de 1562 à 1598, cette pratique fut désavouée et les mignons devinrent des cibles privilégiées, dans le but de porter atteinte au roi lui-même[13] et Ronsard suivit.

Joachim du Bellay semble s'être aventuré avec prudence sur la voie des moqueries homophobes à propos d'un noble sur lequel couraient des rumeurs ; toutefois son propos était si allusif que seuls des initiés pouvaient comprendre. Il évoque une ardeur « dénaturée », celle qui ne correspond pas aux désirs de la Nature et qui transgresse les « lois » de Vénus, même si « cette Vénus à la sexualité joyeusement libérée semble même incarner les lois d'une modération qui n'est guère incompatible avec la jouissance charnelle[14] ».

Sur la base de leurs écrits, jusqu'à présent, Ronsard et du Bellay ont donc été peints par leurs biographes comme des amants passionnés, des jouisseurs virils, voire pour Ronsard empreint d'homophobie vers la fin de sa vie. Pourtant, la nature de leurs relations entre eux semble n'avoir jamais été envisagée que sur un plan littéraire ou sur celle de l'amitié fraternelle. Cette approche me laisse songeur pour moi qui ai vu bien des amis faire leur *coming out* et bien des femmes adhérer au mouvement #MeToo. Dès 1559, l'un de leurs détracteurs, qui ne les cite pas expressément mais qui donne bien des détails permettant de reconnaître les auteurs de la Pléiade, dénonce leur bisexualité : « Et sans alléger leurs faits particuliers, ne sont-ils pas tous homicides d'une infinité d'âmes qu'ils ont débauchés tant d'hommes que de femmes, desquels ils ont séduit les chastes cœurs par le poison de leurs traîtres et capiteux hameçons[15]. » Seul l'un des ecclésiastiques qui s'est le plus intéressé à Joachim, l'abbé Bourdeaut en 1912, signale poliment mais sans ambiguïté, non pas à propos de Ronsard mais à propos de l'un des Angevins avec lesquels Joachim « entretint les relations les plus intimes » qu'il était « un membre du clergé, Claude de Bizet », et l'abbé poursuit en écrivant que lorsque Joachim mourut, ce ne fut pas comme certains purent l'écrire « par hasard et fortuitement dans la demeure d'un compatriote » ; mais bien parce qu'ils vivaient ensemble et que tous leurs biens étaient mis en commun entre intimes[16].

Joachim du Bellay a traversé de nombreuses années de sa jeunesse aux côtés de ses camarades du collège de Coqueret. Il a rendu son dernier souffle dans l'enceinte du cloître Notre-Dame, un sanctuaire théoriquement interdit aux femmes, partagé avec l'un de ses plus fidèles compagnons. Tout au long de sa vie, il semblerait qu'il ait eu deux amis particulièrement proches, amis dont il a facilité l'ascension : Pierre de Ronsard et Claude de Bizet. Tous deux se virent confier certaines de ses affaires lorsqu'il partit pour Rome. Ronsard, lointain parent, obtint rapidement une prébende grâce au cardinal dès l'arrivée de Joachim à Rome et, à la mort de ce dernier, il fut pourvu dès 1560 de sa prébende canoniale et de son titre d'archidiacre* de la cathédrale Saint-Julien du Mans[17]. Quant à Claude de Bizet, ami proche de la famille du Bellay, il dut lui aussi ses premiers avancements à la faveur du cardinal et Joachim le fit nommer grand chantre de Notre-Dame lors de son retour en France. Certains des écrits de Joachim du Bellay à l'égard de Claude de Bizet pourraient, en d'autres lieux et à d'autres moments, témoigner d'expériences intimes :

> Et souvent les bâtards sont les plus généreux,
> Pour être au jeu d'amour l'homme plus vigoureux,
> D'autant que le plaisir lui est plus agréable[18].

Dans le sonnet qui fait suite à celui-là[19], les révélations sont encore plus étonnantes lorsque l'on apprend qu'Orphée ayant repoussé les femmes, « l'amour d'Orphée » se traduit par « amour homosexuel[20] » :

> Mais j'ay bien quelque chose encore plus mordante,
> Et quoy ? l'amour d'Orphée ? et que tu ne sceus oncq
> Que c'est de croire en Dieu ? non. Quel vice est-ce donc ?

Avec Ronsard, les mots sont plus doux, quasi amoureux : « Ne t'esbahis Ronsard, la moitié de mon ame[21] », car le lien

* Si le titre d'archidiacre était essentiellement honorifique, la prébende de chanoine était particulièrement intéressante (Froger, 1881, p. 194-195 : « Le revenu lui permettait pourtant de faire bonne figure au milieu de ses amis. » Le « pourtant » vient du fait que ni lui ni Ronsard n'allèrent jamais au Mans !). Par ailleurs, le règlement du chapitre était très strict sur les présences (Bellée, 1875, p. 27) mais, contrairement aux autres chanoines, pour Joachim puis pour Ronsard, leur présence n'était pas nécessaire pour toucher la prébende, ce qui était noté dans leur acte d'intronisation (Froger, 1881, p. 194-195).

est particulier, même s'il n'est pas totalement rendu public, un sonnet où il proclame ouvertement son amour n'ayant été publié que huit ans après son décès[22] :

Doncques, Ronsard, un vulgaire lien
N'enchaine pas ton cœur avec le mien :
Des graces fut-elle amour commencee
Amour vraiment ouvrage de Pallas,
Et du Herault, facond neveu d'Athlas,
Qui tient mon ame à la tienne enlaçee*.

Ronsard avait pris soin de Joachim lors de sa première grave attaque de la tuberculose au collège de Coqueret mais, alors que du Bellay est à Rome, les relations entre les amis semblent se dégrader. On sent même une pointe de jalousie chez du Bellay qui lui demande d'abandonner ses amours féminines pour écrire des vers héroïques sur les combats entre hommes[23] : « Laisse donc à Vénus ses larmes et ses jeux : ta lyre, réellement, est mieux faite pour les combats. » Joachim s'ennuie de lui, cela fait trois ans qu'il est absent et il l'assure que ce n'est pas le joug amoureux qui le retient à Rome et que, s'il est obligé de le trahir en parlant latin, c'est qu'il se morfond et qu'il faut bien qu'il se fasse entendre de ceux qui l'entourent[24]. Puis il sent que les relations se distendent.

Dans ce cas aussi, en d'autres lieux et en d'autres temps, un biographe certifierait que son amour éclate au grand jour,

* Ce poème suggère comment les débuts de l'amour furent empreints de grâce et de beauté, comment cet amour fut le résultat de la sagesse et de la poésie – « ouvrage de Pallas : terme qui renvoie à la déesse Athéna, déesse de la sagesse et des beaux-arts » –, et d'un lien envoyé par les dieux – le neveu d'Athlas est Mercure. Le dernier vers souligne bien évidemment la force du lien amoureux qui unit ces deux hommes. Une polysémie de sens est possible, l'amour du héraut étant celui de Mercure qui eut des relations avec des déesses et dont l'un des enfants fut Hermaphrodite.

d'autant plus que le texte suivant, écrit en latin, serait une provocation pour lui faire part des secrètes déceptions de son cœur : « Muses, délices de mon compagnon qui m'aimait plus que ses yeux, que moi j'aimais plus que mes yeux, ou que toute chose qu'on puisse aimer plus que ses yeux, quelle raison y a-t-il pour que, tout à coup, je sois si bien sorti de l'esprit de mon compagnon qu'il ne m'envoie pas même un petit vers, alors que, ces temps-ci je lui ai envoyé tant de petits ouvrages ? Est-ce ainsi que se souvient de nous le bon compagnon qui m'aimait plus que ses yeux, ou que toute chose qu'on puisse aimer plus que ses yeux ? Mais à lui, puisqu'il s'obstine à se taire et ne se souvient plus de son compagnon, emportez de ma part ce message : désormais, plus d'hendécasyllabes de moi, mais qu'il attende plutôt – car ma Muse est furieuse – des vers plus cruels que ceux d'Archiloque[25]. » Puis c'est la rupture : « Toi qui naguère étais la moitié de mon âme[26]. »

En fin de compte, nous ne saurons jamais qui furent ces deux amis percés des mêmes blessures, même s'il était tentant d'y reconnaître du Bellay et Ronsard[27] : « Ceux qui n'avaient naguère qu'un seul cœur, qu'ont joint les études, l'amour, qui avaient même intelligence, même beauté, dans un même foyer, dans une même demeure, à tel point que l'on pouvait croire que deux âmes étaient enfermées dans un même corps, ou que dans deux corps étaient enfermés un même esprit, les mêmes blessures les ont tuées en même temps : chacun défendait intrépidement la vie de l'autre, car chacun pensait que sa vie était celle de son ami. De la même manière leurs cendres sont mêlées. »

Cette rupture à Rome avec Ronsard dut être douloureuse et elle ne fut peut-être pas étrangère aux problèmes que connut Joachim par la suite. En effet, il se rapprocha à Rome d'un certain Breton. Un homme capable d'écrire avec talent dans plusieurs langues, un bon compagnon toujours prompt à la plaisanterie, si paresseux qu'il en contaminait Joachim qui l'accueillit dans sa chambre pendant quatre mois et qui perdit avec lui toute prudence. Il l'expliqua au cardinal dans une lettre écrite dans le cloître de Notre-Dame quelques mois avant sa mort « mais Breton, écrivain que de ce temps-là je tenais avec moi en faisait des copies secrètement, lesquelles (comme je découvris depuis) il vendait aux gentilshommes français qui pour lors étaient à Rome, et monsieur de Saint-Ferme même fut le premier qui m'en avertit. Or, étant de retour en France, je fus tout ébahi que j'en trouvais une infinité de copies tant à Lyon qu'à Paris[28] ». Il avait été trahi, dit-il, par celui avec lequel il partageait sa chambre, ses secrets, et le chapitre de Notre-Dame fera de ce Breton un chanoine alors que du Bellay vivait avec Claude de Bizet !

Ronsard, dans ses *Odes*, célèbre fréquemment l'amitié profonde qui le lie à du Bellay : « Amy, que sans tache d'envie, / J'aimay quand je vivois comme ma propre vie[29] » et il évoque, l'« alliance / De corps et d'âme entre nous[30] », une formule qui interroge le lecteur contemporain, même si en 2011 pour une autrice cette alliance de corps ne serait que leur surdité commune[31]. Bien que les biographes aient rapidement discerné les liens intimes entre les deux poètes, certains évoquant même la « présence obsédante de Ronsard » dans les *Antiquités*, ils se sont refusés à y voir plus qu'une simple « correspondance poétique[32] ». Cette amitié littéraire, bien que déterminante, n'aurait jamais franchi le seuil de l'art, ce rapport entre du Bellay et Ronsard aurait essentiellement procédé d'une construction poétique[33], j'ajouterai, malgré les crises et jalousies qu'elle a pu susciter. Ces relations d'homosociabilité furent pourtant essentielles à du Bellay, lui offrant réconfort et inspiration. Ronsard et Bizet furent ses compagnons fidèles durant les sombres périodes de sa méningite chronique.

Lorsque Joachim revint à Paris, son histoire avec Ronsard était terminée, et les écrits romains sont sans ambiguïté à ce sujet. Les liens avec les amis de la Pléiade s'étaient défaits, effilochés par les années, les relations et les évolutions de style littéraire. Ronsard, pourtant, le revit sur la fin ; il gardait en mémoire l'image de l'être aimé souffrant : le spectre, le sujet amaigri, la bouche vide de dents. À la mort de Joachim, sa prébende de chanoine et son titre d'archidiacre de la cathédrale du Mans furent laissés aux mains des administrateurs du diocèse. Depuis 1556, la collation de l'évêché revenait à Jean du Bellay, bien qu'il ait déjà désigné un successeur. Le 16 juin 1560, Ronsard reçut ces charges, naturellement[34]. Pourtant Joachim ne semble pas avoir laissé de testament, mais des dispositions avaient été prises, une manière de faire en sorte que Ronsard succède à celui qu'il avait tant aimé.

Dès le décès de Joachim du Bellay, Ronsard modifia le titre de l'un de ses sonnets, « De la convalescence d'un sien ami », en « De la convalescence de Joachim du Bellay ». Ce geste symbolique lui permit d'exprimer la nature de leur relation et, dans un poème célèbre évoquant sa mémoire[35], il affirma également que leur amitié avait pris fin.

> Trois fois je le voulois comme en songe embrasser,
> Et trois fois s'enfuyant ne se voulut laisser
> Presser entre mes bras.

Ces relations avec Ronsard, que bien des biographes ont jugées littéraires, relevant d'un compagnonnage poétique, ou au mieux de rapports affectueux, devaient faire jaser et Joachim y répondait avec humour :

Laissons donc, je te prie, laissons causer ces sots,
Et ces petits galants, qui, ne sachant que dire,
Disent, voyant Ronsard et Bellay s'entr'écrire,
Que ce sont deux mulets qui se grattent le dos.

Nos louanges, Ronsard, ne font tort à personne :
Et quelle loi défend que l'un à l'autre en donne,
Si les amis entre eux des présents se font bien[36] ?

CHAPITRE 16

Et finalement un homme de lettres

« Il y eut la clarté. Il y eut l'énigme. »

Michel DEGUY,
Tombeau de Du Bellay, 1973.

Les du Bellay : un clan solidaire

Joachim du Bellay était un noble, cadet d'une modeste branche d'une grande famille de la Renaissance. Alors qu'il était jeune adulte il est simplement désigné sur un acte notarié « come Escuyer, seigneur de la Piere Genetoust et de la Mestayrie de la Naulerye », de très modestes possessions angevines. Toutefois, sa famille, les du Bellay, relevait du premier cercle royal puis papal. Joachim naît dans un monde aristocratique issu d'une société chevaleresque avec un code d'honneur strict. Les titres se transmettaient de père en fils, et l'on devenait soit soldat, soit ecclésiastique. Cette transmission des titres et la prééminence familiale firent qu'une fois adulte Joachim fut révulsé lors de son séjour à Rome en découvrant une société de marchands et de banquiers où des gens du peuple pouvaient devenir de grands seigneurs de l'Église[1].

Même si Joachim du Bellay appartenait à une branche modeste de la famille du Bellay, cette famille jouissait d'un grand renom dans tout le royaume. Ainsi, dès ses débuts comme poète, Joachim n'était pas un inconnu ; en 1548 il entame un échange de sonnets avec la sœur de François Ier, la future reine de Navarre et grand-mère d'Henri IV. Cette dernière lui répond par un sonnet qui démontre l'importance de sa famille :

Mais qu'un Bellay ait daigné de l'écrire,
Je me teins plus contente du tiers... :
Qu'on puisse voir mon nom en vos papiers[2].

C'est que son père avait pour cousins germains six frères qui marquèrent l'histoire de France, notamment le cardinal Jean du Bellay, un homme politique et de lettres influent, ainsi que des hommes que nous avons déjà entrevus à propos de leurs tombes, René du Bellay, évêque du Mans, Guillaume du Bellay, connu sous le nom de Guillaume de Langey, et son frère Martin. Guillaume et Martin, ainsi que deux autres de leurs frères, étaient parmi les plus valeureux capitaines de François Ier. Lors du décès de Guillaume en 1543* Charles Quint déclara qu'il avait causé plus de tort qu'une armée entière.

Joachim fut le troisième fils de ses parents**. Né à Liré en Anjou, probablement au château fort de la Turmelière, devenu un manoir de la Renaissance, il est orphelin dès son jeune âge. Peut-être fut-il tonsuré dès cette époque, comme c'était courant pour les orphelins[3] ; il était en effet connu à Notre-Dame comme clerc du diocèse de Nantes***.

---

* Embaumé, Guillaume fut ramené au Mans comme nous l'avons déjà décrit.
** Bourdeaut, 1912, p. 51, mais c'est non assuré, Joachim pourrait être le deuxième.
*** Goujet, 1748, p. 118. Né à Liré, terre angevine pour le temporel, mais bretonne pour le spirituel.

Quand les parents de Joachim disparurent, le clan du Bellay dut s'organiser. Joachim pouvait compter sur ses titres et sur sa famille dont il allait se rapprocher, ce qui était naturel pour un orphelin pris en charge et conseillé par ses proches, notamment tous ses oncles. En tant que cadet, il ne pouvait espérer vivre de ses terres, qui revenaient de droit à son frère aîné. Il lui restait donc le choix entre la vie militaire et la vie ecclésiastique. Si des signes de maladie apparaissaient et qu'on le jugeait chétif, la vie ecclésiastique deviendrait un passage obligé. Il semblait naturel, selon les habitudes de l'époque, qu'il soit recueilli par un oncle paternel.

Son père avait trois frères : l'un, semble-t-il, trop jeune pour adopter des enfants, un autre religieux dans un couvent, et le troisième, Louis du Bellay[4], devenu très jeune archidiacre de Paris grâce à un oncle évêque de Notre-Dame qui l'avait élevé. Il passait la majeure partie de son temps au chapitre de la cathédrale[5], où, en plus de ses nombreuses charges, il était proviseur de la Sorbonne. L'aîné de Joachim devait hériter du domaine paternel de Gonnor et resta certainement en Anjou. Sa sœur fut mariée en 1545 et nous n'avons pas d'indication sur son enfance. Il semblait naturel qu'au moins les deux cadets fussent placés à Paris chez cet oncle, qui leur donna les bases d'une solide éducation et les introduisit dans la carrière ecclésiastique. C'est ce qui expliquerait que, à son arrivée à l'université de Poitiers vers l'âge de 20 ans, il lisait et écrivait couramment, connaissait au moins les rudiments du latin[6] et s'était déjà imprégné de poésie et de lecture ; cela expliquerait aussi, comme nous l'avons déjà vu, la volonté de sa famille de le faire inhumer près de cet oncle.

Peu avant de quitter ce monde, Joachim se plaint d'avoir été confié à la tutelle de son frère aîné, qui, selon lui, l'aurait laissé dans l'ignorance. Cette plainte est à mettre en lien avec une carrière qui, pour lui, ne suscitait que des regrets, surtout en comparaison des fonctions de ceux qu'il admirait : le cardinal et son frère, le seigneur de Langey, qui avaient, dès leur enfance, bénéficié des meilleurs maîtres[7]. Quoi qu'il en soit, il dut, à un moment ou à un autre, retourner chez son frère, soit pendant son adolescence ou à sa majorité, soit après le décès de son oncle en 1541[8].

Une carrière contrariée

Avant que la maladie ne fasse de lui l'homme chétif qu'il décrit, on comprend qu'il ne souhaitait pas, comme son frère, suivre la carrière suggérée par l'archidiacre de Paris. Il aspirait plutôt à une carrière militaire à la Cour, qui aurait pu lui épargner bien des tourments domestiques au cours de sa vie :

> Non, l'esprit n'était pas prêt pour des études plus graves,
> Celui qui pouvait suivre la Cour et la vie militaire,
> Et il était cher à mon cœur, pas complètement inutile avec les armes,
> Main droite, tant que la jeunesse verte était un spectacle. [...]
> Ces éperons auraient pu être pour moi comme les trophées de Miltiade,
> Ces incitations, les plus grandes dans mon esprit[9].

Le vers « Non, l'esprit n'était pas prêt pour des études plus graves » confirme que, destiné à une carrière ecclésiastique et aux études qui l'accompagnaient, son retour en Anjou chez son frère aîné ne fut peut-être pas pour lui déplaire. Toutefois, cet abandon des armes lui posait encore question en 1549 quand il s'adressait *Au lecteur* aux débuts de *L'Olive* : « Je me suis volontiers appliqué à notre poésie : excité et de mon propre naturel, et par l'exemple de plusieurs gentils esprits français, mêmes de ma profession, qui ne dédaignent point manier et l'épée et la plume, contre la fausse persuasion de ceux qui pensent tel exercice de lettres déroger à l'état de noblesse. » Joachim du Bellay affirme dans le même texte son amour pour la poésie, mais nuance son propos en précisant que si la fortune lui offrait une autre occupation pour son esprit, il s'en retirerait.

Les premières certitudes sur Joachim du Bellay apparaissent en 1545*, alors proche de 20 ans, lorsqu'il s'inscrivit à l'université de Poitiers pour y faire son droit. Il ne cherchait pas à obtenir directement une charge religieuse, mais s'il faisait du droit c'était certainement afin de pouvoir s'engager dans une carrière où il pourrait gérer des domaines ecclésiastiques et on pense immédiatement à ceux de son oncle le cardinal Jean du Bellay, figure capable d'assurer le devenir d'un gentilhomme et de ses proches. L'université de Poitiers était réputée, des frères de son grand-père avaient été religieux dans la ville quelques décennies auparavant et la famille y avait peut-être encore des contacts, mais le choix étonne. Toutefois, à Paris la peste sévissait** et son oncle Louis du Bellay, l'archidiacre de Notre-Dame qui l'avait certainement élevé, était décédé quatre ans plus tôt, un autre oncle à la mode de Bretagne, le fameux seigneur de Langey était décédé deux ans auparavant et si Joachim avait encore quelques prétentions militaires, il perdait avec son décès un exemple et un solide soutien familial dans le domaine des armées. À la suite du décès du seigneur de Langey, son frère le cardinal Jean du Bellay

* L'abbé Bourdeaut en 1912 donne cette année 1545 comme celle du mariage de sa sœur et du décès de son frère cadet, chanoine de Notre-Dame, qui serait mort de la peste à Paris fin août. S'il semble bien (recherches Darwin Smith) qu'un chanoine est mort de la peste début septembre 1545, ce frère n'est pas retrouvé dans les registres du chapitre. En revanche, d'après la comparaison d'actes notariés (Jurgens, 1985), il serait décédé entre juin 1549 et fin mars 1551.

** Après la grande peste de 1348, il y eut régulièrement des épidémies jusqu'en 1570.

était devenu le chef du clan dans une famille où la promotion des cadets relevait d'une longue tradition[10] et s'il n'était guère présent à Paris, car chargé de nombreuses missions en Europe, il n'oublierait pas Joachim.

À l'université, Joachim semble avoir fait preuve d'une grande capacité de travail et « s'il eut suivi cette noble profession, je ne fais point de doute qu'il n'eût tenu un rang fort honorable parmi les plus grands jurisconsultes de son siècle[11] ». Deux ans plus tard, peut-être à l'incitation de Jacques Peletier ou de Ronsard, dont la légende dit qu'il l'avait rencontré entre-temps dans une auberge, il part pour Paris, ville qu'il connaissait bien, au collège de Coqueret sur la montagne Sainte-Geneviève, collège très réputé qui préparait à la médecine mais aussi aux lettres. Il vivait alors modestement rue Jehan-Tizon dans le quartier du Louvre[12]. L'un des maîtres du collège était Jean Dorat, qui avait été le précepteur de Ronsard et qui désormais enseignait le latin et le grec. Ce virage vers les études littéraires puis la poésie n'a pas manqué de surprendre nombre de ses biographes, même s'il avait commencé à s'y exercer à Poitiers. Selon eux, l'amitié de Ronsard servit peut-être d'élément déclencheur ; quant à Jean Dorat, professeur vénéré et respecté, ses enseignements initièrent Joachim à la lecture des maîtres latins et italiens, source d'inspiration féconde pour le poète en devenir.

En fait, l'époque était à l'écriture de la poésie ; François Ier et la reine de Navarre composaient et même si leurs écrits n'étaient pas destinés à l'impression, ils circulaient en manuscrits. Il existait toute une création poétique en néolatin par des auteurs non professionnels, souvent liés au milieu des juristes – Joachim était l'un d'eux – et des serviteurs de l'État[13]. Par ailleurs, Joachim du Bellay avait eu comme exemples, voire comme mentors, ses deux « oncles », le seigneur de Langey, et le cardinal Jean du Bellay. À leur époque, ils incarnaient des idéaux, du parfait homme de guerre pour le premier, du parfait ecclésiastique pour le second et en même temps de parfaits hommes d'État mais aussi de lettres. Le seigneur de Langey avait écrit dès ses 18 ans un premier poème avant d'abandonner les vers au profit d'une vaste chronique des guerres de son temps[14]. Il fut l'un des premiers grands historiens français, au sens contemporain du terme. Ses *Mémoires*, écrites avec son frère Martin à la suite de la disparition d'une partie de ses manuscrits lors de son décès et de la négligence de son médecin Rabelais*, relatent le règne de François Ier. Le cardinal, figure de premier plan de la cour de France depuis 1533, commença à composer tout aussi jeune que son frère et il le fit en latin tout au long de sa vie, tout en diversifiant sa production. Le jeune ecclésiastique qu'il était en 1520 tout comme le conseiller royal des années 1540 mania la satire politique tout en soutenant son roi et il devint trente ans plus tard un exemple pour son neveu Joachim[15] qui lui écrira peut-être l'un de ses premiers poèmes à l'occasion de l'inauguration, en 1544, de son palais abbatial de Saint-Maur. En écrivant ses premiers vers, Joachim du Bellay se plaçait donc en homme de son temps, fier d'une tradition familiale très reconnue à la Cour et dans les cercles intellectuels.

Ce changement d'orientation soulevait la question de ses revenus. En 1551, la vente de la seigneurie de Tessée[16] lui permit probablement de subsister pendant les années où il fut malade et où il ne publia guère. Il l'avait héritée de son oncle Louis du Bellay après une transaction qu'il remporta face à l'un de ses

* Lettre de Martin du Bellay au cardinal Jean du Bellay lors du décès de Guillaume, seigneur de Langey : « Mais ce regret m'a bien augmenté lorsque j'ay sceu que tous les memoires qu'il avoit emportez avec luy ne se sont point trouvez. [...] Le medecin Rabelais s'excuse et m'a escrit qu'il n'avoit jamais pensé a la conservation de ces memoires, qu'il estimoit estre renfermez dans les coffres de muletz qui ne furent point ouverts. » Guillod, *in* Michon et Petris (dir.), 2013.

cousins, sans doute grâce à ses connaissances en droit. À cette époque, très peu d'écrivains, de poètes ou d'artistes pouvaient prétendre vivre de leur art. La majorité s'appuyait sur des revenus divers : certains bénéficiaient des émoluments liés à leurs charges, en particulier ecclésiastiques, d'autres tiraient leur subsistance de leurs domaines seigneuriaux. Pour les autres, la quête de subventions ou de pensions, qu'elles soient issues de mécènes privés ou de soutiens étatiques – essentiellement du Roi et de ses fonds personnels –, était constante. L'art de solliciter ces aides requérait de maîtriser l'art de la Cour, de s'immiscer dans les cercles influents, de flatter adroitement et surtout de dédier ses œuvres, souvent par le biais d'une préface personnalisée, au bienfaiteur visé pour sa protection ou son patronage. Joachim du Bellay, peu pourvu en biens familiaux, navigua durant ses dix années d'activité littéraire entre la recherche de mécènes, de contrats pour des charges administratives et juridiques pour le cardinal et l'acquisition de charges ecclésiastiques ou de prébendes. Il ne manquait pas d'ambition. Dès 1547, il dédia une ode à François Ier pour célébrer sa mémoire à l'occasion de son décès ; durant les deux années suivantes il échangea des sonnets avec la sœur du roi et il publia une épitaphe sur Clément Marot, poète officiel de la Cour dont il se verrait bien le successeur[17].

Les du Bellay face au concile de Trente

Ses années d'études et d'activité se placent lors du déroulement du concile et de ses intermittences, lorsque le refus de siéger des Français empêchait sa tenue. Ces années se traduiront pour les du Bellay par d'angoissantes incertitudes, tant sociales qu'économiques. Le schisme acté par Luther avait pris de l'importance. En France, les huguenots qui suivaient ses idées s'organisaient et nombreux étaient ceux qui craignaient que deux confessions distinctes n'aboutissent à la division du royaume. Il fallait une recherche d'unité et une évolution du fonctionnement qui prit la forme d'un concile. Les effectifs des huguenots, l'obédience religieuse des dirigeants et la façon de gérer les Églises variaient d'un pays à l'autre. Si l'on ajoute à cela les volontés de direction des papes – dont le règne était parfois court – et des rois, on comprend pourquoi le concile dura dix-huit ans, distribué en vingt-cinq sessions. Du côté gallican, les Français rassemblés autour du roi, il y avait un sentiment de supériorité morale sur l'Italie, car on pensait l'administration papale incapable de réformer l'Église universelle ; ses injonctions et ses évolutions théologiques ne serviraient à rien dans les campagnes et les villes. Il fallait que les fidèles voient des changements au quotidien : une réforme des mœurs mais aussi la présence d'évêques résidents qui pourraient prêcher la bonne parole dans leurs diocèses.

Une partie de l'ambiguïté de la famille du Bellay vient de ces prises de position. Il fallait suivre l'Église gallicane à laquelle ils étaient soumis *via* leurs protections aristocratiques, tout en étant soucieux de maintenir leurs sources de revenus et leur liberté de mœurs. Ils n'étaient pas fondamentalement contre la disparition des évêques titulaires non résidents, car beaucoup d'Italiens étaient titulaires d'évêchés français dont ils se contentaient d'encaisser les revenus, ce qui fait que de nombreuses charges pouvaient revenir vers des membres de l'entourage royal. En revanche, le cumul des charges, notamment des évêchés, allait devenir difficile et il allait falloir trouver des arrangements. Le cardinal Jean du Bellay naviguait adroitement, dénonçant les abus ecclésiastiques mais jouant soit la carte romaine, soit la carte française, afin de continuer à accroître sa fortune tout en essayant d'éviter un schisme au sein de l'Église. Toutefois, il ne pensait pas que les règles seraient appliquées avant la fin du concile, et le concile allait traîner !

La rupture entre protestants et catholiques s'élargissait chaque jour un peu plus et, en 1547, François Ier décéda, laissant le trône à Henri II. Peu après, les sessions du concile de Trente, brièvement interrompues, reprirent, relançant une lutte entre dogmes et réformes. La crise de l'Église empirait et il fallait agir. Le roi de France suivit certaines recommandations du concile et, dans les territoires qu'il contrôlait, il demanda aux prélats de s'en tenir à un seul évêché par personne et de procéder dans les six mois à une déclaration d'option. Le cardinal du Bellay joua habilement de prorogations successives en faisant remarquer au roi que cette mesure était dictée par l'hypocrisie romaine de certains prélats qui allaient se désister d'évêchés peu rentables en Italie pour s'emparer de riches prébendes laissées vacantes en France[18]. Mis en demeure par le roi, il confia en 1551, alors qu'il était très malade et pensait sa fin proche, l'archevêché de Bordeaux à un prêtre – un protonotaire – qui avait le privilège de porter certains insignes et d'accomplir des actes liturgiques particuliers. À l'un de ses neveux à la mode de Bretagne, Eustache – qui avait avec lui le même degré de parenté que Joachim – il donna l'évêché de Paris, c'est-à-dire Notre-Dame et en 1556, à un cousin, l'évêché de Paris, c'est-à-dire à Notre-Dame ; et finalement en 1556 à un cousin l'évêché du Mans[19]. Toutefois, grâce à certains stratagèmes – empruntés aux prélats romains –, il continua de percevoir dans ses diocèses, y compris ceux où il n'avait plus de responsabilités directes, des bénéfices qu'il lui fallait distribuer. À Paris, il demanda à Eustache de lui reverser une partie de ses revenus annuels et de lui laisser un droit de regard sur les nominations aux prébendes. Si le cardinal était loin de Paris, il y avait peut-être un danger, Eustache pouvait oublier de lui signaler certaines rentrées d'argent.

CHAPITRE 17

Rome ou les promesses trompeuses

« Il mourut à Paris [...] dans une fortune fort au-dessous de ceux dont je viens de parler (celle du Cardinal Jean du Bellay). »

Jacques-Auguste DE THOU,
Histoire universelle[1].

En quête de reconnaissance littéraire

« L'autheur prye les Lecteurs differer leur jugement jusques à la fin du Livre, & ne le condamner sans avoir premierement bien veu, et examiné ses raisons. »

Joachim DU BELLAY,
La Deffence et Illustration de la langue francoyse.

Du Bellay et Ronsard publièrent leurs premières pièces en 1547[2]. Mais l'année suivante, 1548, un avocat parisien, Thomas Sebillet, fit paraître anonymement l'*Art poétique françois. Pour l'instruction des jeunes studieux et encor' peu avancez en la poésie françoyse.* Entre Parisiens ayant fait du droit, Thomas Sebillet devait connaître du Bellay et avec lui les idées de la Brigade qui s'échangeaient entre les murs de Coqueret. Mais en silence, il leur coupa l'herbe sous le pied en reprenant à son compte ce qui se murmurait alors : la poésie n'était pas un art comme les autres. Elle relevait du sacré. Elle exigeait, disait-on, non seulement une inspiration mais aussi un travail acharné. Il fallait la nourrir des Anciens tout en lui offrant des formes nouvelles, comme le sonnet ou l'ode, mais il mettait aussi sur le même rang des formes anciennes que les membres de la Brigade considéraient comme relevant des académies de province. Un scandale ! Et puis, il y avait des noms. Sebillet ne se contenta pas de formules vagues. Il cita ceux qui incarnaient ce renouveau. Mellin de Saint-Gelais, par exemple. Un homme déjà bien installé, couvert d'honneurs, conseiller de François Ier puis d'Henri II, poète à la Cour, mais aussi un homme dont la présence assombrissait l'horizon de Du Bellay. Thomas Sebillet leur confisquait cette Antiquité qu'ils étudiaient quotidiennement tout en reprenant certains de leurs arguments sur la modernité !

Il fallait réagir sous peine de disparaître[3]. Mais qui était connu à Coqueret et qui avait un protecteur ? Sûrement pas Ronsard qui à cette époque n'avait encore presque rien publié, mais il y avait Joachim. Doué, capable d'écrire vite, il était le neveu de Jean du Bellay, un puissant du royaume, qui l'appréciait particulièrement. Conscient de l'ambition et de l'audace du jeune homme qu'il avait repéré et orienté dans ses études, il lui offrit son soutien, acceptant la dédicace du manifeste à venir d'autant plus qu'il voulait plaire au roi qui demandait que l'on écrive en français. Le manifeste fut publié en 1549 sous le titre *La Deffence et Illustration de la langue francoyse*. Il était signé I.D.B.A., ce qui n'était qu'une modestie feinte car nombreux étaient ceux qui savaient que cela signifiait « Joachim (Ioachim) du Bellay

Angevin ». La mention d'angevin n'était pas là pour souligner ce qui pourrait apparaître aujourd'hui comme une sympathique origine provinciale, province où l'on poétisait sans gloire par rapport à Paris, comme pouvait l'écrire l'un de ses contemporains[4], mais bien au contraire pour souligner l'ancienneté de sa famille, présentée comme équivalente, voire antérieure, à celle du roi de France. En effet, en 1546, le cardinal Jean du Bellay dans ses *Poemata* avait fait remonter l'origine de leur famille en Anjou au moins au VIIIe siècle, ancienneté qu'il venait encore de souligner dans une lettre en 1548[5] et dont il souhaitait que son neveu se souvienne. Les rois de France, qui faisaient partie de la dynastie des Valois, descendaient de la dynastie des Capétiens qui remontait au VIIIe ou IXe siècle, et signaler que l'on était un du Bellay d'une famille noble angevine, cela signifiait que l'on avait une généalogie au moins égale à celle des rois de France.

Malgré une notoriété qui dépassa rapidement celle de quelques membres de l'entourage royal après la publication en 1549 de *La Deffence et Illustration de la langue françoise* et de *L'Olive* – un recueil de sonnets en l'honneur d'une dame qu'il nomme Olive – où Joachim devint le second poète du royaume après Ronsard, il ne parvint pas à s'imposer comme il l'espérait auprès de la Cour, ce qui aurait dû lui offrir une existence aisée. Les années de ses premières publications nécessitèrent pour vivre la vente de la seigneurie de Tessée[6], héritée de son oncle Louis du Bellay, et ces années furent exacerbées par de sérieuses affaires familiales. Deux de ses frères décédèrent, le chanoine et l'aîné. Il devint donc en 1551, dans la suite d'une longue tradition familiale, le tuteur de son neveu, le fils unique de son frère aîné. Bien avant sa mort, son frère avait cédé le château paternel de Gonnor et acquis celui d'Oudon, sur la rive nord de la Loire. Le prix était dérisoire, mais le propriétaire d'origine revint, massacrant la garnison installée par le nouveau propriétaire. Joachim, qui veillait sur son neveu, dut à la mort de son frère affronter un procès interminable, qui le suivit presque jusqu'à la fin de ses jours et qui se finit d'une façon curieuse comme je l'expliciterai. Au même moment, Joachim subit un épisode terrible de tuberculose pulmonaire, un début de méningite chronique et, comme nous le verrons en examinant sa maladie, il sortit de ces épreuves désespéré et proche du suicide.

Au service du cardinal

« Suivre son cardinal au Pape, au Consistoire,
En Capelle, en Visite, en Congrégation,
Et pour l'honneur d'un prince ou d'une nation
De quelque ambassadeur accompagner la gloire. »

Joachim du Bellay, *Les Regrets*, LXXXIV.

Dans ce contexte, en 1553, le cardinal Jean du Bellay, après un séjour à Rome puis un retour de trois ans en France où il est chanté lors de ce retour par Joachim, reprend le chemin de la Ville éternelle. Ce séjour français fut difficile pour le cardinal qui, un an après son retour, souffrit pendant quinze mois, à peu près au même moment que Joachim, d'une grave maladie qui faillit le faire mourir : « J'ay esté si bien mené qu'on craignoyt que je y laissasse les bottes[7]. » S'il retourne à Rome, ce n'est pas pour le concile, dont les sessions de 1551-1552 sont closes et qui ne reprendront qu'en 1560, mais pour s'opposer au pape Jules III, aux cardinaux et à la curie romaine. C'était l'homme des missions conciliatrices et s'il allait défendre les intérêts du roi de France, il n'oublierait pas les siens. Le cardinal montrait un vif intérêt pour Joachim qui avait écrit en l'honneur de son retour en France, qui avait salué dans *La Deffence* Rabelais et qui était certainement venu le voir après ou durant sa maladie dans son palais de Saint-Maur dans le Maine où il s'était retiré, comme l'écrit Rabelais, pour bénéficier du bon air et d'une vie rustique*. Rabelais, en dehors de ses qualités d'écrivain, avait été médecin et secrétaire du cardinal après la mort du seigneur de Langey, qu'il avait aussi servi fidèlement[8]. Rabelais étant décédé en 1553, le cardinal proposa à Joachim de l'accompagner à Rome au titre de superintendant. Il devenait son mécène en lui proposant un poste à haute responsabilité, preuve de son affection et de la noblesse de ce neveu. Joachim superviserait la construction d'un nouveau palais, gérerait la collecte des revenus et mènerait des négociations avec les créanciers. Ce voyage offrit à Joachim l'occasion de découvrir Rome ainsi que les poètes italiens contemporains, en compagnie d'un maître qui lui ouvrit de nombreuses portes. Quelques années auparavant, Rabelais avait pu écrire à propos de son séjour romain chez le cardinal : « Car ce que j'ai souhaité le plus depuis que j'ai quelque sentiment du progrès des belles lettres, c'est de parcourir l'Italie et de visiter Rome, tête du monde ; et ce vœu, vous l'avez exaucé, réalisé avec tant de bonté que j'ai vu non seulement l'Italie (chose déjà louable en soi), mais encore avec vous, le plus savant homme qui soit sous la voûte des cieux, et le plus généreux aussi[9]. »

À Rome, Joachim était au quotidien soumis à l'autorité de l'Église, il devait porter des vêtements sombres et il conversait en latin. S'il n'avait pas été tonsuré dans l'enfance, il est certain qu'à cette époque il l'était[10], car c'était un gage de fidélité pour

* Dédicace du *Quart Livre* (28 janvier 1552). Rabelais précise que le cardinal « pour recouvrement de santé après longue et fascheuse maladie, s'estoit retiré à Sainct-Maur, lieu, ou (pour mieulx et plus proprement dire) paradis de salubrité, amenité, serenité, commodité, delices et tous plaisirs de agriculture, et vie rustique » (Rabelais, *Les Cinq Livres*, éd. J. Céard, G. Defaux et M. Simonin, Paris, 1994, p. 879). Cité par Amherdt, « La Silva Langaeana de Jean du Bellay », *in* Michon et Pléris (dir.) (2013).

le cardinal. Malheureusement, il n'en est resté aucun document si ce n'est ce vers dans *Les Regrets* : « Tu me laves la barbe et me tonds les cheveux. »

Les premiers temps à Rome semblent avoir été idylliques. Joachim en meilleure santé visita la ville et ses monuments en compagnie de Bailleul, un ami à lui, et il évoquera plus tard[11] leurs promenades ensemble, en s'appuyant toutefois sur divers ouvrages de voyage publiés à l'époque et en s'inspirant comme il le faisait toujours de poètes latins. Les causes exactes de ce séjour romain ont interrogé nombre de ses biographes, mais il y avait l'ambition de Joachim qui allait de pair avec le besoin du cardinal de faire tourner une maison de plus de cent personnes et d'une quarantaine de chevaux[12] avec tout un personnel de service, mais aussi des chanteurs, des joueurs de luth, des médecins. Il lui fallait quelqu'un de confiance, connaissant le droit, qui puisse suivre les intrications financières de ses emprunts et de ses prêts. Par ailleurs, le cardinal connaissait l'état de santé de Joachim et il n'est pas exclu qu'il lui ait vanté les bienfaits du climat italien ainsi que le savoir-faire des médecins romains, que Joachim consulterait et dont le cardinal assumerait les frais.

Rome, objet de ses désillusions

> « Rome est de tout le monde un public échafaud. »
>
> Joachim du Bellay, *Les Regrets*, LVXXXII.

À Rome, le cardinal, qui possédait une collection inestimable de statues antiques, de monnaies et de pierres précieuses, se faisait construire une superbe villa, un palais, dans les ruines des thermes de Dioclétien, mais il devait demander aux banques des avances sur entrées en raison de la lenteur des transferts de ses prébendes françaises[13]. Il fut, selon les méthodes de son époque, un véritable précurseur de l'archéologie, faisant entreprendre des fouilles afin de meubler son nouveau palais de statues antiques. Cela l'intéressait à tel point qu'il inclut dans son héritage une vigne, acquise pour mener des fouilles, sur laquelle se trouvait une maison. Cette propriété fut léguée à son valet de chambre, Maraut, personnage bien connu de Joachim, qui le mentionne dans *Les Regrets*[14].

Quelque temps après son arrivée, le cardinal commença à lui octroyer ses largesses ainsi qu'à Ronsard resté en France. Joachim le chantera d'ailleurs en latin, et il est intéressant de revoir ces passages, alors qu'il se plaindra par la suite, dans *Les Regrets*, amèrement de Rome, de sa cour et des affaires qu'il devait suivre[15] : « Mais, dira-t-on, qu'y a-t-il de plus brillant que la Cour de Rome, et quel lieu au monde est plus beau ? [...] Peut-être il m'est doux, à moi aussi, de vivre à Rome (ce n'est pas, d'ordinaire, le lot de n'importe quel étranger) : mon oncle paternel tient une place importante dans le Sénat vêtu de pourpre [...]. Il a la bonté [...] d'écarter de notre foyer la pauvreté. »

Toutefois, à Rome, les événements se précipitent. Après le décès du pape Jules III en mars 1555, honni par les Français et décrié dans *Les Regrets* par Joachim du Bellay, le conclave auquel appartenait le cardinal Jean du Bellay se réunit et désigna comme nouveau pape Marcel II. Jean du Bellay s'était toujours méfié de cet homme à l'ambition démesurée, mais, rapidement, il fit partie de ceux qui apprécièrent sa nomination car jugé réformateur, tant en temporel qu'en spirituel, il allait pouvoir faire avancer adroitement les affaires de l'Église. Son élection fit naître un tel espoir que cela dut faire peur à certains. Il fut probablement empoisonné et son pontificat ne dura que vingt et un jours. Joachim du Bellay écrivait par la suite[16] :

> Heureux qui peut longtemps sans danger de poison
> Jouir d'un chapeau rouge et des clefs de saint Pierre !

Le conclave se réunit à nouveau et élut le cardinal Carafa presque âgé de 80 ans, qui prit le nom de Paul IV. Ce qui s'est passé lors de cette élection reste flou ; le cardinal Jean du Bellay espérait sûrement être élu pour poursuivre les réformes annoncées par Marcel II. Conscient de la difficulté de la tâche, il se méfiait de l'empoisonnement. Le 15 mai 1555, premier jour du conclave, le cardinal rédigea son testament en présence d'un notaire et de cinq témoins, dont son médecin. Il désigna sa nièce aînée, fille de Martin du Bellay, comme bénéficiaire, précisant toutefois : « Dans le cas où l'illustre chevalier Martin du Bellay, son frère germain, aurait à l'avenir des fils légitimes et naturels, alors et en ce cas, la présente donation serait considérée comme faite non en faveur de ladite illustre Marie, nièce dudit donateur, mais desdits fils légitimes et naturels[17]. » Le cardinal stipula également que si sa nièce Marie mourait sans enfants légitimes, les biens reviendraient à la fille cadette de Martin du Bellay ou à ses descendants. En 1559, après la mort de leur père Martin du Bellay, le cardinal nomma des curateurs pour ses deux nièces[18]. L'année suivante, en 1560, le matin de sa mort, il modifia son testament pour étendre les bénéfices en leur faveur, mais avec une dotation moindre que celle de 1555. Joachim fut très déçu de ne pas être mentionné dans le testament. Le cardinal savait que Joachim n'aurait probablement jamais d'enfants légitimes et souhaitait ainsi assurer une transmission pérenne de son patrimoine. Ses décisions, motivées par les perspectives d'avenir de sa famille, témoignent de sa préoccupation pour la préservation de son héritage et son attachement aux liens du sang.

La non-élection du cardinal fut-elle influencée par l'ambassadeur de France à Rome, monsieur Jean d'Avançon, arrivé en mars avec son secrétaire Magny, qui devinrent tous deux amis de Joachim ? C'est une possibilité parfois suggérée[19]. Il est probable que, se sachant battu, Jean du Bellay ait plaidé pour la candidature de Paul IV. Trois jours après son élection, celui-ci le proposa comme son successeur à l'évêché d'Ostie et doyen du Sacré Collège, dirigeant l'ensemble des cardinaux de l'Église. Le roi de France fut furieux de l'élection, mais il entérina la nomination qui finalement servait ses intérêts[20]. Il semble bien toutefois que des jalousies d'autres cardinaux français qui considéraient que Jean du Bellay avait usurpé leur place comme doyen du Sacré Collège mirent le cardinal dans une position difficile en France, malgré son statut de numéro deux de l'Église.

Les responsabilités, tout comme la somme de travail, devenaient immenses pour le cardinal et il fit donc venir Jean Moreau, qui s'occupait de ses affaires en France et qu'il nomma son secrétaire, grand vicaire et procureur[21]. C'était l'un de ses principaux hommes d'affaires. Il l'avait richement doté de prébendes au moins depuis 1534 et fait nommer par Eustache, à la suite d'un échange de lettres depuis Rome, grand chantre de Notre-Dame en novembre 1553. Deux ans après son arrivée, Joachim du Bellay ne figurait pas sur le testament de son oncle et il était doublé dans la gestion quotidienne des affaires du cardinal. Il en fut dépité et ne s'en remit jamais totalement, lui qui espérait avoir « quelque bien à la fin, car je l'ai mérité[22] ». Il comprend à ce moment-là qu'il ne sera jamais l'homme d'Église très richement doté comme il l'espérait. Jacques-Auguste de Thou, avec ces confidences recueillies auprès de ceux qui avaient connu

Joachim, notait que sa fortune, à sa mort, n'approchait en rien celle du cardinal Jean du Bellay. Était-ce là le signe d'un espoir déçu ? Joachim, lors de conversations parisiennes, avait-il dit rêver d'égaler un jour la richesse de son oncle ? C'est peut-être pour cela qu'il écrivit à propos de Jean Moreau dans *Les Regrets* « l'estranger recueillist le fruit de mon service[23] ». Durant l'année qui suivit, au moment où il écrivait la plus grande partie des *Regrets*, il se rapprocha certainement de Magny et de Jean de Saint-Marcel d'Avançon, qui devinrent ses confidents et à qui il dédicaça poèmes et œuvre. Toutefois, il fallait l'apaiser et la venue de Jean Moreau, qui était chanoine-prêtre et, en tant que chantre, deuxième personnage de Notre-Dame après l'évêque, ne fut sûrement pas étrangère à sa nomination comme chanoine de la cathédrale par Eustache du Bellay cette année-là. Toutefois Joachim avait saisi que les prébendes étaient comme des actions et qu'il fallait les vendre au bon moment. C'est ce qu'il fit de celle de chanoine de Notre-Dame, en 1556. Il la conserva du 19 juin 1555 au 17 juin 1556[24] sans doute parce que, comme dans d'autres cathédrales[25], les obligations changeaient après une année. Il risquait, lors de sa deuxième année, de ne plus toucher la totalité des revenus de sa prébende étant donné son absence prolongée au chapitre.

Héritiers d'Érasme, disciples de Machiavel

« *Nulli concedo.* »
[« Je ne fais de concessions à personne. »]

Devise d'Érasme.

Les événements de ces premiers mois de 1555 déterminèrent l'état d'esprit qu'allait traverser Joachim du Bellay. Il avait découvert les réseaux du pouvoir et leurs fonctionnements, leurs dangerosités, leurs intrigues, et il s'apercevait que tout était possible. Les qualités intrinsèques et morales, ce qui restait peut-être chez cet écuyer angevin de la chevalerie, semblaient avoir peu de poids, voire aucun, pour obtenir une prébende ou devenir pape. Par ailleurs, il se sentait disqualifié et, de toute évidence, le cardinal ne le sentait pas à la hauteur de la tâche. Lui qui se disait fidèle à son maître venait d'être oublié dans le testament et Jean du Bellay avait appelé l'un de ses principaux chargés d'affaires pour diriger la maison et certainement organiser les réunions à venir du Sacré Collège. Joachim en tira des leçons. Il fallait compter sur son entregent, ses relations et sa proximité avec le pouvoir pour espérer faire fortune, mais à Rome cela lui était impossible : le cardinal exerçait un contrôle absolu au quotidien. Incapable de prospérer comme il l'espérait dans cette ville, il en vint à critiquer ceux qui avaient de tels comportements et il devint ce que l'on appellerait aujourd'hui un lanceur d'alertes, écœuré par ce qu'il découvrait et qui semblait bien supérieur à ce qu'il avait pu soupçonner ou découvrir en France.

Ce changement d'état d'esprit fut influencé par plusieurs facteurs : ses observations personnelles, sa maladie – comme nous le verrons –, mais aussi le milieu intellectuel dans lequel il évoluait. Ce dernier était traversé par des courants contradictoires, principalement hérités de deux penseurs disparus deux à trois décennies auparavant, Érasme et Machiavel. Pour Érasme (1469-1536), la justice était la valeur suprême, tandis que pour Machiavel (1469-1527), la quête de puissance et l'extension du pouvoir, qu'il soit individuel ou collectif, primaient sur toute autre considération. Le cardinal Jean du Bellay, qui se voyait comme un parfait humaniste chrétien, revendiquait sa filiation avec Érasme et se considérait comme l'un de ses héritiers, tout en évoluant dans la lignée de Machiavel.

Revendiquer une filiation avec Érasme était pour le cardinal Jean du Bellay non seulement une position politique, mais aussi un choix naturel. Politique, car, au début du XVIe siècle, Érasme – ni pleinement religieux ni tout à fait laïc – incarnait la sagesse et symbolisait les aspirations spirituelles de son époque. Érasme croyait profondément en la paix et souhaitait éviter le schisme entre réformés et catholiques, une aspiration partagée par Jean du Bellay, qui, à l'instar de celui-ci, cherchait toujours à apaiser les conflits et fut considéré tout au long de sa vie comme un grand médiateur. Naturel, car Érasme défendait passionnément le latin, qu'il considérait comme une langue supérieure, vectrice de rapprochement universel[26]. Son intérêt se tournait essentiellement vers la sphère des artistes et des créateurs, auxquels il se sentait fraternellement lié. Le cardinal partageait cet attachement : à Rome, il fréquentait un cercle de poètes néolatins, continuait d'écrire des poèmes en latin et encourageait ses proches, comme Joachim, qui publiera ses *Poemata* en latin, reprenant ainsi un titre que le cardinal avait lui-même publié bien avant[27]. Par ailleurs, Érasme aspirait à la liberté, incarnée par sa devise « *nulli concedo* » – « je ne fais de concessions à personne » –, symbole d'une indépendance que le cardinal ne revendiquait pas publiquement, mais qu'il pratiqua discrètement, manœuvrant entre les attentes des rois et des papes qu'il servait pour poursuivre ses propres objectifs. Pourtant, malgré cette proximité intellectuelle et artistique, Jean du Bellay différait d'Érasme au quotidien. Il n'avait ni sa modestie ni son désintérêt pour les charges, les honneurs ou l'argent. Contrairement à Érasme, qui avait refusé le chapeau de cardinal et sa prébende, Jean du Bellay l'accepta très tôt et y fut très attaché. En réalité, dans sa vie quotidienne, il s'inspirait de Machiavel, philosophe politique qui, dans son ouvrage *Le Prince* – écrit en italien, adressé à un cardinal et largement diffusé depuis 1532 –, prônait la quête de puissance et l'extension du pouvoir. Machiavel y défendait la séparation de la politique, de la morale et de la religion, ce qui deviendra plus tard l'une des interprétations du machiavélisme, ce qui convenait parfaitement au cardinal.

Sous l'influence du cardinal, Joachim aspirait également à affirmer son lien avec Érasme, bien qu'il n'en retînt sans doute pas les mêmes aspects. Connaisseur des textes anciens, Joachim valorisait la dimension littéraire d'Érasme, qui ne voyait pas d'opposition radicale entre Jésus et Socrate, ni entre la doctrine chrétienne et la sagesse antique. Érasme prônait une approche spirituelle et intérieure de la religion, privilégiant l'essence plutôt que la forme, au-delà des rites et cérémonies extérieurs. Cette vision résonnait avec la conception de la foi de Joachim[28], qui, bien que tonsuré, tenait à une certaine liberté. Poète religieux de grand talent[29], sincèrement croyant, il s'inscrivait dans une longue tradition familiale et dans celle des rois qu'il servait au sein de l'Église gallicane. Joachim fut l'auteur, entre autres, de deux hymnes chrétiennes, où il célébrait la dignité que le Créateur confère à ses créatures[30]. Pour lui, l'amour humain et l'amour du Christ s'inscrivaient dans une même continuité : l'extase de l'amoureux pouvait se comparer à celle de l'apôtre saint Jean posant sa tête sur la poitrine du Christ. Il trouvait ainsi une affinité avec la pensée d'Érasme, pour qui être chrétien signifiait avant tout être bon, pur et simple, plutôt que de chercher à imiter Jésus-Christ dans une perfection idéalisée et parfois présomptueuse.

Mes sens ravis d'une douce rapine [mes sens en pleine extase]
Laissent leur corps de grand ayse pasmé [laissent mon corps heureux s'endormir]
Comme le Sainct des douze mieux aymé [tel saint Jean qui fut l'apôtre le mieux aimé]
Qui reposa sur la sainte poitrine [dont la tête reposa sur la poitrine du Christ].

Joachim fut également profondément marqué par *L'Éloge de la folie*, publié en 1511. À travers Stultitia – la Folie incarnée –, Érasme y dénonce les excès de l'Église de Rome, la cupidité des prêtres et le luxe qui les éloigne de la prière et de l'austérité. Érasme soulignait ce qu'il désespérait de voir changer et, plus de quarante ans plus tard, Joachim partage cette même amertume face à un monde resté figé. Érasme ouvrit la voie à la Réforme sans jamais en devenir un allié officiel, et nous avons signalé comment, en 1569, certains écrits de Joachim furent également interprétés dans ce sens.

Pourtant, Joachim n'avait pas saisi que le maître se cachait derrière le masque du satiriste ; il n'osait pas prendre lui-même la parole pour défier les puissants. Il confia cette tâche à Stultitia. Alors, qui s'exprimait réellement ? Était-ce Érasme ou la Folie elle-même qui prononçait ces vérités ? Ce procédé lui permit une satire acerbe de l'Église de Rome. Cependant en 1557 le pape Paul IV, Carafa, inscrivit *L'Éloge de la folie* à l'index, interdisant sa lecture et sa diffusion parmi les catholiques, un signe des tensions croissantes entre la papauté et les croyants. Un signal que ne retint pas Joachim.

CHAPITRE 18

Adieux à Rome

« Aussi mon vray mestier c'est de n'espargner homme,
Mais les vices chanter d'une publique voix. »

Joachim du Bellay, *Les Regrets*, CVIII.

La situation à Rome se dégradait rapidement. Après un moment d'enthousiasme, il apparut que le pape Paul IV était un intégriste obsédé par l'idée d'une monarchie vaticane dominant les rois d'Occident, notamment ceux de France et d'Espagne. Il relança l'Inquisition et institua pour les juifs l'obligation de vivre dans des ghettos. Les bûchers brûlaient de nouveau, consumant juifs, hérétiques, pamphlétaires et sodomites[1]. La police pontificale, zélée et impitoyable, arrêta même deux membres de l'entourage du cardinal du Bellay, coupables d'avoir possédé des satires antipapistes. Incapable de gouverner seul, le pape se tourna vers ses trois neveux, dont Carlo Carafa qui n'était pas religieux mais qu'il nomma cardinal. Les trois hommes s'enrichirent de façon brutale et despotique tout en ayant une vie scandaleuse. Leurs actions insensées et inexcusables – ils furent par la suite exécutés et leur mémoire abolie – furent la cible de féroces sonnets de Joachim dans *Les Regrets*[2].

> Il fait du bon Chrestien, & n'a ny foy ny loy :
> Il fait de l'amoureux, mais c'est, comme je croy,
> Pour couvrir le soupçon de quelque plus grand vice.

Finalement, dans son aveuglement, le pape exigea que la France envoie un corps expéditionnaire pour attaquer les forces espagnoles du royaume de Naples. Cette décision marqua la rupture avec le cardinal, qui tenta de s'y opposer. Il savait que la cour de France, fidèle à ses idées gallicanes, verrait d'un mauvais œil une telle intervention. Il savait aussi, par expérience, qu'un corps expéditionnaire, loin de ses bases, n'avait que peu de chances de réussir. En voulant contrer cette folie, il perdit ce qui lui restait d'influence à Rome. Déjà rejeté en France, il se retrouvait désormais isolé, même si Joachim se sentait solidaire[3] :

> Je me console donc, & en pareille mer,
> Voyant mon cher seigneur au danger d'abysmer,
> Il me plaist de courir une mesme fortune.

Le cardinal Jean du Bellay restait seul, sans soutien. Carlo Carafa, lui, négociait avec habileté, mais aussi avec trahison. Quand le corps expéditionnaire français s'approcha de Rome, Carafa demanda un gage, tout en traitant secrètement avec les Espagnols.

En France, c'était le chaos. Huguenots et catholiques agissaient chacun de leur côté, sans vision commune pour le royaume. Les défaites s'accumulaient. Le roi rappela les troupes qui étaient en Italie. Les Espagnols étaient aux portes de Rome. Alors, pour éviter le pire, les Espagnols demandèrent au cardinal du Bellay de déposer Paul IV et de préparer l'élection d'un nouveau pape. Cela ne se passa pas et on comprend que le pape en voulut encore plus au cardinal. Les Espagnols entrèrent dans Rome et Paul IV dut demander la paix. Il officia jusqu'à son décès en août 1559.

Joachim du Bellay pendant son séjour romain continua de se prononcer en latin sur des sujets qui ne fâcheraient guère ou qui, comme des affaires de mœurs personnelles, semblaient pouvoir être connues de tous et dont on peut se demander, tels ses ébats avec une femme mariée, si elles semblaient même répréhensibles au moment où il l'écrivait tant il s'en vante et méprise le vieux mari qui veut enfermer sa femme[4]. En revanche, ses écrits de lanceur d'alerte étaient rédigés en français, ce qui leur permettait de toucher – certains étaient envoyés en France par ce fameux Breton avec qui Joachim partageait sa chambre – un lectorat plus restreint et éloigné de l'Italie. Il s'en prit ainsi à Jules III, le pape en fonction lors de son arrivée à Rome, qui s'était épris d'un jeune garçon de 17 ans, dresseur de singes, aux origines obscures. Pour lui accorder une certaine légitimité, le pape émit une bulle le reconnaissant officiellement. Ensuite, pour donner une apparence de conformité, il fit adopter le garçon par son frère, afin qu'il puisse devenir son neveu et ainsi accéder à de hautes fonctions, notamment celle de cardinal[5].

Mais voir un estafier, un enfant, une bête,
Un forfant, un poltron cardinal devenir,
Et pour avoir bien su un singe entretenir
Un Ganymède avoir le rouge sur la tête.

Par la suite Joachim dénoncera la mort de son successeur Marcel II, peut-être empoisonné, car il avait levé la bonde du cloaque[6] :

Se trouvant le pauvre de telle odeur surpris,
Tomba mort au milieu de son œuvre entrepris,
N'ayant pas à demi cette ordure purgée.

Puis vinrent les Carafa, qui furent les cibles de ce que l'on appelait alors des satires, une forme de divertissement critique, mais qui, dans le cas de Joachim, allaient bien au-delà. La satire, habituellement, use d'un langage figuré, joue des détours et des images pour faire passer son message, sans prétendre à la rigueur du fait. Joachim, lui, s'en tenait au réel. À propos de ces écrits, il confia plus tard au cardinal qu'il ne savait pas quoi en faire, qu'au début il pensait les garder pour lui car il était pris au piège à Rome, sans issue en France.

En 1557, la situation avec le pape se dégradait de jour en jour : le parti français était marginalisé à la Curie et la santé de Jean du Bellay se détériorait, sa longue maladie ne montrant aucun signe d'amélioration. Par ailleurs, il avait accumulé de lourdes dettes pour financer un train de vie somptueux – n'avait-il pas déjà un passif de 40 000 écus en 1555 ? En août, l'armée française fut écrasée et défaite à plate couture par les Espagnols à Saint-Quentin et, lors des négociations qui suivirent, le royaume perdit toutes ses conquêtes, y compris celles en Italie. Anne de Montmorency*, protecteur et suzerain de Jean du Bellay – qu'il avait soutenu dès le début de sa carrière avant 1530 et qui lui avait fait obtenir du roi son premier évêché – se retrouva prisonnier jusqu'à l'hiver 1558. Isolé, le cardinal n'avait plus ni famille ni alliés à la Cour, qu'il n'avait pas fréquentée depuis longtemps

On ignore ce qui se passa entre la fin août 1557 et avril 1558. Selon plusieurs de ses biographes, Joachim serait rentré à Paris

* Anne de Montmorency (1493-1567) commandant en chef des armées royales. Il fut un ami intime des rois François Ier et Henri II.

vers la fin de 1557, à un moment où Rome risquait d'être mise à sac, pour gérer les affaires du cardinal, à moins que l'aggravation de sa surdité ou un scandale de mœurs n'aient précipité son départ. En effet, vers la fin de son séjour à Rome, il vécut une aventure torride avec une femme mariée, Faustine. Il s'en vantait dans des vers qu'il composait et, comme depuis *La Deffence*, les faisait relire à trois ou quatre amis qui pouvaient « blesser son panier avec les ongles » – c'est-à-dire, les corriger ou les amender. Ces vers, écrits en latin, pourraient un jour être accessibles à la noblesse romaine : « Quand nos lèvres se rapprochent, que dans nos bouches humides nos langues vont et viennent, et que, perdant le souffle, je peux dans ma béatitude cueillir des fleurs d'ambroisie, alors, alors, je crois avoir pris place au festin de Jupiter tonnant[7]. » Ce type d'affaire, qualifié de galanterie à l'époque, ne devait guère effrayer le cardinal, d'autant qu'il ignorait – ou préférait ignorer – que Joachim consignait ses exploits par écrit. Conscient depuis longtemps que Rome offrait de meilleures conditions de soin que Paris, il n'avait aucune raison de se séparer de lui. D'ailleurs, s'il avait besoin d'un émissaire pour gérer ses affaires en France, il pouvait compter sur Jean Moreau, un homme expérimenté, loyal et en qui il avait bien plus confiance qu'en son neveu.

Il est donc fort possible que le 2 avril 1558 Joachim se trouvât encore à Rome*, tandis que le cardinal jouait le rôle

---

* Un acte notarié (Jurgens, 1985, p. 340) pose question. Classé dans des minutes notariales parisiennes d'avril 1559, il intéresse un bail d'une seigneurie pour laquelle Jean Moreau et Joachim du Bellay représentent le cardinal et l'évêque de Paris l'est par un procureur. Il est daté du 17 mars 1558 et du 19 avril 1559 par Jurgens (1985). En fait, en fin d'acte il est noté 11 mars 1557 et mercredi 19e jour d'avril après quasimodo 1559 (le 19e jour d'avril était bien un mercredi dans le calendrier julien). Il est dit dans l'acte que Jean Moreau et Joachim du Bellay étaient présents. À la première date (11 mars 1557 ou 17 mars 1558) Joachim était (1557) ou devait (1558) être à Rome et à la seconde Jean Moreau était certainement décédé. Comme il s'agit d'un bail pour un laboureur, personne modeste par rapport aux représentants du cardinal et de l'évêque, qui semble finalement arrivé lors de l'acte (« À ce faire vint et fut présent »), je me demande dans quelle mesure

d'intermédiaire entre un père désireux de payer la rançon de son fils fait prisonnier et un militaire français ayant séjourné dans la ville en 1556*. Le cardinal remit le 2 avril à Joachim une lettre destinée à son banquier parisien, lui demandant de régler la rançon, puisqu'il avait déjà reçu la somme nécessaire**. Il fallait donc que Joachim se rende à Paris***. Se fit-il accompagner de l'indispensable Jean Moreau ou celui-ci était-il parti un peu plus tôt pour gérer d'autres affaires françaises, ce qui expliquerait alors que Joachim n'était plus que la dernière option du cardinal d'autant plus qu'il portait son nom, toujours préférable pour un banquier ? Joachim partit avec le même titre que Jean Moreau, celui de vicaire général et procureur du cardinal en charge de ses affaires, titre que Jean du Bellay ne lui avait octroyé qu'en 1557[8]. Cette nomination tardive suivait la désignation, dès 1556, d'un autre procureur, un certain Jean Bertrand[9].

---

les deux représentants du cardinal étaient physiquement présents lors de la réalisation de l'acte ou si celui-ci n'a été élaboré que bien après, de mémoire ou à partir de notes mal lues ou mal interprétées avec des confusions sur les dates.

* Blaise de Montluc avait capturé Jacquon de l'Escaffe, fils de Barthélémy de l'Escaffe. Ce dernier avait remis à Jean du Bellay, cardinal, religieux et donc homme de confiance, 1 200 écus d'or prix de la rançon de son fils. La rançon devait être payée à Paris par un banquier italien bien connu, Philippe Didato, à qui Joachim portait l'ordre de transfert (Jurgens, 1985, p. 38).

** Les dates de nombreux actes notariés vont dans ce sens (une arrivée au printemps 1558). Par ailleurs, dans une lettre de septembre 1559, il apparaît que Joachim est en France depuis moins d'un an et demi.

*** Le 20 avril 1558, un acte notarié parisien (Jurgens, 1985, p. 326) soulève une affaire familiale concernant une substitution par Joachim du Bellay. S'il avait quitté Rome le 2 avril, il lui aurait été impossible d'être à Paris le 20, puisqu'on sait qu'il s'est arrêté à Genève et à Lyon. Toutefois, la substitution a été donnée en blanc par Joachim, et il n'est pas précisé qu'il était présent. Cet acte fait référence à des documents notariés datés de février 1558 et signés à Rome. Il est donc probable qu'ils aient été envoyés par courrier ou transmis par un intermédiaire avant l'arrivée de Joachim.

CHAPITRE 19

Paris et l'ambition libérée

« Tant me tarde, Morel, que Paris je revoie. »

Joachim DU BELLAY, *Les Regrets*, XXXVI.

Arrivé à Paris, Joachim se mit en rapport avec le banquier*. Mais ce n'était qu'une formalité, sa véritable mission était ailleurs. Il devait surveiller Eustache du Bellay qui, depuis qu'il était évêque de Notre-Dame, devait reverser au cardinal une partie de ses revenus. Toutefois, deux hommes, Joachim et Jean Moreau, œuvraient pour le compte de Jean du Bellay, portant ses affaires aussi bien spirituelles que temporelles. Ils étaient face à face, liés mais distants, contraints de se surveiller mutuellement, signant ensemble, le 8 juillet, un acte notarié. Cette double représentation du cardinal ne dura pas un an. Moreau mourut le 4 octobre 1558.

Joachim était de plus en plus malade, il lui fallait trouver un logement parisien d'où il pourrait surveiller les affaires du cardinal et mener les siennes à bien. Des résolutions étaient

* « C'est Philippe Didato [...] en rapport avec Joachim du Bellay lorsque celui-ci, revenu de Rome à Paris, s'y occupait des affaires du cardinal du Bellay » (Connat et Cartault, 1950).

prises : il devait désormais percevoir les prébendes qui auraient dû lui être attribuées dès Rome et reprendre sa place parmi les poètes de la Cour. Son style avait considérablement évolué, la rupture avec Ronsard semblait définitive et il n'y a pas de traces de contacts véritables avec la Pléiade.

À son arrivée à Paris, Joachim fut accueilli par le « cénacle érasmien », cercle dirigé par Jean de Morel, grand mécène, maréchal des logis de la reine et maître d'hôtel du roi. La publication des *Regrets*, dont certains morceaux choisis circulaient déjà sous le manteau, favorisa une véritable communion de pensée entre Joachim et ce cercle intellectuel. Admirateur fervent des idées d'Érasme et intime de longue date, Jean de Morel devint pour Joachim une figure fraternelle en fin de vie. Grâce à son influence et à ses nombreuses relations au sein de l'élite parisienne, ce mécène et ami ouvrit largement les portes de sa demeure. Poètes et hauts dignitaires y trouvaient soutien et protection, profitant de son réseau mis au service de leur avancement. Joachim bénéficia pleinement de cette bienveillance. Sa maison, considérée par ses contemporains comme un véritable épicentre de l'*intelligentsia* parisienne et des aspirants au mécénat, rayonnait par la présence de son épouse et de ses trois filles. Versées dans l'érudition grecque et latine, elles excellaient tant en prose qu'en poésie[1]. Leurs échanges intellectuels et leur compagnie offraient à Joachim un réconfort certain.

Loin des regards indiscrets : le cloître de Notre-Dame

« De votre maison au cloistre Notre-Dame. »

Lettre de Joachim DU BELLAY à Jean de Morel.

À Paris, Joachim connaissait bien Notre-Dame et son évêque, son parent Eustache du Bellay, avec qui il s'était bien entendu jusqu'alors. La cathédrale, véritable centre de pouvoir et de richesse, était au cœur de ses préoccupations, car il y voyait une occasion de renforcer son propre pouvoir ainsi que celui de ses alliés. Il était donc nécessaire de s'y installer.

Les chanoines qui vivaient à Paris pouvaient, lors du décès d'un confrère, acquérir aux enchères une maison au cloître Notre-Dame. Cette maison leur serait reprise à leur propre décès ou en cas de départ vers une autre ville. Théoriquement tenus d'assister aux offices, nombreux étaient ceux qui disposaient de multiples prébendes à Paris ou en province, voire d'autres fonctions prestigieuses ou administratives, ce qui fait que leur présence à l'office, tout comme aux réunions ordinaires du chapitre trois fois par semaine, était toute relative. Leur présence aux offices et aux processions s'accompagnait de méreaux, ancêtres de nos jetons de présence, qui leur valait des *distributions*, une rémunération. Cependant, les chanoines jubilaires pouvaient les percevoir sans avoir à assister aux offices, ce que fit remarquer en son temps le chanoine Antoine de La Porte. Déterminer à partir de quel moment une personne avait véritablement assisté à la messe – par exemple en cas de retard – était un sujet récurrent de débat au sein de l'Église[2] ; dès lors les réseaux d'influence jouaient un rôle important dans ces attributions.

Le cloître ne se réduisait pas à un simple lieu, mais c'était un état d'esprit, un refuge loin du tumulte du monde. Bénéficiant de l'immunité de Notre-Dame, le chapitre y exerçait seul la justice et un chanoine ne pouvait pas être excommunié. Une cinquantaine de maisons, nichées à l'ombre protectrice de la cathédrale, évoquaient davantage des havres de sérénité que de simples demeures, même si certaines étaient modestes en ce milieu du XVIe siècle. En dehors de véritables hôtels particuliers, ces maisons disposaient d'une grande pièce au rez-de-chaussée et, à l'étage, d'une vaste chambre, de cinq autres plus petites pièces, d'une cuisine et de dépendances, offrant ainsi un logement suffisant pour deux personnes, quelques amis et des serviteurs[3]. Le tumulte de Paris se réduisait à un murmure lointain, offrant à ceux en quête de tranquillité un cadre propice à la contemplation et à la réflexion. Un lieu idéal pour un poète malade. L'eau était aisément accessible et les évacuations sanitaires vers la Seine assuraient un confort appréciable pour quelqu'un destiné à devenir grabataire, connaissant les affres d'une fin de vie de tuberculeux. Ce quartier était régi par ses propres règles, son accès strictement réservé à ceux considérés comme « honnêtes et non mariés », toute présence féminine y étant prohibée[4]. Il y avait quelques exceptions à la règle, des écarts que le chapitre laissait passer sous silence mais qu'il n'ignorait pas. Ainsi, vers 1710, sur le tableau en mémoire d'Antoine de La Porte qui le représente dans le chœur de la cathédrale il y a une servante qui devait être la dame Du Hamel, de dix ans sa cadette. Cette femme apparaît, de manière inattendue, dans sa succession, laissant penser qu'elle fut probablement sa gouvernante dans le cloître. En 1949, le biographe[5] d'Antoine de La Porte avance cette idée et, après l'avoir explicitée, il précise qu'il s'agit d'une « pure hypothèse » sur laquelle il ne s'arrête pas… La fin des années 1940 ne se prêtait guère à de telles discussions, mais, à l'instar de Janet Espiner-Scott qui, quelques années plus tôt, avait osé aborder la « vie sexuelle » de Joachim du Bellay, on commençait à peine à soulever des sujets jusque-là considérés comme tabous. Ainsi, mentionner pudiquement la « gouvernante du chanoine » dans un article historique devenait possible, même si cela restait une manière voilée de traiter de réalités jugées embarrassantes. Ces allusions laissaient entrevoir, dissimulée sous le vernis de respectabilité du chapitre, ce que nous percevons aujourd'hui comme une hypocrisie institutionnelle. Quoi qu'il en soit, le cloître offrait un îlot de paix au cœur de la ville, où les chanoines pouvaient vivre et mourir, protégés du monde extérieur, dans un secret relatif et dans une atmosphère de calme.

Lors de son retour à Paris, Joachim retrouva Claude de Bizet, un Angevin, ami de Rabelais et des Du Bellay. Le début de carrière de Bizet comme curé avait été lié à une intervention du cardinal *via* Jean Moreau. Lorsque Joachim partit pour Rome, il confia la gestion de ses affaires à Ronsard et à Claude de Bizet avec qui il vivait, tous les deux reçurent des procurations. Avec Claude, appelé familièrement « Bizet », il entretint une correspondance suivie. Bizet rapportait à Joachim les rumeurs que ses ennemis faisaient courir sur lui et sa famille, tandis que Joachim l'évoque dans *Les Regrets*, notamment à propos des Genevois : « Je les ay vus, Bizet, et si bien m'en souvient[6]. »

Début octobre 1558, Claude de Bizet acquit une maison claustrale dans laquelle les deux amis s'installèrent[7]. Bizet, qui était devenu chanoine, fut sermonné par le chapitre car cette fonction s'accompagnait souvent de la prêtrise, mais Joachim arriva à le faire ordonner prêtre très rapidement alors qu'habituellement un certain délai était demandé. Dans la foulée, il fut nommé grand chantre de Notre-Dame à la succession de Jean Moreau qui venait de décéder. À cette époque, le chantre était essentiellement chargé des affaires financières et légales de la cathédrale ainsi que de ce que nous appellerions aujourd'hui les orientations éducatives vis-à-vis des enfants de chœur mais aussi des chanoines[8]. Un personnage au rôle politique central donc. Il s'agissait d'une promotion exceptionnelle pour un provincial, curé d'une petite paroisse, qui venait juste d'être nommé prêtre, ce qui laisse le biographe interrogatif. Pour qu'Eustache le nomme à ce poste, avec la prébende qui l'accompagnait, il devait être sous une forte pression. Pression qui, vu le titre, ne pouvait venir que du cardinal, du roi, peut-être même du pape. Ou alors, il cherchait à s'attirer les bonnes grâces de Joachim, ce qui trahit peut-être un besoin de se racheter. Quoi qu'il en soit, cette nomination, ce coup de force, a sûrement requis l'assentiment des plus hautes instances, papales ou royales. Reste à comprendre comment Joachim a pu y parvenir, même avec l'appui du cardinal. Ce qui apparaît, c'est l'influence qu'il possédait, bien ancrée dans les cercles de pouvoir de son temps. La prêtrise rapide de Claude de Bizet avait déjà été très mal reçue par le chapitre et sa désignation en tant que chantre – véritable affront – le fut encore plus, ce qui lui valut de sérieux ennuis à la mort de Joachim.

Dès la fin de l'année 1558, le poète était installé dans l'ombre de Notre-Dame. Il pouvait se soigner, continuer à écrire, mais il était aussi placé au cœur des intrigues du pouvoir ecclésiastique. Un quartier calme, une maison réservée à ces deux intimes, selon l'abbé Bourdeaut, à ceux « honnêtes et non mariés » comme le précisait le règlement, mais un îlot de paix où les alliances et les discussions sur les prébendes se forgeaient loin des regards indiscrets.

Pouvoirs et convoitises

« Las, où est maintenant ce mespris de Fortune ? »

Joachim du Bellay, *Les Regrets,* VI.

À peine arrivé à Paris, Joachim retrouva ses problèmes domestiques concernant la succession de son frère, mais, surtout, il termina et fit publier ses œuvres romaines, dont certaines l'avaient peut-être déjà été avant son arrivée. Homme d'influence, fréquentant Jean de Morel, il trouva des mécènes, il se rapprocha des cercles royaux et il bénéficia de plusieurs commandes. Résident du cloître Notre-Dame, il mit en application les leçons acquises au contact du cardinal pour s'enrichir et étendre ses réseaux. Armé de son titre de représentant du prince de l'Église, il se lança dans une stratégie de négoce, troquant des prébendes contre des prérogatives plus lucratives, vraisemblablement au prix de compensations financières discrètes.

Cette conduite était indigne d'un écuyer, titre de gentilhomme que l'on retrouve à son propos dans certains actes notariés antérieurs, d'autant plus que ses manœuvres, aussi visibles que dictatoriales, le placèrent en disgrâce auprès de bien des responsables religieux qui devinrent autant de rivaux. La recherche assidue de bienfaiteurs le condamna à revêtir les oripeaux du poète courtisan, une ironie amère pour qui avait décrié cette situation dans ses vers quelques années plus tôt ; se sentant invincible du fait de sa position, il continua cependant de les critiquer vivement ! En quelques années sa personnalité avait évolué et il trahit ses convictions d'avant son voyage à Rome. Il s'en rend compte et en avertit ses lecteurs[9] :

Las, où est maintenant ce mespris de Fortune ?
Où est ce cœur vainqueur de toute adversité, […]
Maintenant la Fortune est maistresse de moy,
Et mon cœur qui souloit estre maistre de soy,
Est serf de mille maux et regrets qui m'ennuyent.

Il publie en France ses écrits en latin, foulant aux pieds la langue française, jadis élevée dans *La Deffence.* Il s'en justifie aux yeux des lecteurs d'une façon qui n'aurait pas déplu à Rabelais : « Alors que, unie à nous sur une chaste couche, la Muse française est devenue de notre fait mère de tant d'enfants, tu t'étonnes de nous voir ainsi brûler pour une maîtresse latine, ô lecteur, et rompre le mariage contracté antérieurement. La Muse française est pour moi, je l'avoue, ce qu'est l'épouse pour son mari ; c'est comme maîtresse que j'entoure de mes soins la Muse latine. C'est donc ainsi, diras-tu, qu'on préfère l'adultère à l'épouse ? – La dame de là-bas est belle, sans doute, mais l'autre me plaît davantage. »

Selon ses biographes, son séjour à Rome avait abouti, malgré ce qu'il en dira dans *Les Regrets*, à une ascension sociale et financière. En effet, après son retour d'Italie sa situation s'est considérablement améliorée ; il jouit d'un confort financier dont il ne laisse guère transparaître l'ampleur dans ses écrits. Devenus avec Jean Moreau procureurs et vicaires généraux du cardinal en France, sur le plan tant spirituel que temporel, ils étaient investis d'un pouvoir quasi absolu sur les affaires françaises du prélat. Au-delà de cette charge, Joachim du Bellay bénéficiait de prébendes et d'une rétribution généreuse, issue des diverses charges ecclésiastiques qu'il était chargé de collecter. L'une de ses charges les plus marquantes, et la seule consignée dans les actes notariés de cette période parisienne, fut celle de chanoine de la cathédrale Saint-Julien du Mans et d'archidiacre – l'un des six de cette cathédrale[10] – qui apparaît pour la première fois dans un acte notarié le 21 septembre 1558 et dont l'attribution dut relever d'une faveur de Jean du Bellay[11]. J'ai déjà mentionné que, si le cavalier était bien Joachim, la proximité de sa tombe avec la chapelle de Saint-Julien du Mans à Notre-Dame n'était peut-être pas un hasard.

Il avait bien d'autres charges, telle celle de curé de Liré* à partir de septembre 1558[12], mais elles sont souvent difficiles à repérer et à décompter pour ses biographes car, dès Rome, il démissionna de certaines d'entre elles tout en tentant d'en obtenir de nouvelles[13]. On retrouve dans les écrits de ses biographes une prébende de l'église Saint-Julien** à Paris, dont la sculpture du chœur est inspirée de celle de Notre-Dame, une autre prébende du chapitre collégial de Saint-Pierre-la-Cour au Mans – qu'il céda le 1er avril 1559 – ainsi qu'une chapellenie de Notre-Dame de Cofresne dans le même diocèse. Il est également possible que le prieuré de Bardenay, près de Bordeaux, lui rapportât encore des revenus[14] bien que les évocations à ce propos semblent ambiguës.

Comme le cardinal continuait de toucher dans ses diocèses des bénéfices qu'il lui fallait distribuer, Joachim du Bellay, en tant que vicaire général, pouvait influencer le choix des bénéficiaires qui lui étaient donc redevables. Il avait même reçu le droit de conférer, en l'absence de l'évêque de Paris, les prébendes destinées à des laïcs[15]. On peut toutefois se demander ce qu'il faisait de ses revenus et si ceux-ci étaient aussi importants qu'on l'a prétendu. S'il avait laissé à sa mort d'importantes liquidités, pourquoi le chapitre n'aurait-il pas exigé que les frais de son

---

* Il passe procuration, l'acte est réalisé à Paris. Il devait commencer à avoir de sérieuses difficultés pour se déplacer.

** Aujourd'hui, Saint-Julien-le-Pauvre.

inhumation soient immédiatement couverts par sa sœur ou par sa succession ? De même, une prébende comme celle du chapitre collégial de Saint-Pierre-la-Cour au Mans ne devait pas lui rapporter beaucoup, car le règlement du chapitre était strict : ceux qui n'assistaient pas régulièrement aux offices recevaient peu de revenus[16]. Cela expliquerait pourquoi peu de temps après la nomination de Claude de Bizet comme chantre, alors qu'ils vivaient ensemble, Joachim céda cette charge.

Quoi qu'il en soit, cette ascension au sein du pouvoir ne pouvait manquer d'éveiller les regards suspicieux et jaloux, en particulier parmi ceux, dont Eustache, qui n'envoyaient peut-être pas au cardinal ce qui aurait dû lui revenir. D'ailleurs, le 31 juillet 1559, dans une lettre au cardinal, Joachim écrit : « En moins d'un an et demy vous avez disposé de plus de trois mille livres de rante et ce pendant que je m'en suys meslé. »

CHAPITRE 20

La mort du roi, le temps des troubles

« Entre les loups cruels j'erre parmi la plaine. »

Joachim DU BELLAY, *Les Regrets*, IX.

Quand le patronage royal s'efface

Le 11 août 1559, Eustache du Bellay, évêque de Notre-Dame, cousin de Joachim, accueille sur le parvis de la cathédrale le cortège accompagnant le cercueil du roi Henri II lors d'une immense procession qui prélude à son inhumation à Saint-Denis le 13 août dans un cercueil en plomb. Le roi de France, qui avait commandé à Joachim des poèmes lors de son retour de Rome, était décédé le 10 juillet à la suite d'une blessure à l'œil reçue lors d'un tournoi d'apparat le 30 juin. Après avoir été autopsié puis embaumé, son cœur avait été déposé dans l'église du couvent des Célestins à Paris, tandis que son corps devait reposer à Saint-Denis. En attendant, les funérailles grandioses se poursuivent. Affichés sur les portes de la cathédrale, des vers en latin forment un losange : « À Henri II très heureux roi de France [...] les siens tout en larmes et pleins de la plus profonde tristesse, ont fait cette offrande[1]. » Un hommage au roi signé Joachim du Bellay. Décidément, durant cet été 1559, la famille du Bellay est à l'honneur à Paris. À Rome, au contraire, la situation s'est terriblement dégradée. Le pape Paul IV qui finalement avait réussi à rester en poste, ce qui mettait le cardinal dans une fâcheuse position, lui à qui les Espagnols avaient demandé de le déchoir, exerçait depuis quelques mois une censure sur les livres suspectés d'hérésie ou de subversion morale et il y avait une déferlante de dénonciations venues de France, signalant notamment comment la réforme trouvait des complicités à la cour du roi[2]. Le cardinal Jean du Bellay fut durant cette période pris dans une querelle avec des représentants du Saint Empire germanique qui se plaignirent au pape. Paul IV demanda son emprisonnement mais cela fut – semble-t-il – empêché par le décès papal le 18 août 1559[3].

En ce début d'été 1559, la maladie de Joachim qui s'était sérieusement aggravée en début d'année le rendait presque grabataire. Alors qu'il était engagé dans ses transactions et qu'il devait continuer à gérer des problèmes de succession de son neveu Claude, sa protectrice, Marguerite de France, sœur du roi, dut se marier précipitamment à la suite du décès de son frère et elle quitta Paris pour aller vivre avec son époux le duc de Savoie. Comme Joachim s'en confia à son ami Jean de Morel, la fin de la faveur d'un si bon prince et celle de la présence d'une telle princesse ruinèrent toutes ses espérances et il ne retentera plus jamais fortune : « En même temps que toi [Henri II], c'est toute notre poésie qui a péri : pendant ta vie, ton doux amour assurait sa subsistance[4]. » Comme je l'ai déjà mentionné au sujet de Rabelais, Henri II avait été le protecteur des écrivains et des poètes, notamment Joachim depuis son arrivée à Paris et il était impossible de rallier de nouveaux mécènes sans le soutien avisé de la Cour.

Si, dès le premier trimestre de 1558, Joachim avait fait publier *Les Regrets* et les *Poemata*, des copies manuscrites circulaient déjà avant même son retour en France. Si le peuple, tel que le nommait Joachim, dut être surpris, la satire de l'Église romaine ne dérangeait pas le roi, alors en conflit avec le pape. Bien que les satires et les dénonciations de Joachim fussent acerbes, elles ne faisaient que proclamer à haute voix ce que les puissants savaient déjà. Même si le roi avait fait censurer certains passages et si Joachim semble avoir évité d'inclure certains sonnets susceptibles de déplaire au cardinal, des poèmes, dès leur parution, purent amuser ou choquer. Quelques mois après, un sonnet anonyme, dit le « Sonnet d'un quidam », dénonçait ce que Joachim avait pu écrire sur les calvinistes genevois, en particulier dans le « Sonnet CXXXVI » des *Regrets*, adressé justement à Bizet et donc plutôt intime. La critique envers du Bellay était féroce[5] :

Que songeois tu, Bellay, lors que parmy tes rymes,
Apres t'estre mocqué des Papes & des Rois,
Tu as en-contre nous ozé dresser ta voix,
En nous chargeant, menteur, impudemment de crimes ?

Il aurait pu y avoir des scandales irrémédiables

> « Si mon indisposition et les affaires [...] m'eussent permis de vous aller trouver pour me purger en votre présence de ce que l'on m'a calomnieusement imposé. »
>
> Lettre de Joachim au cardinal, 31 juillet 1559.

Au lendemain de la mort du roi, le contexte changea radicalement et les loups se montrèrent sans pitié. Il faut rappeler que Jean Moreau était décédé et, bien qu'il ait été en face à face avec Joachim, il avait une autre stature politique. Eustache espérait-il qu'avec la mort de Jean Moreau, offrir ce titre à Claude de Bizet adoucirait Joachim ? Personne ne le sait. On constate seulement qu'en quelques mois tout s'effondre : Moreau disparaît, le roi s'éteint et Joachim, par fidélité au cardinal qui l'a chargé de cette tâche et qui n'a plus Moreau pour le contenir, fait sentir son poids à Eustache du Bellay. Alors, tout devient confus, dramatique. Joachim doit tenir, mais les fronts se multiplient. Eustache, jadis proche, devient son ennemi et mobilise sa famille contre lui ; les calomnies surgissent autour de ses écrits, dans un climat où les calvinistes l'attaquent et où plusieurs sorbonnistes – des membres de la Sorbonne (catholiques) et du Parlement siègent au chapitre – ne peuvent ignorer certaines phrases de ses poèmes. Les jalousies s'en mêlent, tout comme l'irritation des chanoines peu enclins à tolérer Claude de Bizet. Et puis, il y a cette maladie qui rentre en phase terminale. Pour faire tomber Joachim, un plan se dessine : l'isoler du cardinal. Mais rien n'est jamais si simple. Le cardinal le tient en estime depuis son plus jeune âge, plus pour sa plume que pour son sens des affaires, mais une estime qui pourrait bien rendre ce piège inutile.

Le cardinal à Rome ne semblait pas avoir été informé immédiatement de la publication des *Regrets* et des *Poemata*, ou alors il n'en disait rien. Mais avec la mort du roi et l'Inquisition qui se déchaînait à Rome, la réception de ces ouvrages ou simplement de quelques passages bien choisis pouvait devenir problématique. On se souvient que, jeune, le cardinal avait écrit de nombreuses satires et qu'il avait dû faire figure d'exemple pour Joachim. Toutefois, il se cachait alors derrière des allégories, des termes allusifs et une temporalité incertaine et il se défiait de la confidence privée. Même si certains propos étaient assez gaillards, les confessions sentimentales de l'ecclésiastique étaient, selon Perrine Galand, atténuées par le travestissement mythologique et une certaine obscurité de l'énonciation[6]. Ce n'était pas le cas des écrits de Joachim. *A posteriori* en effet, on comprend que certains propos sur les ecclésiastiques ou des saints lieux pouvaient déplaire :

> Celui qui par la rue a vu publiquement
> La courtisane en coche, ou qui pompeusement
> L'a pu voir à cheval en accoutrement d'homme.
>
> Superbe se montrer : celui qui de plein jour
> Aux cardinaux en cape a vu faire l'amour,
> C'est celui seul, Morel, qui peut juger de Rome.

Toujours dans *Les Regrets* :

> Il nous faudra demain visiter les saincts lieux,
> Là nous ferons l'amour, mais ce sera des yeux,
> Car passer plus avant c'est contre l'ordonnance.

Et dans les *Poemata* (« Amores 9 »), à propos de Faustine enfermée dans un couvent, Joachim s'imagine en travesti, faisant l'amour dans un saint lieu ! « Oh ! S'il m'était permis de faire furtivement l'amour là où, malheur à moi, est enfermée mon amie et, changeant de vêtement, d'emprunter une figure tout autre, comme jadis Jupiter fut une chaste Diane : le corps couvert d'un voile virginal, comme je supporterais bien les règles du saint lieu ! »

Dans le contexte romain, de tels passages ajoutés à ceux sur Paul IV, pape jusqu'à sa mort en août 1559, pouvaient mettre le cardinal dans une situation délicate. Ainsi, le 4 septembre 1559 il pouvait écrire que si le roi de France et le pape n'étaient pas décédés il aurait pu y avoir des scandales irrémédiables[7]. Certes, Joachim n'avait pas fait vœu de chasteté, mais les relations charnelles en dehors des liens approuvés par l'Église restaient condamnables. Jusqu'alors, les tribunaux fermaient les yeux sur les histoires d'amour, tout comme pour l'adultère où il fallait qu'il y ait constitution de partie formelle. Les poètes de la Renaissance, tels que Ronsard, qui étaient ecclésiastiques, n'étaient ni inquiétés pour leurs écrits ni pour leur conduite. Cependant, il y avait une exception mal vue : les relations avec les religieuses[8]. À propos de Faustine, qui n'était pas religieuse mais qui était tout de même enfermée dans un couvent, Joachim prenait de grands risques. Il ne mesurait pas, ou trop tard, qu'entre le moment où il avait écrit et 1559, en moins de quatre ans, les temps avaient terriblement changé. L'Inquisition se renforçait à Rome, le pape devenait chaque jour plus rigoriste, poursuivant les subversions morales, et le cardinal était de moins en moins en odeur de sainteté.

Joachim apprit les réactions du cardinal par l'un de ses amis, évêque de Toulon, qui avait reçu une lettre de Jean du Bellay.

Ce dernier fulminait contre son irresponsable « neveu[9] ». La disparition du roi et de sa protectrice jouant en sa défaveur, les critiques prirent un autre tour et plusieurs personnes se déchaînèrent. La langue haineuse qu'il dénonce dans l'*Élégie à Jean Morel d'Embrun* est certainement celle d'Eustache du Bellay, l'évêque de Notre-Dame qui supportait de moins en moins le contrôle et les décisions de Joachim. Il n'était sûrement pas le seul à le dénigrer. Le lecteur se questionne donc sur l'identité de celui que Joachim étrille dans l'*Élégie*, en rappelant qu'anciennement il ne jurait que par lui, qu'il lui était plus cher que tous les autres, qu'il lui promettait la fidélité ; c'était autrefois comme un frère chéri qui n'aurait finalement que simulé son affection pendant tant de mois. Je ne peux soupçonner Ronsard, mais n'était-ce pas ce Breton qui partagea sa chambre pendant plusieurs mois quand il était à Rome ? Si c'est le cas, il pourrait bien s'agir d'une vengeance du chapitre. En effet, certains biographes[10] ont identifié ce personnage comme Nicolas le Breton, qui vécut bien à Rome quelque temps au service du cardinal et qui devint chanoine de Notre-Dame en 1559, au plus fort des dénonciations… Une histoire de jalousie se profile derrière ce vers de Joachim traduit du latin : « On ne peut du tout se fier aux cœurs que tourmente la rage de posséder[11]. »

Il en résulta au cours de l'été 1559 une suite de lettres, certaines disparues, entre le cardinal et Joachim qui regrettait de ne pas pouvoir aller à Rome pour s'expliquer directement. Nous ne disposons pas de la lettre empreinte d'indignation – selon les mots de Joachim – du cardinal Jean du Bellay. Il était très inquiet du pouvoir croissant de l'Inquisition qui s'intéressait de plus en plus à la France où les partisans de la réforme progressaient en nombre, y compris au sein de l'aristocratie. Le cardinal lui signale donc ce risque de l'Inquisition certainement sans lui préciser qu'au même moment, lui-même risquait d'aller en prison. Il ne semble pas non plus avoir soulevé le fait que *Les Regrets* étaient dédiés à Jean d'Avançon, l'homme lige de son ennemi intime, Charles de Lorraine, alors ambassadeur à Rome, chargé de surveiller le cardinal et peut-être même coupable d'avoir empêché son accession à la papauté. Il comprenait peut-être – et c'en était d'autant plus vexant, même si Jean du Bellay était connu pour son humour et son autodérision – que cette dédicace servait à Joachim à se rapprocher, *via* Jean d'Avançon, de Charles de Lorraine qui prônait l'importance du pape – ce qui pouvait le protéger – et qui s'était imposé comme un homme d'influence à la Cour[12]. Joachim, pour sa part, n'avait pas évoqué son absence parmi les bénéficiaires du testament de son oncle. Ces omissions témoignent de la mésentente qui s'était insidieusement installée entre les deux hommes dans la capitale romaine, aboutissant à l'arrivée de Jean Moreau pour assister le cardinal. Ils montrent aussi que Jean du Bellay demeurait le chef incontesté de son clan, le bras droit de la papauté et qu'il n'avait jamais abandonné un membre de sa famille. D'autant plus que ce dernier, en portant son nom, risquait de lui causer bien des tracas.

Dans ses lettres de réponse, les derniers jours de juillet et août 1559, Joachim du Bellay se montre de plus en plus humble et il présente des excuses de plus en plus plates, tout en invoquant la bonté naturelle du cardinal. Certains de ses arguments étonnent le lecteur imprégné d'une vision de l'Église des XIXe et XXe siècles, à moins que Joachim ne soit hypocrite ou bien malade, l'une de ces raisons n'empêchant pas les autres. Selon lui, il n'a rien écrit contre l'honneur de l'Église, même s'il a déchargé sa colère sur le papier contre la famille de Paul IV qui avait créé des ennuis au cardinal et contre tous ceux qui le calomniaient et attaquaient son honneur. « Tout le reste ne sont que risées et choses frivoles, dont personne (ce me semble) ne se doit scandaliser s'il n'a les oreilles bien chatouilleuses. » Il poursuit en signalant combien ses écrits ont été appréciés par des gens qu'estime le cardinal. Il ne s'agit d'ailleurs que de pensées fugitives alors qu'il était fatigué, de mots couchés sur le papier pour se délasser, jamais destinés à être publiés et surtout – contrairement à ce qu'affirment ses détracteurs – il n'a jamais attaqué le cardinal ; il ne se plaint pas de lui mais de son malheur et de l'ingratitude de ceux à qui le cardinal a donné tant de biens et d'honneurs et qui l'ont si mal remercié. En ces instants, Joachim se trouve bien loin de son introduction à monsieur d'Avançon, et de son assurance face aux médisants : « Du mesdisant j'auray peu de soucy. » N'avait-il pas pourtant écrit dans *Les Regrets* :

> Si tu veulx seurement en Court te maintenir,
> Le silence (Ronsard) te soit comme un decret[13].

Adieux, choses frivoles

> « Pourquoi, [...] après avoir renoncé au jeu pour les choses sérieuses, après avoir abandonné la poésie, ne poursuivrais-je pas une carrière plus utile ? »
>
> Joachim du Bellay,
> *Élégie à Jean Morel d'Embrun*, 1560.

Un événement assez étonnant, certainement préparé depuis le début de l'année 1559*, eut lieu le 9 août 1559, alors que Joachim était grabataire : la vente de la seigneurie d'Oudon

* Le duc Anne de Montmorency qui avait été capturé à la bataille de Saint-Quentin venait d'être libéré contre une forte rançon.

dont il s'occupait depuis 1551 en tant que responsable de son neveu Claude du Bellay. L'acte ne précise pas s'il était présent, pas plus que l'acheteur[14]. De toute évidence il mettait de l'ordre dans ses affaires familiales mais avec un montage obscur, où l'on devine l'ombre du cardinal, comme tout ce qui semble entourer cette période de sa vie. La seigneurie fut vendue juste avant que son neveu n'atteigne 20 ans et que Joachim n'en soit plus responsable et juste avant que le jeune homme ne parte pour l'Écosse, envoyé par le roi dans l'une de ses armées pour défendre la cause catholique. L'acheteur n'était autre que le connétable Anne de Montmorency ! Jean du Bellay lui restait redevable et avait dû se réjouir de le savoir libéré – il avait été détenu plus d'un an après la bataille de Saint Quentin – peu de temps auparavant et de retour à la Cour, où il pourrait à nouveau défendre ses intérêts. Toutefois rien n'est simple dans cette affaire. Le dossier comme l'acte notarié sont enchevêtrés. Tous les premiers acteurs avaient disparu, laissant à leurs héritiers le soin de se disputer ce qui restait. D'après certains biographes, Joachim aurait même dû affronter les hommes de loi du connétable, les anciens propriétaires ayant remis leur cause entre ses mains[15]. Mais en août 1559, avec ce qu'on sait des relations de Joachim avec son oncle et de celles de ce dernier avec Montmorency, on devine une autre réalité. Il se pourrait que, grâce à ses liens avec le roi, Montmorency ait réussi, probablement à la demande du cardinal, à lever la saisie de la seigneurie d'Oudon qui l'était sur requête du procureur général du roi en Bretagne. La manœuvre permit la vente, une affaire profitable pour le connétable mais aussi pour le cardinal qui faisait bénéficier son protecteur d'une nouvelle seigneurie et pour son neveu qui se trouvait enfin dégagé de cette histoire familiale avant même la majorité de celui dont il s'occupait.

Cette transaction assurait par ailleurs à Joachim de recevoir une somme le jour de Noël 1559…

Joachim, grabataire et sourd, devait se sentir de plus en plus isolé socialement. Il comprenait que le temps où il pouvait agir librement touchait à sa fin. Le climat se tendait, chaque geste était scruté. La mort du pape le 18 août 1559 avait redonné une importance au cardinal qui allait devoir convoquer un conclave pour une nouvelle élection. Il était, temporairement, numéro un de l'Église catholique et il n'allait pas pouvoir supporter un scandale à propos de son représentant en France, surtout après le décès de Jean Moreau qui laissait Joachim seul, une situation qu'il craignait et qu'il avait su jusque-là éviter.

Il fallait donc prendre une décision* et il demanda sèchement à Joachim du Bellay de renoncer à ses fonctions de vicaire général et de procureur. Contrarié par cette requête, Joachim exprime son mécontentement dans une lettre datée du 1er septembre 1559[16] : « Ce qui me donne plus d'ennui, c'est l'injure que l'on me fait de me vouloir ôter sans révocation ni autre exprès commandement de vous ce qu'il vous a plu me donner. » Un peu plus d'un mois plus tard, dans l'*Élégie à Jean Morel d'Embrun* destinée à la publication, Joachim choisit de présenter la situation sous un jour favorable, se dépeignant en grand seigneur mais admettant les bénéfices tirés de sa position, car le cardinal lui avait peut-être déjà fait remarquer que ce qu'il écrivait dans *Les Regrets* n'était pas tout à fait exact : « Bien que je pusse continuer à m'acquitter d'un tel office en beauté et dans l'opulence – j'avais la haute main sur les affaires –, j'ai spontanément démissionné, content, avec plaisir, en toute liberté. » Cette demande de démission s'accompagnait certainement de la

* Cette décision ne peut être comprise qu'en prenant en compte les actes notariés où Joachim décline ses titres, une lettre écrite au cardinal et sur sa toute fin de vie l'*Élégie à Jean Morel d'Embrun*.

part du cardinal d'une autre requête mais aussi d'une promesse. Joachim en rémission de ses écrits devait rentrer dans les ordres et, une fois qu'il y serait, le cardinal lui trouverait une prébende honorable. Dans l'acte notarié du 9 août, Joachim ne se présente d'ailleurs plus comme vicaire général et procureur du cardinal, et dans un autre acte du 9 octobre, le titre a définitivement disparu et Joachim du Bellay est nommé à partir de cette date « noble et discrète personne », ce qui signifiait peut-être qu'il était devenu ecclésiastique[17], même si ce titre est parfois ambigu.

Cette conversion ne dut pas se faire ni simplement ni spontanément mais, toujours dans l'*Élégie à Jean Morel d'Embrun*, le lecteur comprend ce qui a pu se passer. Joachim commence en rappelant quel poète il a été et il poursuit : « Si notre décision est sage, si elle est utile, je ne cherche pas à le savoir : il me suffit de l'avoir prise. » Après avoir précisé que ce qui est important, c'est ce qui apporte le salut à l'âme, il termine cette partie de l'*Élégie* par : « Mais pourquoi, si j'en avais la possibilité, après avoir renoncé au jeu pour les choses sérieuses, après avoir abandonné la poésie, ne poursuivrais-je pas une carrière plus utile ? Les Muses n'ont pas un tel prix à mes yeux, non plus que les loisirs ; je n'ai pas envie de délirer à ce point quand ma raison est intacte. » De toute évidence, le cardinal lui avait demandé d'arrêter « risées et choses frivoles », « ses jeux et ses loisirs », d'abandonner la poésie et de passer « aux choses sérieuses ». Sentant sa fin approcher, il écrivit une épitaphe* qui ne fut jamais inscrite sur sa tombe : « Je m'appelle du Bellay et j'étais

* Montjoye, 1763, p. 399, traduit du latin. J'en donne la translation du vieux français : « Passant, mon nom seul vous fera reconnaître que je suis issu d'une famille illustre et d'une ancienne maison ; je suis enfermé dans ce tombeau ; je m'appelle du Bellay et j'étais poète ; je ne dis pas grand poète : cela ne suffirait pas à me connaître, même si mes vers seraient plus que suffisants ; la seule grâce que j'ai à vous demander, passant, c'est de convenir que j'ai été pieux et que je n'ai jamais offensé ceux qui ont fait profession de piété : si vous-même aimez la piété gardez-vous d'offenser mes mânes. »

poète ; je ne prétends pas être un grand poète. » Par ces mots, il reconnaissait avoir mal écrit des passages que l'on pouvait lui reprocher, mais il ajouta aussitôt que ses vers étaient suffisants pour qu'on le connaisse. Il termina en s'adressant au passant que l'on assimile sans mal au cardinal : « La seule grâce que je vous demande, passant, c'est de convenir que j'ai été pieux et que je n'ai jamais offensé ceux qui ont fait profession de piété. » Plus d'un siècle et demi après son décès, un de ses biographes se souvenait que « ce ne fut que sur la fin de sa vie qu'il dit adieu à la galanterie, et qu'il songea à prendre des occupations plus sérieuses, et plus dignes d'un ecclésiastique[18] ».

Le conclave pour désigner le nouveau pape, ouvert en septembre 1559, devait durer plus de trois mois. Ce fut une épreuve pour les cardinaux : le secret des débats n'était pas respecté et les intrigues se succédaient, chaque parti tentant d'imposer son candidat. Pour l'Église catholique, cela engendra un sentiment diffus d'attente angoissée[19]. Les prélats et les rois, informés courrier après courrier de la stérilité des discussions, ressentaient cette tension palpable. Finalement, dans la nuit de Noël ce fut le cardinal Médicis, évêque de Milan, soutenu par les Français et les Espagnols, qui fut élu et prit le nom de pape Pie IV. Il rouvrit le concile de Trente en 1562 et c'est lui qui en présida la clôture en 1563.

Durant les six derniers mois de 1559, le cardinal Jean du Bellay n'eut donc pas à s'occuper exclusivement des affaires françaises. Jusqu'en décembre 1559, ses échanges épistolaires avec la famille du Bellay laissaient entendre que la question du devenir de nombreuses prébendes n'était pas encore réglée, mais il continuait à soutenir Joachim et à s'en servir. Pour autant, il était sérieusement malade et il avait dû sortir du conclave[20]. Joachim, dans les mois précédant sa mort, chercha à récupérer à Notre-Dame une prébende et donc le titre de chanoine, certainement par intérêt financier mais aussi peut-être pour se prémunir de l'Inquisition et d'une possible excommunication. Quoi qu'il en soit, dans le dernier acte notarié qu'il signe le 5 décembre 1559, Joachim du Bellay est toujours désigné comme « noble et discrète personne », mais aussi « protonotaire », titre mal défini mais qui n'avait jamais été énoncé jusque-là. Contrairement à ce qu'affirment nombre de biographes, il n'est pas impossible, comme l'histoire non officielle le racontait encore à la fin du XVIIIe siècle, qu'il allait être éloigné de Paris et devenir archevêque de Bordeaux[21], selon le bon vouloir de Jean du Bellay. Dans une lettre écrite trois jours avant le décès de Joachim, l'évêque de Paris, Eustache du Bellay, signale perfidement au cardinal que, pour les affaires, Joachim ne fait preuve ni de clairvoyance ni de compétence – étant complètement sourd –, et qu'il ne l'est guère plus « pour le fait de la religion ». On comprend donc qu'il était en religion, bien que le statut exact en demeure inconnu.

CHAPITRE 21

Joachim ou la révolte du poète loyal

« Il fit de ses haineux une belle vengeance. »

Joachim DU BELLAY, *Les Regrets*, XL.

Je commençais à saisir les raisons pour lesquelles le chapitre s'était montré si agité à l'annonce de la mort de Joachim et aux décisions qu'il avait prises pour son enterrement, fixé au 3 janvier 1560. Pourtant, si mes calculs sur la nomination du nouveau pape et mes soupçons sur la rancœur du chapitre envers Joachim étaient justes, je m'attendais à d'autres réactions de sa part. Durant les délibérations sur l'inhumation, j'avais noté l'absence du chantre, Claude de Bizet.

Le 4 janvier 1560 au matin, tout bascule. C'est la panique. On fouille les affaires du mort, on récupère les lettres du cardinal. Ce n'était plus seulement une question de géométrie, de trouver un emplacement pour une tombe. Il y avait bien autre chose, quelque chose de sourd, dissimulé derrière les silences. La maison du chantre fut considérée comme celle de Joachim. Si elle devait, d'après le règlement, être déclarée vacante le jour suivant son décès[1], ses héritiers auraient dû pouvoir bénéficier des quinze jours suivants avant que le chapitre ne fasse apposer par son greffier les sceaux de l'église sur les meubles. Cette procédure visait à évaluer les frais de réparation de la maison à régler par la succession avant qu'elle ne soit remise aux enchères[2]. Dans le cas de Joachim du Bellay, il est indiqué, non pas dans les relevés officiels mais dans les minutes du chapitre du 4 janvier[3], qu'elle fut fermée ce jour-là par une chaîne, en fait mise sous scellés et que des lettres du cardinal Jean du Bellay et des meubles furent saisis alors que le chantre ne s'y trouvait plus.

Une telle décision et surtout une telle précipitation sont étonnantes. Pour tenter d'y répondre, il nous faut nous tourner vers le calendrier. Comme nous l'avons signalé, dans la nuit du 24 au 25 décembre 1559, un nouveau pape avait été élu, tandis que l'état du cardinal du Bellay se dégradait depuis début décembre, date de sa dernière apparition au conclave. Il fallait alors par courrier rapide une dizaine de jours, parfois moins, pour qu'une nouvelle issue de Rome arrive à Paris[4]. Mais le nouveau pape utilisait ce qu'il appelait « un courrier volant » dont il se servait pour ses relations urgentes avec la capitale du royaume de France. Ainsi, le 16 février 1560, juste après la mort du cardinal du Bellay, il envoya un tel messager au roi pour lui signaler qu'il allait « récupérer » les prébendes du prélat. Il se pourrait que, le 3 janvier au soir ou au plus tard le 4 janvier au matin, la nouvelle de l'élection du nouveau pape mais aussi celle de la santé déclinante du cardinal qui allait perdre son influence aient été connues du chapitre. Il fallait s'assurer de la correspondance du cardinal, notamment tout ce qui touchait aux prébendes et aux bénéfices, car, lors de sa disparition, de nombreux prélats français risquaient d'être lésés[5].

Moins d'un jour après l'inhumation de son ami, le chantre n'était plus là, comme le mentionnaient les minutes du chapitre. Nommé grâce à la pression de Joachim, il avait disparu. Avait-il pris la fuite ? Peut-être. Ce qui est certain, c'est qu'il avait compris que sans Joachim il n'était plus rien.

Il remit sa démission de chantre, mais c'était une manière polie de dire qu'il avait été démis. Le 4 mai 1560, en raison de cet accord très politiquement correct, il reçut tout de même un lot de compensation, la prébende de Renaud de Combrailles[6] qui devint chantre à son tour[7] ! C'était l'un des deux commissaires que le chapitre avait envoyés demander à la famille et à ses amis où ils souhaitaient que Joachim fût inhumé ; c'était donc un proche avec lequel un accord fut possible. Bizet décéda le 10 avril 1573, dans sa maison claustrale et, en tant que chanoine de Paris, il fut inhumé à Notre-Dame sans que malheureusement le lieu n'en soit précisé*.

J'avais saisi les réactions du chapitre et compris que Jean du Bellay, malgré son ire et ce qu'ont pu écrire bien des biographes, avait soutenu Joachim jusqu'au bout. Pourtant, Joachim l'avait mis dans une situation difficile. Peut-être à cause de quelques frivolités, de galanteries sans importance. Mais surtout, à cause de ces écrits sur ce pape, encore vivant lorsque *Les Regrets* furent publiés. Joachim n'était pas un délateur, mais un lanceur d'alerte. Ses écrits, repris par les huguenots, le prouvent. L'impact

* Selon l'abbé Bourdeaut, le chanoine Claude de Bizet serait décédé le 10 avril 1572, mais il s'agit d'une erreur. L'étude de Darwin Smith révèle que le décès de « Claude de Bizé » est en réalité consigné dans le registre LL 159, non paginé (minutes), à la date du 10 avril 1573 et dans le registre LL 160 (copie au net) p. 77, où l'on peut lire : « *Relata morte defuncti domini magistri Claudii de Bizé dum viveret canonici Parisiensis ; hodie citra horam quartam mane in sua domo claustrali decessit.* » Ce qui se traduit par : « La mort du défunt sire maître Claude de Bizet, de son vivant chanoine de Paris, est rapportée ; il est décédé aux environs de quatre heures du matin dans sa maison claustrale. » Par la suite, il est précisé que 5 sous tournois par jour sont versés à la garde-malade qui l'a veillé durant cinq jours et cinq nuits à la fin de sa vie.

d'un lanceur d'alerte est sociologique : « Il déboussole les cadres interprétatifs. L'alerte est rupture, chaos. Elle a la même force de désordre que l'événement. Elle bouscule le contexte établi, la routine, l'organisation acceptée[8]. »

Ce qui est surprenant chez Joachim, c'est que, lui qui avait toujours proclamé son respect pour Jean du Bellay, ait fini par critiquer l'institution. Bien sûr, Joachim avait certains traits des lanceurs d'alerte d'aujourd'hui[9] : son sexe, son âge, le poste qu'il occupait, son expertise dans les affaires religieuses et sa frustration au travail. Il en allait de même pour ses valeurs et son éducation. C'était un homme de son temps, un aristocrate. Il ne pouvait supporter qu'un vagabond dresseur de singes devienne cardinal. Son éducation, il l'avait reçue en partie de son oncle, archidiacre de Notre-Dame et proviseur de la Sorbonne. Une éducation stricte, rigoureuse, proche de celle des sorbonnistes, qui auraient été choqués, avec le recul, par ses écrits. Comme les lanceurs d'alerte modernes, Joachim finit par payer le prix de sa dénonciation de la vérité.

Pourtant, les lanceurs d'alerte d'aujourd'hui sont des altruistes[10], souvent naïfs, qui oscillent entre la justice et la loyauté[11] et qui choisissent la justice. En lisant du Bellay et en plongeant dans son univers, je n'ai jamais pensé qu'il ait été altruiste mais il était loyal. Contrairement aux lanceurs d'alerte, ce n'était ni un naïf – il n'avait pas su sentir le changement, c'est différent – ni un homme légèrement obsessionnel[12] qui aurait pu croire qu'on le récompenserait pour avoir écrit contre le pape. Et pourtant, il a choisi la justice, comme si son expérience à Rome avait transformé son moi profond, comme s'il s'était « affranchi de la loi des pères et des anciens systèmes d'obéissance ou de conformité à des règles extérieures[13] ». Il fallait donc se pencher sur sa maladie et relire, encore une fois, sa poésie.

PARTIE V

LES MAUX DE JOACHIM, MIROIR D'UNE HUMANITÉ

CHAPITRE 22

Joachim, poète de ses maux

« Mourant sans pouvoir mourir. »

Joachim DU BELLAY,
« La complainte du désespéré », 1552.

Une maladie si ordinaire

Les descriptions partielles de la tuberculose du poète par des chercheurs[1], ainsi que mes propres recherches et lectures de ses œuvres, m'avaient convaincu que l'histoire médicale de Joachim du Bellay se confondait avec celles établies au XIXe siècle en France, lorsque, en l'absence d'antibiotiques, les médecins en étaient réduits à suivre la maladie avec des traitements parfois plus évolués qu'au XVIe siècle, mais tout aussi impuissants. À cette époque où les différentes manifestations de la maladie étaient agrégées sous une seule entité tuberculeuse, les médecins avaient pu suivre et décrire la succession des étapes de la maladie, là où auparavant ils ne voyaient souvent que des signes ou des maladies distinctes selon les divers stades d'atteintes de la patiente ou du patient.

Après s'être peut-être installée silencieusement pendant son adolescence, une forme grave de la tuberculose semble s'être déclenchée chez Joachim du Bellay au cours de sa troisième décennie. Cette maladie a progressé par vagues, avec ses hauts et ses bas, jusqu'à ce qu'elle l'emporte dix ans plus tard. Au XIXe siècle, en marge des formes foudroyantes de la maladie qui emportaient le malade en quelques mois, la tuberculose chronique chez les hommes jeunes s'étirait parfois sur plusieurs années, avec des conclusions diverses, presque toujours mortelles : la phtisie étant alors considérée comme l'une des maladies chroniques les plus énigmatiques et les plus polymorphes[2].

En 1891, le docteur Paul dresse le portrait du malade typique. La maladie commençait furtivement dès l'adolescence et se développait jusqu'à l'âge de 23 à 25 ans. À cette étape, elle se révélait par une toux légère et sèche, rarement fatigante, quelques filets de sang minimes, un essoufflement, une perte de poids et des sueurs nocturnes abondantes. Vers la trentaine, après une infection intercurrente banale telle qu'un simple rhume ou une maladie mineure, elle prenait soudainement de l'ampleur. Les crachats avec du sang, bien que parfois absents, devenaient plus fréquents, accompagnés de douleurs thoraciques, surtout entre les omoplates en cas d'aggravation. La peau pâlissait, sauf aux pommettes, conférant au patient une teinte plombée. Sa voix s'éraillait, l'expectoration devenait abondante. La fièvre apparaissait d'abord le soir, puis elle devenait persistante, susceptible d'entraîner des vomissements. Vers la fin, en plus de ces signes, la soif devenait intense, la diarrhée se manifestait, la voix se faisait de plus en plus faible, la perte de poids s'intensifiait, la faiblesse devenait extrême. Parfois, une agitation nerveuse maintenait le patient presque actif jusqu'à ses derniers instants[3]. Le docteur Pidoux, qui consultait dans des centres médicaux qui pouvaient recevoir des tuberculeux de bien nombreuses années après le début de leur maladie, précisait qu'elle pouvait durer longtemps et qu'elle pouvait s'interrompre : « Elle peut d'ailleurs avoir des moments d'arrêt plus ou moins longs : on croit le malade guéri, puis une rechute se produit, toujours plus grave que la précédente ; à chacune le mal a progressé. Quelquefois il y a des temps d'arrêt qui paraissent indéfinis […] d'autres fois il y a des améliorations[4]. »

La trajectoire de la maladie de Joachim du Bellay est donc comparable à celle des tuberculoses observées trois cents ans après. Elle démontre que, dès la Renaissance, certains malades résistaient pendant de nombreuses années au bacille de Koch. Ce parallélisme nous permet d'examiner en détail les différentes phases de la maladie du poète qui s'accompagna d'une atteinte osseuse qui débuta certainement deux ou trois ans avant son décès. Il s'agit d'une description exceptionnelle, car la façon dont les malades développaient et vivaient les signes de la maladie est inconnue pour cette époque dans la mesure où elle n'était pas identifiée comme telle par les médecins. Sa tuberculose méningée est plus complexe parce qu'elle semble avoir connu une phase relativement précoce, dès sa troisième décennie, avoir régressé, puis finalement être réapparue sous une forme chronique, là aussi au moment du retour de Rome aux débuts de sa quatrième décennie avant de flamber dans les mois précédant le décès.

Du Bellay et l'inspiration de la maladie

Dans les mois précédant sa mort, Joachim du Bellay offre à son ami intime et mécène des poètes, Jean de Morel, la fameuse *Élégie* que nous avons déjà évoquée. Elle était écrite en latin. Une habitude prise à Rome, il avait utilisé quotidiennement le latin dans ses fonctions d'intendant du cardinal tout en côtoyant les vestiges de l'Antiquité que recherchait son oncle. Dans ses écrits d'inspiration plus personnelle, du Bellay s'inscrit dans une tradition littéraire commencée par la génération des *Poetae Novi*, ce cénacle de poètes romains du Iᵉʳ siècle avant J.-C. qui avait rompu avec une écriture et qui célébrait les héros et la grandeur de la nation, pour privilégier l'exaltation de sentiments personnels, l'amour, le désir, la séparation, l'abandon ou le deuil[5]. Dans cette *Élégie*, du Bellay transcende ce cadre littéraire pour offrir un récit à caractère autobiographique, voire un testament spirituel. Il distingue deux phases pendant lesquelles sa maladie l'affaiblissait au point de lui faire garder le lit. La première s'étend entre 1550 et 1551, alors qu'il était à Paris au collège de Coqueret, et la seconde d'août 1557 à sa mort. La première fut précédée d'une période où son état de santé était déjà très préoccupant, suscitant l'inquiétude de ses amis ; quant à la période de 1552 à 1557, il s'agit d'une rémission très relative où les épreuves physiques, telles que le voyage aller à Rome, pouvaient être à l'origine de surinfections, de fièvre et d'épuisement et où des complications neurologiques liées à sa méningite chronique pouvaient survenir par à-coups.

Sur les tout débuts de sa maladie, nous ne savons rien. Dès son adolescence, Joachim du Bellay lutte contre une maladie tout en faisant son deuil des champs de bataille. En effet, dans le recueil *L'Olive* il offre quelques sonnets, tels le XLV et le CIII, en partie énigmatiques mais qui renvoient pour le premier à un état de souffrance précoce :

> Je vois faisant un cri non entendu
> Entre les fleurs du sang amoureux nées,
> Pale, dessous l'arbre pale étendu.

Et de son fruit amer me repaissant,
Aux plus beaux jours de mes vertes années
Un triste hiver sent en moi renaissant.

Les métaphores utilisées sont complexes, parfois énigmatiques. Des biographes ont compris un « cri non entendu » et « les fleurs du sang » comme une évocation de l'amour et des roses rouges. Ne signaleraient-elles pas plutôt dans le contexte de ses vertes années, lors des moments où il se retrouvait pâle et solitaire dans la campagne, une toux empreinte de crachats sanguinolents ? Toujours dans le recueil *L'Olive*, dans le « Sonnet CIII », il est question d'une fièvre hardie, qui le fait languir et qui aurait laissé une femme, qu'il appelle mère ou marâtre, allongée. Sa mère décéda avant 40 ans et son entourage n'avait peut-être d'elle que des souvenirs d'une femme fatiguée, irritable, ce qui suggère *a posteriori* une tuberculose ; maladie pour laquelle on connaît des susceptibilités familiales, ne serait-ce que par l'exposition à un environnement semblable.

Quoi qu'il en soit, Joachim du Bellay fait une première annonce de sa maladie dans l'introduction de son premier recueil de poèmes, le 21 octobre 1549. Cet événement se produit dans son œuvre *Recueil de poésies présenté à Madame Marguerite, sœur unique du Roi*. Par des mots simples et presque timides, il annonce : « Je me suis replongé dans les choses que je pensais pouvoir vous procurer un certain plaisir, sans que la maladie ou tout autre empêchement ait pu détourner mon esprit de cette entreprise plutôt agréable[6]. » Cette publication, en cette année 1549 où sa santé chancelle déjà, revêt pourtant une importance particulière car il s'agit du premier volume de poésies – certainement rédigé au cours des deux ou trois années précédentes – par lequel la Brigade se présente au public, amorçant ainsi ce qui deviendra la Pléiade. Dès leurs premiers pas, ses membres se placent sous l'égide de la sœur du roi, une princesse passionnée des lettres, qui n'arrivera cependant pas à toujours les imposer à la Cour[7]. Cependant, en le faisant paraître seul, Joachim du Bellay devance Ronsard, avant même *La Deffence et Illustration de la langue françoise*. Cette décision de publication, alors qu'ils étaient tous deux au collège de Coqueret, aurait pu entraîner une querelle passagère entre les deux hommes[8]. Cependant, l'état de santé précaire de Joachim est tel que Ronsard ne peut maintenir ses reproches, il a trop peur qu'il décède. Par amitié mais aussi pour l'encourager à tenir, il lui rend un bel hommage dans son recueil d'*Odes*, paru entre 1550 et 1552. Il souligne que leurs jugements, leurs études approfondies, leurs longues fréquentations et l'ardent désir de raviver la poésie française, les ont presque rendus semblables dans leur esprit d'invention et de travail acharné. Cinq odes sont dédiées à Joachim du Bellay, le « Gentilhomme angevin, » dont celle-ci.

Aujourd'hui je me vanterai
Que jamais ne chanterai
Un homme plus aimé que toi
Des neuf Pucelles et de moi.

Dans le troisième livre, l'« Ode XIV », publiée en 1550, s'intitule « De la convalescence d'un sien ami ». Joachim n'est pas nommé ; les deux hommes étudiaient ensemble au collège de Coqueret et de toute évidence Joachim ne désirait pas que l'on sache qu'il avait été si gravement malade. Au XVIe siècle, un tel affaiblissement était souvent l'annonce d'un décès proche ; or il tient à conserver son rôle dans la Brigade et il ne désire pas que la Cour et les mécènes commencent, peut-être même à leur insu, à faire leur deuil de sa personne. Ses amis se sont sentis démunis face à lui dont on croyait qu'il allait mourir et pour lequel on priait. Heureusement, par un beau mois de juin, du Bellay semble désormais convalescent.

> Mortes sont les fièvres cruelles
> Qui reongeoient ses chères mouelles ;
> Son œil est maintenant pareil
> Aux fleurs que trop les pluies baignent
> Envieuses de leur vermeil.

En 1549 et 1550, Joachim du Bellay publie *La Deffence et Illustration de la langue françoise* et en deux fois un recueil de poèmes, *L'Olive.* Il faut attendre février 1552 pour qu'il publie la traduction du quatrième livre de *L'Énéide* et un recueil de poésies, *Œuvres de l'invention de l'auteur.* La traduction présente de nombreux défauts et selon certains – qui ne connaissaient pas les subtilités liées à sa maladie – les poésies seraient médiocres[9]. De toute évidence, après le premier épisode chanté par Ronsard, le poète a eu un passage à vide ; une période sombre qu'il n'évoquera qu'à la fin de sa vie, dans son *Élégie à Jean de Morel* : « Tout à coup surviennent des maladies et de cruelles souffrances qui mettent aux portes du trépas. Ce mal m'enleva ma force accoutumée, me tourmenta deux ans et me cloua sur un lit de douleurs. La Muse me consola de ce triste accident et fut seule le remède à mes maux. Alors pour la première fois je lus les poètes latins et grecs. Qu'aurais-je fait, n'ayant aucun repos, aucun plaisir, n'ayant pas la libre disposition de moi-même[10] ? » Lorsque l'on connaît la suite de la maladie, on comprend qu'Amsler et Bruel concluaient déjà en 1931 à une poussée grave de tuberculose.

Hélas pour Joachim du Bellay, cette poussée grave s'accompagna d'une méningite chronique qui peut se présenter de façon très variable. Les principaux signes qui s'installent progressivement sont de la fièvre, un malaise général, des maux de tête, voire des paralysies, qui peuvent ne pas être très sévères[11]. Les complications les plus fréquentes sont une diminution de la vue, des bourdonnements d'oreille et une surdité, notamment lorsque la base du crâne est atteinte, ce que nous avions par ailleurs constaté lors de l'examen du cavalier de Notre-Dame[12]. Savoir si la tuberculose méningée peut régresser spontanément fut l'objet d'intenses discussions médicales à la fin du XIXe et aux débuts du XXe siècle[13]. Ce fut finalement accepté même s'il est probable qu'aujourd'hui, avec les moyens d'investigation dont nous disposons, on démontrerait certainement qu'il s'agit bien d'une rémission mais en aucun cas d'une guérison*. L'issue heureuse dépendait « soit de la résistance accrue des patients à l'action des bacilles tuberculeux, soit de la faible virulence des bacilles eux-mêmes[14] ». Les études les plus pointues d'aujourd'hui** vont dans ce sens. La méningite chronique est liée à une réaction inflammatoire elle-même associée aux défenses du sujet, ce que l'on appelle le système immunitaire. Les différences entre les chances de survie, notamment chez l'adulte, semblent dépendre de facteurs génétiques propres au sujet et au

* Notons qu'il existe aussi des méningites récurrentes (Ginsberg et Kidd, 2008) essentiellement liées à des anomalies anatomiques associées à une ouverture des méninges sur l'extérieur. C'est peu probable dans le cas du cavalier en raison de l'atteinte du corps de l'occipital caractéristique en paléopathologie d'une atteinte tuberculeuse qui, en imagerie sur le vivant, se traduit dans cette zone par d'autres types de lésions visibles au scanner (Bullock et Welchman, 1982). Notons toutefois que l'analyse du scanner du crâne du cavalier menée par les docteurs M. Roques et F. Deduit (CHU de Toulouse) révèle la présence de petites zones millimétriques d'ostéolyse au niveau des toits des pyramides pétreuses et dans les oreilles moyennes. Étant donné la nature bilatérale, presque symétrique et peu destructrice de ces observations, il s'agit d'une variante ressemblant à la déhiscence du tegmen tympani (Lang, 1983).

** Les comparaisons avec les études contemporaines sont difficiles car la méningite chronique tuberculeuse chez l'adulte est souvent associée aujourd'hui à une atteinte par le VIH ou à un autre déficit immunitaire.

type de bacille tuberculeux impliqué, dont la dangerosité de certaines souches est reconnue[15]. Au cours de ces phases de rémission, la fièvre va disparaître, mais la surdité va persister[16]. Nous ne savons pas si la mention de l'œil dans l'« Ode XIV » de Ronsard est seulement une approche poétique pour signaler que Joachim allait mieux ou s'il avait déjà eu des troubles oculaires[17]. Quoi qu'il en soit, à ce stade, les séquelles auditives furent d'importance, à l'origine d'une surdité des deux oreilles qui, à ce moment de sa vie, ne fut pas totale mais qui le désespéra.

Le poème le plus connu des *Œuvres de l'invention de l'auteur*, et certainement l'un des poèmes français les plus déchirants sur la maladie, est « La complainte du désespéré ».

Qui prestera la parole
À la douleur, qui m'affole ?
Qui donnera les accens
À la plainte, qui me guyde
Et qui laschera la bride
À la fureur que je sens ?

La méningite chronique entraîne bien souvent un état dépressif majeur, dont l'un des signes est la tristesse profonde, ce qui est le cas pour Joachim qui s'en rend compte et qui la dénonce comme aucun poète ou écrivain ne l'avait fait avant lui :

Mais la tristesse profonde,
Qui d'ung pié ferme se fonde
Au plus secret de mon cœur,
Seule immuable demeure,
Et contre moy d'heure en heure
Acquiert nouvelle vigueur.

Les cinq cent dix vers du poème, même s'ils s'inscrivent dans une mode poétique[18], ne sont que l'expression d'une révolte terrible face à la maladie. Trois ans se sont écoulés depuis qu'il annonçait timidement au public et à la sœur du roi qu'il était malade. La phase où il a dû souvent demeurer alité, voire dans un état subcomateux par moments[19], entre 1550 et 1552, ainsi que cela lui était déjà arrivé avant 1550 comme l'écrivait Ronsard, est désormais révolue. Peut-être a-t-il même quitté Paris pour se retirer à Liré puisqu'il déclare qu'il se traîne par les champs, que les soucis qui l'accompagnent ensemencent la campagne et qu'étant sourd il ferme la porte au doux gosier des oiseaux. Dans un premier temps, Joachim, qui avait lu les poètes latins alors qu'il était alité, s'attelle à traduire Virgile et tente de réécrire quelques vers, comme si tout ce qui venait de lui arriver était enfin terminé. Mais la douleur chronique est là, véhémente, et il écrit qu'elle le tourmente, tout comme il précise qu'il n'entend plus ni la pluie, ni les vents, ni l'orage tout en étant très gêné par des bourdonnements d'oreille incessants : « L'éternelle tempête qui brouille dedans ma tête, mille tourbillons enclos. » L'insomnie, un autre signe de la méningite chronique[20], le poursuit.

Mais le mal, qui me reveille,
Ne permet que je sommeille
Un seul moment de la nuict,
Sinon que l'ennuy m'asomme
D'ung espoüantable somme,
Qui plus que le veiller nuyt.

Sa poitrine est « cuite », tellement il a toussé, sa tuberculose lui donne une teinte plombée et, de son visage pâlissant, la vive couleur s'éteint. Une languissante nue lui cille déjà la vue, exprimant des troubles visuels qui, dans le cas de la méningite chronique, s'accompagnent parfois d'un « œil sec » avec une diminution des larmes. On retrouve d'ailleurs ce signe dans *Les Regrets*[21] avec « le mal par les yeux qui ne s'alambique pas », ce qui renvoie au fait de ne pas pouvoir pleurer, ce qui d'ailleurs devient inutile selon lui. Cela éclaire aussi des vers de « La complainte du désespéré » où il se demande qui tracera sur son visage une trace larmoyante, semblable à deux ruisseaux de pleurs. Enfin, il se voit déjà vieux dans le triste hiver qui le blesse, alors qu'il devrait être dans l'été de sa vie.

Cette douleur qui l'accable nuit et jour étouffe littéralement son esprit. Après des mois à endurer une souffrance insoutenable, à nourrir l'espoir, tel tout malade, que demain sera meilleur, qu'il fallait donc jusque-là la dissimuler, il ne se berce plus d'illusions. Toujours dans « La complainte du désespéré » publiée en 1552 :

Mais la douleur vehemente,
Qui maintenant me tormente,
A repoussé loing de moy.
Telle fureur insensée,
Pour entrer en ma pensée
Le trait d'un plus juste esmoy.

Dans cette œuvre poétique, on découvre comment la douleur chronique s'enracine dans l'essence même du sujet, gangrenant chaque fibre de son être et altérant sa perception et son rapport au monde[22]. Un engrenage s'instaure où la douleur engendre la dépression et cette dernière à son tour exacerbe la souffrance. Chez du Bellay, la poésie devient le reflet exhaustif et parfait de cette souffrance et de ses complications ; sa capacité à digérer les pensées sombres est restreinte et son physique renfrogné présente les signes de cette dépression :

Ainsi aveq' noire myne
Tout furieux je chemine
Par les champs plus eslongnez,
Remaschant d'ung soucy grave
Mile fureurs, que j'engrave
Sur mes sourciz renfrongnez.

Plus de quatre cent soixante-dix ans plus tard, Boris Cyrulnik, neuropsychiatre, ne décrit pas différemment l'aspect extérieur du dépressif : « Votre corps exprime alors une émotion d'abattement ou de colère. Vos sourcils froncés, votre tête baissée, vos réactions renfrognées n'invitent pas à la relation. En renforçant la solitude qui vous désespère, votre organisme s'imprègne de substances toxiques, l'isolement affectif et la misère verbale orientent vers la dépression et les troubles organiques[23]. »

Dans l'ombre de la douleur, le seuil de tolérance aux vicissitudes du quotidien s'efface, laissant place à une sensibilité exacerbée où chaque souci se mue en une épreuve, chaque fardeau en un malheur inévitable. Non seulement Joachim ressent ces sensations mais il arrive – encore – à les analyser :

Helas, pourquoy tant s'augmentent
Les malheurs qui me tormentent
Desesperé d'avoir mieux ?
Ou pourquoy à les accroistre,
Par trop les vouloir congnoistre,
Suys-je tant ingénieux ?

Il glisse dans une irritabilité profonde, une quête désespérée aux origines de son affliction, parcourant les ombres de son passé à la recherche d'une clarté insaisissable. Chaque souvenir, chaque fragment d'histoire se transforme en une question sans réponse : quelles fautes, quels actes oubliés pourraient avoir tissé la trame de ce destin ? Dans ce dialogue intérieur incessant, il se demande s'il a, par mégarde ou ignorance, offensé une âme, défié le ciel ou contrarié les desseins divins. Y avait-il des présages, des murmures du sort qu'il aurait négligés ? Pourquoi lui, apparemment innocent des grands péchés de ce monde, doit-il porter ce fardeau ?

Las, pourquoy ne se retire
De moy ce cruel martyre,
Si mes innoncentes mains,
Pures de sang et rapines,
Ne feurent onques inclines
À rompre les droictz humains ?

Après le martyre s'installent naturellement la culpabilité et les remords.

Divine majesté haulte,
D'où me viennent, sans ma faulte,
Tant de remors furieux ?

Dans cet inexorable cheminement de la dépression et de la douleur, l'isolement et la fragilisation des liens sociaux s'insinuent. Ses amis, dans leur maladresse, tentent vainement de lui apporter du réconfort, mais il leur en tient rancœur, comme si leur présence même était une insulte à sa souffrance.

Si l'injure desriglée
De la fortune aveuglée,
Si ung faulx bonheur promis

Par les saveurs journalières,
Si les fraudes familières
Des trops courtizans amis.

Dans cette implacable spirale, l'altération de l'image de soi et le déclin inéluctable de l'initiative et du désir émergent de cette souffrance[24]. La Muse semble abandonner le poète, sa vocation le trahit. Pire encore, des auteurs ont décrit en 1905 à Paris le cas d'un homme de 30 ans, atteint d'une méningite chronique – dont il guérira – présentant des symptômes semblables à ceux de Joachim du Bellay tels que fatigue, maux de tête, insomnie mais également des accès de délire accompagnés d'idées de persécution[25] ; ces pensées trouvent un écho dans la poésie de Joachim :

Pourquoy ont la terre, et l'onde,
Mais pourquoi a tout le monde
Conspiré pour me facher.

Finalement, il ne lui reste plus qu'à envisager la mort comme seule issue, espérant y trouver la fin de ses tourments ; la douleur est si accablante qu'il aurait préféré ne jamais naître :

Heureuse la créature,
Qui a fait sa sépulture
Dans le ventre maternel !

Aux débuts de 1552, le recueil s'ouvre par « La complainte du désespéré » et il s'achève par l'« Adieu aux Muses », esquissant l'image d'un poète qui, renonçant à l'ombre de la mort, admet cependant que la poésie ne sera plus le but de son existence. Joachim du Bellay introduit le recueil par une « Épître » adressée à Jean de Morel, rédigée quelques mois après « La complainte du désespéré ». Dès les premières lignes, il égrène ses pensées et comment « la fortune m'a voulu préparer tant de calamitez », puis annonçant une démarche qui le suivra régulièrement il pèse les pour et les contre. Ce recueil l'aurait simplement empêché de « languir en oysiveté », mais c'est certainement l'un des derniers avant son décès imminent et il pourrait lui ouvrir les portes de l'immortalité des poètes. « Je veux bien encore donner à notre langue quelques-uns de mes ouvrages qui seront (comme je pense) les derniers fruits de notre jardin, non pas aussi savoureux que les premiers, mais peut-être plus robustes. » C'est là un aveu d'acceptation, un pas vers sa fin, qu'il confie à Jean de Morel avec simplicité comme il le fera quelques années plus tard avant son trépas.

Finalement, entre les années 1549 et 1552, Joachim du Bellay a parcouru et mis en lumière avec précision émotionnelle les étapes d'un combat contre une maladie longue et dévorante, anticipant les réflexions d'Elisabeth Kübler-Ross, psychiatre et psychologue, qui ne formulera qu'en 1976 les différentes phases de ce véritable travail de deuil qu'est l'acceptation d'une maladie grave[26]. Il commence son récit avec une affection sournoise, imputée à sa constitution fragile, avant de se heurter brusquement à la réalité de son état : immobilisé, confiné au lit pour une durée qui s'étirera sur près de deux ans. S'ensuivent des périodes de souffrance aiguë et de profond désespoir, marquées par une phase de révolte, jusqu'à ce que la maladie soit finalement acceptée, sans que le lecteur d'aujourd'hui puisse deviner s'il s'agit d'une résignation ou d'une affirmation de la vie. À l'inverse de certains patients et patientes d'aujourd'hui, du Bellay ne semble pas avoir traversé de phase de déni, celle où l'on refuse de voir la vérité en face, ou, s'il l'a vécue, elle ne transparaît pas explicitement dans ses écrits.

CHAPITRE 23

Éclaircies et rechutes

« La richesse naturelle,
C'est la santé corporelle. »

Joachim du Bellay,
Œuvres de l'invention de l'auteur, 1552.

Entre 1552 et 1553, l'état de santé de Joachim du Bellay connaît une éclaircie. C'est dans cet interstice de répit qu'il rédige l'*Hymne de santé*, un texte empreint d'une volonté de renaissance, élaboré dans le sillage des *Œuvres de l'invention de l'auteur*, où transparaissait une lutte contre l'effacement, la recherche d'une immortalité par les mots. L'ombre de la mort semble s'éloigner un temps, laissant place à un espoir de guérison. C'est dans ce contexte que Joachim va se rapprocher du cardinal Jean du Bellay. Les biographes de Joachim ont insisté sur le fait qu'il était parti pour Rome au printemps 1553 avec la promesse d'une situation financière assurée et par fidélité au cardinal. Ces raisons ont évidemment joué, mais j'ai signalé le peu de confiance que le cardinal avait en Joachim, faisant appel à Jean Moreau dans les situations délicates. Il ne faut donc pas négliger l'hypothèse selon laquelle le cardinal lui aurait proposé ce voyage par compassion, lui faisant miroiter de bons médecins, un temps clément et des revenus assurés contre la charge d'intendant de sa maison. La durée du séjour n'était sûrement pas précisée et, si Joachim quittait ses amis avec une nouvelle soif de vivre, il espérait peut-être les revoir rapidement. Ce voyage vers Rome, envisagé comme un possible renouveau, s'inscrit dans cette période de convalescence, comme un signe d'amélioration tangible de sa condition. Pourtant, le périple s'avéra éprouvant pour Joachim du Bellay.

Les voyageurs s'arrêtèrent à plusieurs endroits, dont Saint-Symphorien-de-Lay, dans la Loire. C'est là que le frère du cardinal, le capitaine de Langey, était décédé : « Laissant le Roy, pour s'en aller à Dieu[1]. » Joachim signale lors de cette halte sa lassitude et sa fatigue physique, puis il a cette expression énigmatique : « Rongé du soing qui plus me nuict », faisant allusion à une maladie qui l'englace et l'allume à la fois. Au cours de la nuit, il rêve du capitaine de Langey, surnommé « Ce grand Langé, qui par les astres luict », dont il avait peut-être assisté à l'enterrement dans la cathédrale du Mans. Il est difficile de déterminer si ce qu'il a vécu relève de l'imagination poétique, d'un rêve authentique ou d'une hallucination. La fatigue avait peut-être facilité une poussée de tuberculose avec une fièvre, traitée à l'époque par des saignées, une pratique médicale courante au XVIe siècle, bien que souvent plus nocive que bénéfique pour le patient. Cette méthode était justifiée par les enseignements d'Hippocrate et de Galien, fondés sur la théorie des humeurs, qui prônait l'élimination des excès en cas d'inflammation. La saignée était particulièrement recommandée au printemps, saison associée au sang, période à laquelle se déroulait le voyage. Bien avant que Molière ne critique ces méthodes, Joachim pourrait avoir été conscient de leurs effets néfastes. La fièvre et les baisses de tension artérielle provoquées par les saignées pourraient aussi avoir contribué à des hallucinations.

Le voyage de Joachim se poursuivit à travers Lyon, Genève, les Grisons, Coire et Côme, pendant lequel son état de santé se détériora rapidement. Selon un sonnet[2], il fut contraint de s'arrêter à deux reprises, laissant ainsi le reste de la caravane avancer sans lui. Il se questionnait sur sa capacité à atteindre Rome un jour. Ces interruptions furent immortalisées dans deux sonnets célèbres, « En la fureur de sa fièvre » et « De la saignée qui lui osta la fièvre ». Pour comprendre le premier, il est essentiel de se pencher sur le second. La guérison de sa fièvre, évoquée dans le premier sonnet, fut attribuée à une saignée, qu'il qualifie de « bonne, sainte et divine », et dont il s'étonne de l'avoir précédemment méprisée. Cette pratique le rétablit miraculeusement, lui rendant la couleur de son teint, sa force et le courage de poursuivre son voyage. De nos jours, un médecin ne peut que s'interroger sur ce qui a bien pu se passer, ce qui rend nécessaire une exploration des maladies pour lesquelles la saignée était particulièrement efficace. La plus remarquable est sans doute son impact sur les troubles respiratoires, notamment l'œdème aigu du poumon, caractérisé par des difficultés respiratoires, une sensation d'étouffement, une toux produisant parfois des expectorations rosées et mousseuses, ainsi qu'une coloration bleutée de la peau et des muqueuses. Plusieurs facteurs peuvent provoquer cet œdème, y compris les infections ou surinfections pulmonaires, ce qui, dans le cas de Joachim du Bellay, n'aurait pas été surprenant en raison de la tuberculose. En plus d'une forte fièvre, il décrit une sensation d'étouffement, comme si des tenailles le saisissaient de l'intérieur, et une angoisse comparable à « l'ardeur du maugréant Thébain » – une référence bien connue de son public à Hercule, originaire de Thèbes, qui, après avoir revêtu une tunique empoisonnée, subit de terribles souffrances qui le conduisirent à la mort. Il parle également d'une mousse sanglante, retrouvée dans des œdèmes aigus du poumon, semblable à de la lave, s'échappant de sa gorge, dans ce vers fameux « Ce Montgibel, qu'horrible je dégorge », faisant référence au volcan Etna, également connu sous le nom de Mongibello en italien. La saignée fut, dans ce cas, salvatrice.

Le changement introduit dans sa vie par les débuts de son séjour à Rome semble avoir eu un impact positif sur sa santé. Arrivant en été, il bénéficia d'un changement climatique favorable qui joua sans doute un rôle important, de même que l'accès à une nourriture abondante et de qualité, offerte par le cardinal. En outre, fasciné par la découverte de la ville, il s'adonna à une activité incessante, ce qui lui laissa peu de temps pour se concentrer sur ses afflictions[3]. En ce qui concerne sa maladie, l'établissement d'une chronologie précise de son séjour romain s'avère complexe. Nous avons cependant quelques points de repère qui sont fournis par ses biographes qui ont noté les événements militaires auxquels Joachim du Bellay fait allusion. De nombreux sonnets des *Regrets* auraient été composés après 1555, l'année des désillusions ; l'« Hymne de la surdité », une pièce des « Divers jeux rustiques », aurait été écrite après 1556[4]. Quant à l'« Épigramme 35 » des *Poemata*, que nous avons déjà abordées à propos de sa tuberculose cervicale, et qui est dédiée à Jean de Morel, elle doit être proche de son retour en France, voire écrite à Paris. Avec cette atteinte, un long voyage – même si au retour la première partie italienne fut réalisée en bateau – aurait été difficile.

Du début de l'été 1553, date de son arrivée à Rome, à son départ fin 1557 ou début 1558, une lecture séquentielle des œuvres romaines révèle une possible chronologie relative des phases de la maladie. Il semble qu'elle fut toujours présente et handicapante, s'accentuant après 1555, mais d'expression modérée par rapport à sa flambée lors de son retour en France*. Lors de ce séjour, Joachim du Bellay ne s'étendit guère sur son état physique, mais il se plaignait amèrement de son retentissement sur son moral. Ainsi, dans *Les Regrets*, le lecteur est invité à suivre la redécouverte de son état « Moi qui suit malheureux je plaindrai mon malheur[5] » qu'il signale à son ami Ronsard : « Ton du Bellay n'est plus[6]. » Ce sont ensuite des phases de révolte et de négociations avec lui-même, puis des phases d'acceptation et de réflexion. Le fait qu'il revienne sur certaines de ces phases, ou que certaines se retrouvent parfois avant les autres**, est soit lié à des inversions chronologiques de sonnets lors de leur publication, soit à l'alternance de phases de surinfections et de rémissions relatives. À cette époque, il était suivi comme nous le verrons par les meilleurs médecins, il se méfiait des successions de saisons, et la seconde hypothèse pourrait être la bonne. Au début des *Regrets*, il cherche des raisons à ses malheurs, puis il y a ce fameux « Sonnet XXXI » – « Heureux qui comme Ulysse » – que l'on peut comprendre comme un appel au secours, le désir de rentrer chez soi. Il y a ensuite la phase d'acceptation de son état.

Je visse ma franchise en prison se changer,
Et la fleur de mes ans en l'hiver de ma vie[7].

Il y a, une fois l'acceptation réalisée, une phase d'espoir :

Je dois à l'avenir, si j'ai quelque raison,
D'un grand contentement consoler ma vieillesse[8].

---

* Des cas de rémission de méningite chronique laissant le patient « tranquille » pendant trois ans sont connus dans l'ère préantibiotique (Martin, 1909, p. 225).

** Ainsi, l'« Hymne de la surdité », qui semble dater de fin 1556, correspond à une phase de réflexion sur son état, tandis que le « Sonnet XXXVII » des *Regrets* correspond plus à une phase d'acceptation, alors qu'il lui est peut-être antérieur.

À partir de 1555, ses désillusions sur son avenir semblent aller de pair avec une dégradation de son état de santé. Au moment où la maladie est acceptée, il semble qu'il ne puisse en parler.

Et pourquoi ne se peut mon âme dispenser
De ne sentir son mal ou de s'en pouvoir plaindre[9] ?

L'atteinte osseuse de la tuberculose en est peut-être à ses premières manifestations.

Il n'est feu si ardent qu'un feu qui est enclos,
Il n'est si fâcheux mal qu'un mal qui tient à l'os[10].

Si, dès son arrivée à Rome, apprendre les succès féminins de Ronsard et le mécénat dont il jouit de la part du roi le rend rêveur, voire légèrement jaloux, lui qui est seul sur les rives latines, loin de ses amis « son plus riche trésor[11] », c'est toutefois à partir de 1555, date de ses désillusions sur son avenir, que son état psychologique et physique se détériore. Ni lui ni le lecteur ne peuvent faire la part de l'un ou de l'autre.

Je n'écris de plaisir, me trouvant douloureux
Je n'écris de bonheur, me trouvant malheureux[12].

À partir de cette date, la fatigue, l'un des grands signes de la tuberculose mais aussi de la dépression, le ralentit ; il n'a plus d'ardeur, même si c'est durant cette période que la plupart des sonnets des *Regrets* auraient été écrits. Entre 1556 et 1557, Joachim du Bellay écrit l'« Hymne de la surdité » qui s'inscrit dans la tradition de l'éloge paradoxal des maladies, en faveur dans la poésie néolatine de la Renaissance[13], mais qui correspond à une phase de réflexion et à un cri de désespoir adroitement dissimulé, comme s'il cherchait refuge derrière une illusion à une époque où son handicap n'échappait à personne[14]. « Écoutez-moi et lisez-moi, dit-il, je ressemble au meilleur d'entre nous – Ronsard, sourd lui aussi –, mais comme lui, je ne suis pas de la secte de ceux qui vont mal ou qui sont angoissés et si je ne peux pas saisir un bon propos qui se tient à table au moins je ne suis pas sujet aux importuns caquets d'un prêcheur ignorant, à la longue prose d'un prêtre, au babil d'une femme, aux remontrances d'un valet, aux injures d'un maître, aux paroles mordantes de la Cour, toutes raisons qui vous donnent envie d'être sourd ! »

Cet « Hymne de la surdité » pourrait signaler le début d'une rechute dans sa méningite chronique, exacerbant un état de santé déjà fragile. Son retour en France et l'épuisement lié au voyage n'ont fait qu'empirer sa condition. Toujours dans l'« Épigramme 35 » des *Poemata*[15] qui date de cette époque et qu'il dédie à Jean de Morel, il décrit comment ses maux de tête s'aggravent – c'est dans cette épigramme qu'il annonce que sa tête se glace –, il poursuit par « enfermés dans mes oreilles, avec un grondement énorme, les vents m'arrachent la possibilité d'entendre et de converser. La nuit s'étend, couvre mes yeux, et la nuée arrose d'une pluie de larmes mes joues, toujours humides. Mon sang se retire, un tremblement glacé secoue mes membres qui frissonnent ». Pour les médecins d'aujourd'hui, ces vers renvoient à des signes tels que des bourdonnements d'oreille, de la fatigue visuelle, des yeux larmoyants*, des frissons et une sensation générale de faiblesse ou d'anémie.

* L'atteinte oculaire est polymorphe dans la méningite chronique, voire changeante, et la diminution de la vue et l'œil larmoyant pourraient signer une uvéite chronique.

En 1558, il publie ses *Œuvres latines*, preuve d'une activité intellectuelle toujours vive, mais son engagement diminue au cours des deux années suivantes, d'autant plus qu'il avait promis au cardinal lors des derniers mois de sa vie de cesser d'écrire. Il ne tiendra cette promesse que partiellement, choisissant de naviguer prudemment en louant les souverains ou en se consacrant à des traductions latines. La dégradation de sa santé s'accélère avec les complications osseuses liées à sa maladie. Quelques mois avant sa mort, il devient grabataire, ce qui correspond à une accentuation de sa méningite chronique et de sa tuberculose, notamment osseuse. Cette évolution terrible de ses états physique et psychique peut être suivie grâce à l'*Élégie à Jean Morel d'Embrun*[16] et à des échanges épistolaires. En juillet, il annonce à son ami Jean de Morel sa surdité[17] ; elle s'était donc un peu plus accentuée. Dans l'*Élégie,* deux mois avant son décès, il accuse ses détracteurs de l'avoir tué : la maladie « avait perdu de sa virulence ; elle était presque vaincue : mes malheurs ont provoqué une seconde attaque plus cruelle ».

Cette attaque correspond à une aggravation sévère de sa méningite chronique. En effet, vers la même date, il demande par courrier à Jean de Morel de saluer pour lui Marguerite de France qui quitte Paris pour aller en Savoie car il ne peut pas se déplacer en raison de cette « fâcheuse et importune surdité qui me contraint de demeurer continuellement enfermé dans ma chambre ». Jusqu'au bout, Joachim persiste à minimiser vis-à-vis de l'extérieur l'ampleur de son mal. Encore aux débuts du XVIIIe siècle, l'un de ses premiers biographes[18] pouvait écrire : « Comme il avoit rapporté d'Italie une surdité qui lui rendoit la compagnie moins agréable, il aima plus que jamais la retraite & la solitude. » Joachim avoue toutefois à demi-mot à Jean de Morel qu'il est cloué à son lit, sans possibilité de bouger, sinon il aurait pu continuer à se déplacer pour voir sa bienfaitrice. La surdité seule, celle de Ronsard par exemple, ne tue pas et n'empêche pas de se déplacer. Avec Joachim nous sommes face à quelque chose de différent, il est en fin de vie atteint de tuberculose pulmonaire, osseuse et d'une méningite tuberculeuse dont la surdité n'est que l'une des conséquences. Cette surdité est totale, comme le rapporte Paschal dans son épitaphe pour le poète, « il devait entendre avec ses yeux et parler à ses amis et proches avec ses mains[19] ».

Encore une fois, Jacques-Auguste de Thou, historien informé par son neveu Nicolas de Thou, proche de Joachim du Bellay, rapporte des faits bien différents que ceux donnés à la Cour ou à des mécènes. Il nous apprend ainsi que Joachim mourut à Paris d'une paralysie[20], une complication classique de la méningite chronique en fin de vie. Pour Camille Falconet, médecin consultant de Louis XV, il « étoit sourd, & mourut paralytique à trente-cinq ans[21] ». Il est probable que, comme pour l'autopsie, les médecins du roi aient conservé des notes de leurs prédécesseurs concernant ce célèbre patient, dont les signes cliniques avaient été observés et suivis durant de nombreuses années. En fait, dès juillet ou début août 1559, Joachim est grabataire, la tuberculose et la méningite achèvent leur œuvre, le laissant dans une lente agonie.

Le 28 décembre 1559, dans une lettre au cardinal, Eustache du Bellay signale la fin proche de Joachim qui à son « départ de Paris, il était du tout sourd, comme il est à cette heure, sans quasi aucune espérance de guérison ». La fin ne peut être que déduite des écrits de ses amis qui vinrent le voir le 1er janvier et qui tentèrent de le faire sourire. Dans un dernier éclair, Joachim dut faire un effort avant de s'effondrer quelques heures après. Il y a là, à nouveau, un parallèle avec le décès des tuberculeux du

XIXe siècle décrit par le docteur Paul (1891) : « On croit qu'à chaque instant, que le pauvre agonisant, qui ne tient à la vie que par un souffle, va mourir dans une quinte de toux ou une syncope, et cependant il résiste jusqu'à ce qu'un jour il soit tout à coup pris de faiblesse et meure au moment où il faisait les plus riants projets pour le temps où il serait guéri[22]. »

L'*Élégie* adressée à Jean de Morel par Joachim avait pour objectif de communiquer au cardinal son affection et son profond respect, tout en exprimant le chagrin que les reproches de ce dernier lui avaient causé. Il révèle qu'il avait même envisagé de mettre fin à ses jours, ce qui était une confession grave, surtout après son entrée définitive dans les ordres. Il informe également le cardinal de la manière dont il a été la proie de sa muse et, plus encore, de ses détracteurs qui le haïssaient autant que le cardinal. Celui-ci, contrairement à Joachim, a réussi à endurer la haine tout au long de sa vie, une résilience qui devrait le conduire au ciel. Pour notre propos, c'est aussi une phase d'acceptation de celui qui sait désormais qu'il va mourir. Il cesse de se lamenter et de souffrir, reconnaissant ses erreurs comme étant humaines. Il implore donc le cardinal de lui accorder son pardon, tout en se considérant innocent et sans faute. Cette *Élégie* illustre à la fin de sa vie une démarche d'explications, de réconciliation ainsi qu'une quête de rédemption.

CHAPITRE 24

Joachim, ses médecins et la naissance des soins palliatifs

« Je suis sourd et paralytique [...], je suis de pierre, je suis de marbre.
– De pierre, soit ! [...] Pourvu que tes écus soient d'argent. »

Ludovico ARRIVABENE, *Sylvius ocreatus**, 1555.

En 1556, alors qu'il est à Rome, Joachim du Bellay écrit, dans ce qu'il appellera lors de la parution *Divers jeux rustiques*, un « Hymne de la surdité » dans lequel il dénonce de façon humoristique la vie romaine, s'appuyant sur sa complicité avec Ronsard, sourd ou à moitié sourd, comme lui. Dans ce texte, l'un des passages les plus commentés par ses biographes concerne la description anatomique de l'oreille. Du Bellay décrit la façon dont les sons frappent par le « pertuis de l'ouïe, le petit cartilage qui de l'oreille est le fidèle portier », appelé aujourd'hui le tympan, et qui était connu des anatomistes depuis très longtemps.

* Dialogue satirique contre le médecin Jacques Dubois, dit Sylvius, et contre Rabelais, défendant la suprématie des Italiens dans le domaine de la médecine, mais signalant aussi combien elle pouvait revenir cher.

Plus étonnamment, il parle aussi de trois osselets. Nous savons aujourd'hui que ceux-ci transmettent les vibrations du tympan en un signal mécanique, qui sera transmis à une autre membrane. Celle-ci met en action un liquide qui, dans une disposition en forme de labyrinthe, fait onduler des cils, à l'origine d'autant d'influx nerveux qui seront transmis à un nerf, autrefois appelé sinueux. Joachim aborde cette explication par le passage suivant :

> […] Ce nerf sineux
> Qui, par le labyrinth' d'un chemin tortueux,
> Le son de l'air frappé conduit en la partie,
> Qui discourt sur cela, dont elle est avertie.

Ici le terme de la « partie » fait référence au cerveau et plus exactement à la zone du cerveau, alors inconnue, qui décrypte ces influx nerveux en autant de sons que nous percevons.

Ce poème fournit plusieurs éléments remarquables sur les relations entre du Bellay, le savoir médical de son époque et ses médecins. Il parvient à retranscrire en vers un fonctionnement et une anatomie particulièrement complexes, faisant allusion aux trois osselets de l'oreille moyenne :

> […] Les trois petits os,
> Qui sont à cest effect en noz temples enclos.

De plus, il perçoit qu'il doit y avoir des parties du cerveau capables de traiter les informations apportées par les nerfs. Sa compréhension de la physiologie montre qu'il s'intéressait particulièrement à sa maladie et qu'il essayait, certainement avec l'aide de médecins et d'ouvrages médicaux, d'en décrypter précisément le mécanisme. L'allusion aux trois osselets de l'oreille démontre qu'il était à la recherche des meilleurs médecins de son temps. En effet, dès 1549, Ambroise Paré signale dans l'un de ses premiers ouvrages qu'il y a deux osselets que certains comparent à une enclume et à un marteau – ce qui deviendra leurs noms. Cependant, ce n'est que dans la publication de *La Méthode curative des playes et fractures de la teste humaine*, écrite cinq ans après l'hymne de Du Bellay, qu'Ambroise Paré décrit le troisième osselet sous le nom latin de *stapes* ou « étrier » en français. Dès lors, d'où du Bellay tenait-il ses informations inédites ? Il publiait, pour la première et peut-être la dernière fois dans l'histoire de la médecine, une découverte médicale majeure dans une poésie, bien avant sa description dans un ouvrage spécialisé !

Selon Jane McAdoo, une chercheuse anglaise qui s'est intéressée à cette étonnante question[1], cela viendrait du fait qu'il avait consulté lors de son séjour à Rome Realdus Columbus, ami de Michel-Ange, professeur d'anatomie et de médecine à Naples, renommé pour son savoir et qui pourrait avoir décrit à Joachim une découverte d'une autre grande sommité médicale et italienne de l'époque, Giovanni Ingrassia, professeur d'anatomie qui se trouvait en Sicile lors du séjour de Joachim dans la capitale romaine. À la fin des années 1530, Realdus Colombus et Giovanni Ingrassia étaient des élèves de Vésale, l'un des plus grands anatomistes de son époque. Il exerçait alors à l'université de Padou, et Ingrassia lui succéda après son décès. Il semble qu'il ait découvert le troisième osselet durant une dissection publique à Naples et diffusé très tôt cette découverte, publiée après sa mort, auprès de ses collègues et de ses étudiants dont son ami Realdus Colombus, qui aurait pu d'ailleurs tenter de s'approprier cette trouvaille !

Du Bellay recherchait les meilleurs médecins et se tenait informé des dernières avancées médicales de son époque. Il a eu la chance d'évoluer dans un milieu médical dès son arrivée à Poitiers, et probablement bien avant, lorsqu'il vécut avec son oncle à Paris durant sa jeunesse. Alors qu'il était malade, il fréquenta le collège de Coqueret qui, outre la littérature, était un lieu réputé d'enseignement de la médecine. Les cousins germains de son père, le seigneur de Langey et le cardinal du Bellay, eurent successivement Rabelais, médecin, comme secrétaire, et, outre son médecin attitré, le cardinal Jean du Bellay s'entourait toujours d'une équipe médicale. Il avait été sérieusement malade en 1551, mais aussi bien plus jeune. En 1528, alors qu'il était en Angleterre, il fut atteint d'un catarrhe, certainement une affection bronchique, qui le tourmenta pendant six semaines et qui empirait chaque fois qu'il sortait. Il en garda une très mauvaise opinion des médecins anglais[2]. À Rome, son équipe médicale comptait en permanence au moins deux médecins, ainsi qu'un barbier-chirurgien[3], et il pouvait toujours compter sur les médecins du pape. S'il changeait fréquemment de médecins, il leur accordait néanmoins une grande confiance, comme en témoigne le fait qu'il les convoquait toujours, parmi ses témoins fidèles, lors de ses deux rédactions de testament[4]. Au moins avec l'un d'eux, Remigio Donluci, Joachim du Bellay semble avoir entretenu une certaine complicité, l'interrogeant familièrement, l'appelant Doulcin, dans le « Sonnet XCVII » des *Regrets*, à propos des femmes possédées du démon que l'on rencontrait alors à Rome :

Doulcin, quand quelquefois je vois ces pauvres filles
Qui ont le diable au corps, ou le semblent avoir.

Elles « le semblent avoir », dit-il au médecin, car si elles l'effraient avec leurs yeux révulsés, la fin de l'histoire n'est plus médicale mais comique :

Mais quand je vois un moine avecques son latin
Leur tâter haut et bas le ventre et le tétin,
Cette frayeur se passe, et suis contraint de rire.

Cette familiarité suggère une relation quasi quotidienne de ces médecins dont le cardinal réglait les émoluments. Ceux-ci devaient représenter une certaine somme, bien que non exorbitante, puisque par an un peu plus que cinq fois une lavandière*. Toutefois, cette estimation est à prendre avec circonspection car, après le décès du cardinal, ses médecins Lutin Piet et Francesco Festo firent partie de ceux qui réclamèrent de l'argent ou des arriérés à ses successeurs[5].

Il était connu que les médecins italiens étaient considérés comme meilleurs que les français[6]. Il en allait de même pour les apothicaires, car toute découverte dans ces domaines était aussitôt envoyée au pape à Rome. L'un des motifs du départ de Joachim pour Rome fut peut-être cette quête de médecins capables de le guérir, à moins que l'un des nombreux médecins qu'il côtoyait ne lui ait déjà recommandé un changement d'air pour améliorer sa santé. En effet, dans le traitement de la tuberculose – et avant qu'elle ne fût diagnostiquée –, celui des maladies pulmonaires, ce changement d'air était une pratique courante jusqu'à la découverte des antibiotiques au milieu du XXe siècle. Les patients étaient envoyés dans des centres spécialisés, situés en montagne ou au bord de la mer et il était conseillé aux malades du nord de la France de se reposer « dans le Midi[7] ». Cette notion de modification de l'air, considérée comme bénéfique ou nuisible selon les circonstances, trouve son origine chez Hippocrate, un médecin grec du IVe siècle avant

* Del governo évalue à 100 écus par an le salaire d'un médecin et à 1,5 écu par mois celui d'une lavandière. Cité par Petris, « Annexe 4. La familia de Jean du Bellay », *in* Michon et Petris (dir.), 2014.

notre ère, reconnu comme le père de la médecine occidentale. Au milieu du XVIe siècle, sa pensée exerçait une grande influence sur la médecine, et le cardinal avait été ainsi envoyé lors de sa longue maladie de 1551 à la campagne afin de profiter du bon air, celui de Paris paraissant déjà vicié pour ses contemporains ! Il en allait de même de Rome puisque au printemps 1559 il écrivait : « Après avoir fait de mon mieux à Rome pour que la situation ne se détériore pas davantage en attendant les mesures que doit apporter M. le cardinal de Lenoncourt, je suis venu me réfugier ici, à une petite journée de route. Autrement, je me retrouvais avec la mort entre les dents[8]. » Pour Hippocrate, l'air, les aliments, les boissons, le sommeil et les passions de l'âme, dont l'activité sexuelle pour certains, étaient des éléments essentiels à prendre en compte dans le maintien de la santé. Joachim suit ainsi les prescriptions de son ou de ses médecins et, dans les *Amores*, écrits à Rome en latin, il explique à une jeune femme pourquoi il la fuit[9]. « Tu habites une bien belle maison, superbe, somptueuse, magnifique, ouverte à tous, mais que j'habite dans un lieu si ouvert quand souffle le *caurus* [vent du nord-ouest], le médecin ne l'approuve pas. »

Bien que des médicaments tels que le quinquina, reconnu pour sa capacité à abaisser la fièvre, n'aient commencé à être importés du Nouveau Monde qu'à la fin du XVIe siècle, on se souvient que celui qui embauma le cavalier puisa sans doute dans les ressources de la maison du défunt, choisissant des plantes telles que l'hysope et la sauge. L'hysope était réputée pour ses bienfaits sur les poumons, notamment dans le traitement de la toux et de ce que l'on appellera plus tard la tuberculose, qui laissait les malades d'une pâleur spectrale. Au XIXe siècle, reprenant des textes anciens de l'école italienne de médecine de Salerne au Moyen Âge on en chantait encore les louanges : « L'hysope du poumon purge le phlegme humide ; D'hysope cuit au miel le poumon est avide ; Lorsqu'une toux chronique allume sa chaleur, L'hysope du visage embellit la couleur[10]. » Et encore : « Un breuvage de miel et d'hysope vanté, rend au poumon guéri son jeu, sa liberté[11]. » La sauge, quant à elle, semblait prédestinée à apaiser les souffrances de Du Bellay, dont les derniers jours furent marqués par des maux de tête persistants et des paralysies. Son nom même évoque la sagesse, celle qui sauve : « Elle affermit les nerfs [...]. De la fièvre soudain le feu languissant meurt [...]. À la tête souffrante, elle apporte secours[12]. » Et l'on disait encore : « La sauge est bonne pour fortifier les nerfs. Elle est employée dans la paralysie[13]. » Les médicaments et les décoctions semblaient donc bien adaptés à ce patient, qui bénéficiait par ailleurs d'un accès à de l'eau potable et, sans doute, à une alimentation riche. Lorsqu'il résidait à Rome, il jouissait également d'un climat favorable. Ces éléments, à eux seuls, pouvaient à l'époque soulager de nombreux tuberculeux, voire guérir au XIXe siècle un quart des patients, à condition que leurs affections ne soient pas trop avancées. Il est essentiel de noter que Joachim du Bellay avait rejoint à partir de son séjour à Rome, et peut-être même auparavant, le cercle rapproché du roi et du pape. Indubitablement, les soins et les conseils médicaux qu'il a reçus n'ont pu que contribuer de façon significative à sa survie.

Tout au long de sa vie, les médecins se sont succédé à son chevet et il leur en est reconnaissant : « La maladie qui s'était longtemps opposée avec acharnement aux médecins, avait perdu de sa virulence ; elle était presque vaincue[14]. » Ce n'est qu'au milieu de l'année 1559, toujours dans la même *Élégie*, qu'il écrit à propos de la rechute de sa maladie : « Sa violence n'admit plus qu'on appliquât un traitement. » Il mourut dans la maison du chantre, avec son ami à ses côtés et sûrement sa sœur, entouré de serviteurs et peut-être d'une garde-malade qui le veillait nuit et jour comme ce fut le cas pour son ami Claude de Bizet quelques années plus tard. Tous veillaient à ses soins quotidiens. Des tisanes, des sirops et des pains de glace étaient utilisés pour apaiser sa toux, sa fièvre et ses maux de tête. Il était entré dans ce que nous appellerions aujourd'hui des soins palliatifs, l'une des premières mentions de ce type de prise en charge clairement exprimée dans la littérature.

CHAPITRE 25

Le silence des maux

« De la convalescence de Joachim du Bellay. »

Pierre DE RONSARD,
Quatre Premiers Livres des odes, 1560.

Le voyage au côté de Joachim s'est révélé être une exploration de l'humain et de sa vulnérabilité, à travers une époque révolue, que la lecture de poèmes et d'études biographiques a ravivée, portée par la présence d'un squelette. Ces études, bien que moins anciennes que les sonnets, m'ont toujours semblé d'une érudition remarquable. Cependant, elles ont rarement pris en compte la maladie de Joachim et, lorsque c'était le cas, c'était de manière secondaire, presque anecdotique. Il faut dire que la perception de la maladie du poète a considérablement évolué depuis le XVIe siècle, avec quelques étapes : la biographie de Chamard en 1900, la découverte de sa tuberculose en 1931 et finalement la révélation du lien entre cette maladie pulmonaire, sa surdité et une méningite chronique. Cette évolution de la compréhension de la maladie permet désormais de comprendre que, dès 1549, une lutte silencieuse se déroulait dans ses écrits. Cette lutte, connue de son vivant seulement par un cercle restreint d'intimes, opposait l'homme à sa fragilité.

Si le déroulement de sa maladie est connu grâce à l'*Élégie* à Jean de Morel, il s'agit d'un texte intime en latin, réservé à l'un de ses meilleurs amis qui a été rédigé quelques semaines avant sa mort et qui ne sera publié qu'après. Finalement seule « La complainte du désespéré », écrite à un moment où il était au bord du suicide, ose dévoiler franchement la douleur qui le ronge. Il donne aussi certains détails précis sur sa vie personnelle et donc sa maladie, dans les *Poemata* rédigés en latin qui, parmi les quatre œuvres écrites à Rome, est la seule qui ne soit pas en français et qui – même à l'aube de sa publication en 1558 – semble avoir été la moins reconnue. Dès la seconde moitié de 1552, l'« Hymne de santé », dédié à un ami, démontre ses désirs de guérison et ses prières pour conjurer l'ombre de la mort et atteindre l'immortalité ; finalement, du Bellay ne donne pas l'œuvre à imprimer et elle ne le sera que de façon posthume[1]. Il en va de même d'« En la fureur de sa fièvre » écrit au printemps 1553 sur le chemin qui le conduisait à Rome ou juste après, mais qui a été retiré des *Regrets* avant sa publication et qui n'a finalement été connu qu'après son décès. Quant à l'« Hymne de la surdité », publié en 1558 à son retour de Rome, c'est un cri de désespoir adroitement dissimulé, comme s'il cherchait refuge derrière une illusion à une époque où son handicap n'échappait à personne[2]. Dans le même recueil de poèmes, on trouve « La vieille courtisane » qui, sur la fin de sa vie, se trouve affublée de maux propres à sa condition, comme la vérole et la pelade, que l'on attribuait alors essentiellement à la syphilis. Du Bellay écrit également les maux fréquents à l'époque chez les religieux ou les aristocrates comme la goutte et finalement ceux dont il souffrait : la denterelle ou mal de dents, la toux aux flancs, la migraine à la tête et une sourde tempête dans l'oreille. Dans ce poème, au moment où il allait quitter Rome ou juste après son arrivée en France, Joachim évoque ses douleurs mais en les mélangeant à celles d'autres et en les attribuant à une vieille courtisane. Le texte donne d'ailleurs la parole à la courtisane à la première personne, faisant de la courtisane un avatar du poète souffrant.

Il est étonnant de noter que Joachim du Bellay ne donne de façon précise des détails sur sa maladie que dans deux écrits publics, tous deux en latin. Cette langue, qu'il avait pourtant proscrite à ses débuts dans *La Deffence et Illustration de la langue francoyse*, semble ici nécessaire pour parler de soi sans détour. Il a fallu qu'il revienne à une forme ancienne pour pouvoir parler de son intimité sans fioritures ; et c'est ce qu'il fait aussi en 1558 puis en 1559 pour écrire un hommage à Mellin de Saint-Gelais, poète reconnu qui venait de mourir et qu'il avait tout au long de sa vie admiré, envié et haï, mais dont il se venge en introduisant quelques fausses notes, des grossièretés qui relèvent d'une forme de perfidie[3]. De même, le retrait de son vivant des œuvres signalant explicitement sa maladie, que l'on retrouve dans des publications posthumes, ne relève sûrement pas du hasard mais bien d'une volonté de ne pas trop se livrer. Du Bellay ne fait pas figurer dans les premières éditions des *Regrets* les sonnets largement commentés, évoquant sa fièvre et ses difficultés à atteindre Rome en raison de son œdème pulmonaire ; ils n'apparaîtront que dans les éditions de 1561 et 1568. Ils devaient initialement être inclus dans *Les Regrets*[4]. Une autre preuve en est apportée par Ronsard qui, dès l'annonce du décès de Du Bellay en 1560, en republiant les *Odes* n'intitule plus la XIV « De la convalescence d'un sien ami », mais « De la convalescence de Joachim du Bellay[5] ». Il dévoile par cette sobre révélation les coulisses de la vie de Joachim. Le masque tombe. Une histoire, qui dépassait l'amitié, se termine. Ses amis, dont Jean de Morel, que Joachim considérait comme un frère, feront publier dans les mois et années qui suivront l'intégralité de ses œuvres, y ajoutant les sonnets jusque-là absents mais que Joachim leur avait confiés. Il fallait que le monde sache. Mais le monde ne voulut pas savoir et, dans les meilleurs des cas, sa maladie fut interprétée comme une variation sur la dimension de sa santé et non comme une nouvelle dimension de sa vie[6] et de son œuvre. Seul, dès 1931, le docteur Roger Amsler qui fut le premier à évoquer le diagnostic de tuberculose et qui côtoyait au quotidien des phtisiques comprenait que « cette souffrance est immanente dans les vers qui sont aujourd'hui sa gloire ».

Si Joachim du Bellay devait dissimuler sa maladie ou en rire, c'est que la condition de malade était mal acceptée à l'époque. Les connaissances médicales face aux affections dont souffraient du Bellay ne permettaient pas d'y reconnaître une entité unique ni les causes. Son état n'était donc pas lié à une agression de l'environnement mais bien à sa constitution, ce qu'il appelle sa nature, et il l'exprime dans *Les Regrets* (« Sonnet XXXIV ») :

J'ai le corps maladif, et me faut voyager,
Je suis né pour la Muse, on me fait ménager ;
Ne suis-je pas, Morel, le plus chétif du monde ?

Cet état l'avait écarté prématurément de la carrière militaire et il constituait un obstacle à sa reconnaissance par la Cour. Il fallait d'ailleurs s'en excuser auprès du roi :

Si nature m'eust faict pour vous servir en guerre,
Pour suivre vostre court, ou en estrange terre
Vous servir, comme ceux dont je porte le nom,
J'eusse tasché comme eux, d'illustrer mon renom[7].

Si Ronsard, bien que sourd, était fort apprécié du roi Henri II, c'est parce qu'il était curé et que sa vocation n'apparaissait pas comme une carrière militaire contrariée. Par ailleurs, outre sa poésie, le monarque estimait sa courtoisie, l'élégance de ses manières, mais aussi son habileté dans les exercices physiques tels que la lutte, la course, le jeu de paume et l'équitation[8]. Si Joachim du Bellay pouvait être un expert à cheval, son état pulmonaire ne lui permettait certainement pas de jouer à la paume ou de lutter. Il se décrit d'ailleurs souvent comme chétif et le seul portrait que nous ayons de lui de son vivant est, comme on pouvait s'y attendre, celui d'un homme émacié et visiblement fatigué par la maladie.

Jusqu'aux débuts du XXe siècle en Occident, la douleur physique n'était que la compagne de la maladie et la douleur morale était interprétée différemment. Au XVIe siècle, il n'y avait pas d'interprétation « psychique » et le sujet perturbé moralement devait être la proie du diable, il souffrait de déraison et il y avait donc comme solution l'exorcisme, voire le bûcher pour l'Inquisition. Cela explique que, dans « La complainte du désespéré », Joachim se considère donc abandonné par les dieux. Le renvoi à une atmosphère mythologique permet de rester dans les thèmes poétiques du moment et d'éviter toute accusation envers le Dieu des chrétiens, ce qui aurait pu être mal interprété. Par la suite, certaines de ses douleurs, voire certaines de ses prises de position, pouvaient passer pour de la mélancolie et nombre de ses biographes se sont plu à le rappeler et à la rechercher dans ses écrits[9]. Il s'agissait d'une exacerbation de la conscience de soi, qui distinguait bien évidemment l'intellectuel des autres et l'homme conscient de lui-même comprenait cette souffrance et s'en faisait gloire[10]. Toutefois, la France échappait à cet état de tristesse européen[11] et, dans l'« Hymne de la surdité », Joachim traite avec humour sa perte d'audition.

CHAPITRE 26

« Être malade, c'est vraiment pour l'homme vivre d'une autre vie[1] »

> « Que les choses ne logent pas chez nous en leur forme et en leur essence […] nous le voyons assez : parce que, s'il était ainsi, […] le vin serait tel en la bouche du malade qu'en la bouche du sain. »
>
> Michel DE MONTAIGNE,
> *Essais*, Livre II, chap. XII.

Si ses maux ont été en partie cachés par du Bellay, ses biographes en ont pris connaissance et ont pu reconstituer son parcours et son état de santé grâce à des indices disséminés dans son œuvre et sa correspondance. En 1900, Henri Chamard, qui influencera la pensée pendant de nombreuses décennies, reconnaît certaines souffrances de Joachim du Bellay. Il les attribue cependant à des causes externes, à des « illusions évanouies et des rêves déçus », estimant qu'elles suffiraient à « porter à la mélancolie une âme de poète délicate et sensible[2] ». Pris dans ses travaux, il n'avait pas connaissance des avancées médicales de son époque qui commençaient à abandonner la mélancolie pour la neurasthénie, « quelque chose qui vient de l'extérieur a pour conséquence une transformation interne, une réaction pathologique de la personne[3] ». Il ne comprend pas que ce qu'il dénonce du poète, sa grande mobilité d'humeur, son côté susceptible, impatient, irritable et prompt à s'aigrir, pouvait être en relation avec sa santé. Il hésite toutefois, reconnaissant que « c'est un poète personnel qui s'est mis tout entier dans ses vers » mais, quelques lignes plus loin, il estime qu'il aurait été précieux de pénétrer sa vie intime. Cinquante ans plus tard, Verdun-Léon Saulnier décrète, comme si la maladie était honteuse : « Cet homme : un malade, et qui ne léguait pas l'œuvre d'un malade[4]. »

Il est consternant de constater que des érudits, qui ont lu attentivement du Bellay et ont écrit à une époque où les antibiotiques n'existaient pas et où la tuberculose tuait quotidiennement, n'aient pas su discerner la véritable nature de son être. Le plus ironique réside dans leur vision des derniers moments du poète, dont ils ont oblitéré la version de Pierre de Paschal, celle de l'homme qui s'étouffe, pour ne retenir que des visions édulcorées et inventées de celui qui allait manger chez Bizet pour s'amuser, chanter avec ses amis, rentrer tard dans la nuit et se mettre au travail. Pourtant, même en ignorant le diagnostic de sa maladie, les auteurs ont inlassablement décrit au fil des ans ses tourments, son alitement et sa surdité. Ils n'ont pas saisi l'ampleur de l'effort, voire l'impossibilité, que représentait pour lui l'idée de sortir pour chanter. D'ailleurs, il était impossible pour eux qu'il ait pu vivre avec ou chez Bizet ; pour eux, il était évident qu'il mourrait seul chez lui ! N'oublions pas qu'à l'époque où ils écrivaient l'homosexualité était une perversion pour les médecins et une monstruosité sociale ; il ne fallait même pas y penser pour un auteur comme du Bellay, présenté comme l'un des premiers nationalistes français. Ces hommes n'auraient-ils pas connu chez des proches des périodes douloureuses de fin de vie ? Comment pouvaient-ils avoir écrit sur Joachim du Bellay, si naturel et si humain, selon leurs dires, pour transformer sa mort en un instant de délassement et de poésie ? Verdun-Léon Saulnier, dans l'introduction de son ouvrage, propose une réponse tout aussi erronée : « Loin d'être ce perpétuel malade qui confie son mal au papier, suivant une vision commune, du Bellay nous semble avoir poursuivi constamment deux vies, celle du malade et celle de l'homme de lettres : le poète "quand même", pour risquer cette formule[5]. »

Force est de constater que ces érudits de la première moitié du XXe siècle étaient dans le déni, sinon de la maladie, du moins du malade. Ces chercheurs, qui pour certains avaient connu deux guerres mondiales, n'étaient pas inhumains, c'étaient simplement des hommes de leur temps. Comme pour les médecins de leur époque, il ne leur fallait pas sortir de la spécificité fonctionnelle de leur rôle, qui était dans leur cas de restituer la biographie d'un poète et d'analyser ses écrits. Neutralité affective et orientation vers la collectivité étaient les maîtres mots. La tuberculose, grande tueuse de l'époque, n'est pas évoquée par Henri Chamard, qui aurait pu y penser, mais elle était connue de Verdun-Léon Saulnier qui écrivit sa biographie en 1951, vingt ans exactement après la description de la tuberculose de Du Bellay. Insister sur la maladie aurait perturbé l'ordre social – puisqu'il aurait fallu envisager ses causes dont l'entassement à la fin du XIXe siècle dans des taudis ; la thèse de la tuberculose aurait provoqué l'incompréhension et finalement attiré les critiques. Les spécialistes leur auraient reproché d'introduire dans leurs analyses des causes étrangères à la poésie, de s'éloigner du sujet et, pire encore, d'affoler les malades. D'ailleurs, si en 1931 le docteur Roger Amsler pose le diagnostic de tuberculose, la cause de la maladie pour Joachim du Bellay est entendue, ce n'est pas la propagation d'un germe, de crachats non maîtrisés, l'environnement de pièces surpeuplées sans distanciation sociale, dirions-nous aujourd'hui, non, c'est la poésie ! C'est que, depuis les années 1880, le milieu médical portait un intérêt à la fatigue et au surmenage : la fatigue physique qui touchait les classes laborieuses, mais aussi le surmenage et la fatigue intellectuelle qui expliquaient nombre de maladies, mais aussi la dégénérescence de la population française[6].

Dans la première moitié du XXe siècle, le malade devait se conformer à une certaine conduite sociale pour être reconnu comme tel. Il devait justifier son état déviant, exprimer son désir de guérison et rechercher une aide compétente. En somme, il devait suivre le même chemin que Joachim du Bellay au XVIe siècle. Une fois cette étape franchie, il était considéré comme non responsable de son incapacité et pouvait être exempté de ses obligations habituelles[7]. Du Bellay, lui, n'a été exempté que de sa destinée militaire. On a d'ailleurs vu comment il a dû s'en excuser auprès du roi. Pour le reste, il a mené une vie publique bien remplie et la maladie ne l'a pas détourné de la poésie, bien au contraire. C'est ce qui explique les réflexions de Verdun-Léon Saulnier : pour lui, si Joachim du Bellay n'a pas été exempté de la poésie, c'est qu'il a eu deux vies.

Contrairement aux biographies traditionnelles, en 2016, Daniel Paris affronte de face la maladie de Joachim du Bellay et adopte une approche plus réaliste. Il dépeint une soirée paisible où Claude de Bizet, tel un garde-malade, veille sur lui. Les deux hommes communiquent par écrit et, tandis qu'il travaille, le poète est soudainement pris d'une quinte de toux. Il crache du sang, étouffe, agonise et meurt. La scène évoque presque une ambiance hospitalière : le garde-malade s'est retiré et le jeune homme meurt rapidement, avec quelques souffrances certes, mais sans plus. Comme si la famille devait pleurer ce jeune homme tout en étant rassurée par la rapidité et la relative douceur de sa fin. « Ce fut rapide, il n'a pas (trop) souffert », auraient affirmé les médecins. Finalement, il est difficile pour ses biographes d'imaginer la fin de Joachim du Bellay comme celle d'un malade ordinaire.

Aujourd'hui, ces réflexions ne peuvent plus être suivies. La maladie chronique, celle qui s'installe dans la vie, qui cause douleur et handicap au quotidien, n'est pas un élément extérieur dont on peut faire par moments abstraction. Elle engage un ensemble de processus mentaux plus ou moins conscients qui sont influencés par l'entourage et la société, mais aussi une recherche par le malade des connaissances sur sa maladie et ses causes et, finalement, une interrogation sur ce qui s'est passé depuis le début de la vie, voire chez ses parents ou ses grands-parents. Ces réflexions conduisent à une redéfinition de soi, une reconfiguration de l'existence et de l'histoire personnelle[8]. Mais surtout, et ce fut essentiel pour Joachim du Bellay, elle transforme les modes de présence au monde. Pour peu que l'on s'intéresse aux réactions des patients et à la façon dont les médecins les percevaient, des constantes émergent.

Ainsi, Paul Fréour, spécialiste des maladies pulmonaires, décrit dans les années 1940, à une époque où aucun traitement antibiotique n'existait, l'entrée dans la maladie d'une jeune fille qui se disait un peu fatiguée « jusqu'au jour où, toussant un peu, Véronique vit dans son mouchoir quelques traces de sang ». Ces traces étaient liées à une tuberculose qui n'était pas très grave selon le praticien, « c'était comme nous disions un infiltrat avec une petite caverne, mais pas très importante ». Cela signifiait qu'une petite zone du poumon était infectée par les bactéries responsables de la tuberculose, qui avaient fini par détruire cette partie, y créant ainsi une sorte de cavité. Véronique, pâle et fatiguée, quitta sa famille pour aller se reposer quelques années dans un sanatorium. Elle y acquit par la lecture une grande culture, s'y fit des amis qui devinrent pour le reste de sa vie une nouvelle famille. Elle ne semble pas s'être mariée et le praticien catholique du milieu du XXᵉ siècle s'inquiétait de ce qu'il considérait comme des mauvaises fréquentations qu'elle aurait pu y avoir. Cette expérience avait profondément transformé Véronique : « J'ai eu à plusieurs reprises le sentiment d'une transformation, mais sans oser aller plus loin que cette simple impression, sans savoir ce qui restait vraiment d'elle-même, ce qui avait disparu, ni par quoi cela avait été remplacé[9]. » Malgré quatre siècles d'écart, on peut établir un parallèle surprenant entre des vies marquées par une maladie similaire, qui entraîne un ralentissement de l'activité physique, un repli vers la lecture et l'étude et la création d'un nouveau cercle d'intimes. Ces personnes devenaient, selon Paul Fréour, une nouvelle famille, une communauté ou, comme on l'écrivait au temps de Ronsard, une brigade.

Georges Canguilhem au milieu du XXᵉ siècle fut l'un des premiers à démontrer que la maladie, par la souffrance et les altérations qu'elle impose, révèle à l'homme sa propre fragilité, sa précarité dans un monde souvent indifférent. Cette réflexion éclaire d'un jour nouveau non seulement « La complainte du désespéré », mais aussi une œuvre comme *Les Regrets*. Ces sonnets ne livrent pas les sentiments d'un aristocrate indéfini issu d'un milieu campagnard sur un séjour à Rome[10]. En effet, Joachim du Bellay s'y cache derrière une façade, et seule une lecture attentive, replacée dans le contexte de l'époque, permet de déceler, par exemple, sa recherche des meilleurs médecins. Mais que s'est-il donc passé dans la Ville éternelle ? Il nous faut relire *Les Regrets*.

Dans la chaude atmosphère de Rome, Joachim, après une phase d'amélioration de sa maladie qui lui permit de visiter la ville et de s'y installer tranquillement, en vantant la bonté de son protecteur, s'est finalement retrouvé seul face à la souffrance et aux handicaps imposés par la maladie, tout en devant gérer les affaires complexes de la maison du cardinal. Son corps malade, son esprit tourmenté et des responsabilités écrasantes ne lui laissaient aucun répit. La solitude et le silence lié à sa surdité le coupaient du monde et le sens de son existence se posa alors à lui. En partant, il rêvait d'amour, de puissance et de découvertes antiques. Un homme en bonne santé aurait pu avoir tout cela et d'ailleurs, de façon objective, il l'eut. Il a chanté ses premières promenades au milieu des ruines ; trois ans après son arrivée il était devenu représentant officiel du cardinal et il y eut Faustine. Mais, à un moment, les handicaps et les signes de déchéance réapparurent et le quotidien lui parut plus plat car, paradoxalement, il était plus difficile. Comme pour tout malade, la vie lui parut sombre. Qu'était-il venu faire à Rome si c'était pour être délaissé par les femmes, courir pour la gloire d'un autre et devoir rester dans un bureau plutôt que de rechercher des ruines sous un soleil brûlant ? En proie à la maladie, Joachim voit ses perspectives d'avenir se réduire comme peau de chagrin.

Seule l'écriture lui offre un refuge, mais pas n'importe quelle écriture. Pour conjurer le vide qu'il ressent, il se lance dans une quête d'une réalité subjective et c'est la société – et peut-être ceux qu'il envie – qui lui servira pour explorer cette nouvelle voie. Cette réalité exprime la présence d'un homme seul, fragile, révolté, qui n'oppose pas quotidienneté et intériorité, qui ironise sur les courtisanes qui ne le regardaient sans doute pas avec beaucoup d'intérêt, qui rejette tout un système dont il ne perçoit plus les acquis et qui devient insensible à la beauté du monde pour se tourner vers des réalités supérieures. Il était devenu « l'homme de la maladie » avec une lassitude de vivre parfois clairement exprimée. Ce qui fit sa modernité, c'est sa dépression « car elle incarne la tension entre l'aspiration de n'être que soi-même et la difficulté à l'être[11] » et c'est, entre autres, à travers ce prisme qu'il faut comprendre *Les Regrets*. L'analyse de ses sonnets montre qu'il ne s'agit ni de mélancolie, comme on pouvait la décrire du XVIe au XVIIIe siècle, ni de neurasthénie, décrite à la fin du XIXe siècle, mais bien d'une entité, la dépression – qui ne fut décrite dans le milieu médical que dans les années 1960 –, dont il a souffert et qu'il pourrait avoir été le premier à décrire sous forme littéraire. Du Bellay « s'est affranchi de la loi des pères et des anciens systèmes d'obéissance ou de conformité à des règles extérieures[12] », il croit être l'auteur de sa propre vie alors qu'il en reste « le sujet au double sens du mot : l'acteur et le patient[13] ».

Cependant, cette dépression fut aussi l'occasion d'un redéploiement de ses capacités et d'une transformation[14] qui lui permit d'estomper la disparité des registres personnels et généraux mis en continuité. En devenant juge des apparences, il exprime une douleur profonde qui fit exploser les tabous de son époque, insistant sur ce qu'elle avait de plus sordide, les courtisanes enjôleuses, les prélats qui se repaissaient de leurs positions ecclésiastiques tout en ayant des conquêtes féminines, les ruines antiques qui n'étaient que de vastes champs d'exploitation de vestiges pour décorer des palais. Si Luther avait créé une faille dans l'Église catholique en dénonçant les indulgences, Joachim alla plus loin et plus fort, mais il engloba le système vicié de l'Église dans une charge plus large sur la société et en se cantonnant à la Ville éternelle. La conclusion était toute trouvée : « Rome n'est plus Rome. »

Aujourd'hui, nous lisons *Les Regrets* instruits à la lumière de ce qui s'est passé ensuite : les guerres de Religion, les réformes nécessaires de l'Église – pas encore toutes abouties – la Révolution française. Nous avons donc tendance à nous reconnaître dans du Bellay et, pour ceux d'entre nous qui sont atteints de graves maladies, certainement à le comprendre. Mais là où nous discernons une vue prémonitoire, ses pairs du XVIe siècle notaient la description, voire une attaque, contre des institutions et des mœurs qu'ils connaissaient bien et qu'ils appréhendaient parfaitement. Toutefois, ces mœurs particulières n'étaient pas forcément connues par ceux qui lisaient le français et ne fréquentaient pas les couloirs du pouvoir – ceux que du Bellay appellera les « gens sans culture ». Quant au roi de France Henri II et à sa Cour, le rendu public de détails croustillants qu'il soupçonnait déjà l'enchantait, car cela ne pouvait qu'affaiblir le pouvoir de Rome. On comprend mieux que du Bellay, peu de temps avant son décès, ait pu écrire qu'il avait composé pour « les gens sans culture et, tout aussi bien, pour les gens cultivés[15] ». Ses écrits avaient été diffusés bien avant son retour de Rome par un public qui se délectait de passages érotiques et anticléricaux et, contrairement à Érasme qui n'avait écrit qu'en latin et qui ne s'intéressait qu'à l'élite, Joachim sentait qu'il avait touché un public plus large. Ce qui pour nous aujourd'hui fut son chef-d'œuvre était pour lui une écriture personnelle ; il n'en percevait ni le caractère novateur ni l'originalité, sachant qu'Érasme dans *L'Éloge de la folie* avait déjà dénoncé les travers de l'Église catholique, mais dans un style bien différent, plus lissé. Ce fut d'ailleurs l'occasion inespérée pour ses ennemis – issus essentiellement de Notre-Dame – à moins de six mois de son décès, alors qu'il était épuisé et très sourd, de se déchaîner sournoisement contre lui en écrivant au cardinal et en soulignant certains propos qui retirés de leur contexte étaient pour le moins désobligeants envers les princes de l'Église et l'institution.

ÉPILOGUE

« Tout cela se retrouve à l'ombre de Notre-Dame de Paris »

Georges SIMENON, *Pietr-le-Letton*, 1931.

Je termine la découpe des dernières pages des *Œuvres poétiques* de Du Bellay, édition de 1939 par Henri Chamard. Ce soir, je ne m'endormirai pas avec le poète. La version en vieux français teintée de mythologie, lors de ma rencontre avec lui au lycée, me le rendait inaccessible et le laissait figé dans un passé lointain. Il s'agit désormais de le dépouiller de certains écrits délicieusement désuets afin de révéler l'être qu'il fut. Un homme aux multiples facettes, traversé par des sentiments contradictoires et doté d'une sensibilité aiguë à son environnement. C'est dans la discontinuité de ses « moi » successifs, dans ses impressions du milieu et des gens, et dans les interactions entre son monde intérieur et l'extérieur que réside la véritable essence de Joachim du Bellay. Cette modernité tient certainement au fait que l'expérience de la maladie a été confiée pendant dix longues années à des poèmes. De l'art-thérapie en quelque sorte. En inscrivant ses souffrances en vers, il mêlait à la douleur et à l'angoisse de sa maladie l'émotion de la création poétique et ses réminiscences des auteurs antiques. Il transformait ainsi sa manière de vivre ses maux, tissant ensemble plusieurs mémoires : celle des faits, celle de ses études, et celle des mots par lesquels il tentait d'en saisir l'essence[1].

Du Bellay ne préfigurait ni les romantiques ni des courants littéraires bien postérieurs ; il réagissait simplement comme les malades de tous les temps, mais il sut traduire son état à des périodes diverses de sa maladie en l'inscrivant dans des poèmes où les allusions mythologiques ou l'inspiration de vers antiques ont permis des polysémies dont seules ne furent souvent retenues que celles qui avaient trait à un comportement en accord avec l'époque de ses biographes.

Au portrait physique et statique de déchéance, dessiné de pied en cap par l'identification archéologique, la poésie oppose un vivant dynamique. Il y avait un seul personnage dans le squelette, tout comme il y a parfois un seul personnage chez le patient ou la patiente lors de l'annonce d'une maladie grave par le médecin. La poésie fournit la pluralité du moi : qui que fût ce squelette, je ne pourrai plus le résumer dans la formule « le cavalier de Notre-Dame ».

Notes bibliographiques

INTRODUCTION
L'odyssée du cavalier de Notre-Dame

1. Gadoffre, 1978, p. 15.
2. Baricco, 2006.

PARTIE I
Le chanoine et l'inconnu

CHAPITRE 1
Deux cercueils à l'hôpital

1. https://liturgie.catholique.fr/celebrer-en-toutes-occasions-sacramentaux/benedictions/4353-benediction-corps-defunt-dernier-adieu/.
2. Père Sébastien Antoni, assomptionniste, 2012, « Qu'est-ce qu'une bénédiction ? », *La Croix*, 24 octobre 2012.
3. Aubert, 2019.
4. Claudel, 1913.
5. Rimbaud, 1873, « Le mauvais sang ».
6. Données Christophe Besnier, Conférence de presse, Inrap, novembre 2022 et médias.
7. Auzas, 1949.
8. *Ibid.*
9. *Ibid.*
10. Données Christophe Besnier, déjà cité.
11. Colleter *et al.*, 2021.
12. Crubézy, 2019.
13. Crubézy et Sénégas, 2011.
14. Proust, 1923.

CHAPITRE 2

Faire parler les corps

1. Colleter *et al.*, 2021.
2. Crubézy *et al.*, 1997.
3. Crubézy et Alexeev, 2007.
4. Crubézy *et al.*, 1997, p. 273-274.
5. Crubézy et Alexeev, 2007.
6. Dedouit *et al.*, 2010.
7. Crubézy *et al.*, 2021.
8. Crubézy *et al.*, 2025.
9. Hahn, 1853.
10. Crubézy et Dieulafait (dir.), 1996.

CHAPITRE 3

Google et la piste initiale

1. Baron, 1968.
2. Crubézy *et al.*, 2021.
3. Sorrel et Sorrel-Dejerine, 1932.
4. Greenlee, 2024.

PARTIE II

Joachim du Bellay : une identité

CHAPITRE 4

À la rencontre de Joachim

1. Saulnier, 1951, p. 10.
2. Hoggan, 1982.
3. Tucker, 1990.
4. Marty-Laveaux, 1866, p. X.
5. Demerson, 1984, p. 54.

CHAPITRE 5

Joachim et la peste blanche

1. Amsler et Bruel, 1931.
2. Ambrière, 1930.
3. *In* Demerson, 1985.
4. Paris, 2016.
5. Arbus, 2016.
6. Épitaphe pour le tombeau de Marguerite de France.
7. Fournier, 1855, tome X, p. 134.
8. Hahn, 1853.
9. Hugar *et al.*, 2013.
10. Dabernat *et al.*, 2014.
11. Dutour *et al.*, 2021.

CHAPITRE 6

L'épitaphe introuvable ou Joachim et les Bretons

1. Sainte-Beuve, 1840, p. 189.
2. Goujet, 1748, p. 117-138.
3. De Gaulle, 1881.
4. Montjoye, 1763.
5. Séché L., 1894, p. XXXVIII.

PARTIE III

Dans les arcanes du chapitre

CHAPITRE 7

Rentes ecclésiastiques

1. Bizos, 1897, p. 33 citant Ronsard.
2. Faivre, 1977, p. 370.
3. Pommeray, 1933, p. 213.
4. *Ibid.*, p. 251.
5. Bonnefon, 1895.
6. Babinot, 1559, p. 12.
7. Scheurer, 2016.
8. Michon et Petris (dir.), 2013.

9. Eldin, 1994, p. 88.
10. Gane, 1999.

CHAPITRE 8

Le chapitre de Notre-Dame et l'inhumation de Joachim

1. Cité par Michon et Petris, « Introduction », *in* Michon et Petris (dir.), 2013.
2. Gane, 1999, p. 28.
3. Verlet, 1995.
4. *Ibid.*
5. Espiner-Scott, 1941.
6. Ballu, 1894.
7. Duparc, 1982.
8. Jurgens, 1985, p. 347-348.
9. Auzas, 1951.
10. Auzas, 1949.
11. Verlet, 1995, p. 122-123.

CHAPITRE 9

Notre-Dame et les sépultures du clan du Bellay

1. Verlet, 1995, p. 122-123.
2. *Ibid.*, p. 121.
3. La plaque double est représentée dans la base Collecta et les plaques individuelles dans l'épitaphier de Verlet, 1995, p. 73.
4. Crubézy, 2019, p. 11.
5. Verlet, 1995, p. XXIII.
6. Cabanel, 1997.
7. Pommeray, 1933, p. 9.
8. Bourdeaut, 1912, p. 51-52.
9. Caussadon *et al.*, 1740, p. 869.
10. Voir note précédente qui est la traduction française des écrits de Jacques-Auguste de Thou.
11. Gilbert, 1847.
12. Base Budé, université de Tours.
13. Bourdeaut, 1912, p. 11.
14. Boudet, 1997.
15. Verlet, 1995, p. 13.
16. Étude Darwin Smith.
17. Voir son épitaphe chez Verlet, 1995, p. 13.
18. D'après la traduction de son épitaphe latine fournie par Verlet, 1995, p. 16.
19. Bourdeaut, 1912, p. 51.

20. Jurgens, 1985, p. 317-320.
21. *Ibid.*, p. 320-321.

CHAPITRE 10

Adieux au défunt

1. Dumaître, 1986.
2. Colleter *et al.*, 2021, p. 180.
3. Dumaître, 1986.
4. Données Darwin Smith.
5. Paulmier, 1887.
6. Zanello *et al.*, 2015.
7. Colleter *et al.*, 2021, p. 173.
8. Alexandre-Bidon, 2015.
9. Durand, *in* Tran, 2024.
10. Corbineau et Georges-Zimmermann, 2015.
11. Du Bellay, « Élégie 9 », *Poemata.*
12. Dallel, *in* Tran, 2024.
13. Crubézy, 2019.
14. Colleter *et al.*, 2021.
15. Information Darwin Smith.
16. Vianey, 1946, p. 183.
17. Petris, 2013a.
18. Petris, 2013b.
19. Pointeau, 1883.

CHAPITRE 11

Sous les dalles, des siècles d'inhumations

1. Christophe Besnier, communication à la presse, 17 septembre 2024.
2. Saulnier, 1951, p. 116.
3. Données Christophe Besnier.
4. Crubézy, 2019, p. 11-13.
5. Colleter, 2018.
6. Celles de la chapelle Saint-Crépin par exemple ne sont pas reprises.
7. Ces morts, non signalés aujourd'hui, seront peut-être repérés un jour lorsque tous les comptes rendus du chapitre seront déchiffrés.
8. Les fouilles menées jusqu'en 2024 permettront peut-être d'envisager le devenir de certains restes.
9. Crubézy *et al.*, 1997, p. 375-381.
10. Crubézy, 2019, p. 178-185.
11. Crubézy *et al.*, 1997, p. 375-381.
12. Eldin, 1994.

13. Alcouffe et Smith, 2024.
14. Bernard de Chanac décédé en 1363, Édouard de la Madeleine, déjà évoqué.
15. Auzas, 1949.
16. Christophe Besnier, communication à la presse, 17 septembre 2024.
17. Grassoreille, 1882.
18. http://studium-parisiense.univ-paris1.fr/individus/53881-theobaldusdevitriaco.

CHAPITRE 12

Deux histoires pour un même emplacement

1. Heulhard, 1891, p. 177.
2. *Ibid.*, p. 174.
3. Guillod, 2013.
4. Petris, 2013b.
5. Heulhard, 1891, p. 349.
6. *Ibid.*, p. 346.
7. *Ibid.*, p. 345.
8. *Ibid.*, p. 172.
9. Colleter *et al.*, 2016.
10. Engammare, 2023.
11. *Ibid.*, p. 359.
12. La Fosse, 2004.
13. Milstein, 2014.
14. Will, 1936.
15. Galand-Hallyn, 2011.
16. Zweig, 1935.
17. Hawkins et Forcadel, 1905.
18. Communication Sébastien Nadiras. Archives nationales, LL 157, p. 225.
19. Kaiser, 1982.

PARTIE IV

Joachim du Bellay ou les ombres de l'ambition

CHAPITRE 13

Renaissance littéraire

1. Poirier, 2023.
2. Lettre à Jean de Morel, à la fin de sa vie ; cité par Paris, 2016, p. 177.

3. Peyre, 1902, p. 11.
4. Waquet, 1989.
5. Picon, 1932.
6. Heulhard, 1891, p. 331.
7. Tucker, 1990.
8. Cité par Marty-Laveaux, 1866.
9. Hérissé, 2010.
10. Aris et Joukovsky, 2009.
11. *Ibid.*
12. Vianey, 1946.
13. Lionetto et Rouget, 2023.
14. Du Bellay, *Les Regrets*, CXXXI.
15. Gadoffre, 1978, p. 100.
16. Amherdt, 2013a.
17. Gadoffre, 1978, p. 103.

CHAPITRE 14
Une œuvre et sa lecture

1. Demerson, 1984, p. 104.
2. *In* Demerson, 1985.
3. Chiron, 2011.
4. Gadoffre, 1978, p. 242.
5. *Ibid.*, p. 13.
6. *Ibid.*, p. 11.
7. Chamard, 1899.
8. Chiron, 2011.
9. Demerson, 1984.

CHAPITRE 15
Son entourage, « *his sex-life* »

1. Amherdt, 2013b.
2. Paris, 2016, p. 173.
3. Jurgens, 1985, p. 346-347.
4. Cermakian, 2017.
5. Bourgeois, 2024.
6. *Ibid.*
7. Chiron, 2011.
8. Du Bellay, « Amour 19 », *Poemata.*
9. *Joachimi Bellaii Andini poematum libri quatuor, Parisiis apud Federicum Morellum,* 1558 (cité par Séché).
10. Vianey, 1946, p. 158.

11. Ferguson, 2008 ; Gilles-Chikhaoui, 2009.
12. Pardanaud, 2006.
13. Solnon, 2016.
14. Nassichuk, 2023, p. 83-98.
15. Babinot, 1559, p. 11.
16. Bourdeaut, 1912, p. 204 et 207.
17. Froger, 1881, p. 194-195 ; Bonnefon, 1895.
18. Du Bellay, *Les Regrets*, LXIV.
19. *Ibid.*, LXV.
20. Aris et Joukovsky, 2009.
21. Du Bellay, *Les Regrets*, VIII.
22. Sonnets divers : XXXV à P. de Ronsard, publié en 1568 (Chamard, 1961a, p. 254).
23. Du Bellay, « Épigramme 14 », *Epigrammata.*
24. Du Bellay, *Les Regrets*, X.
25. Du Bellay, « Épigramme 31 » à Pierre de Ronsard, *Epigrammata.*
26. Demerson, 1984, Du Bellay, « Élégie 9 », *Élégies.*
27. *Tumuli, Tum. 28.*
28. Du Bellay, Lettre au cardinal Eustache du Bellay, fin juillet 1559.
29. Ronsard, 1994.
30. Ronsard, 1993.
31. Chiron, 2011.
32. Rouget, 2001.
33. Chiron, 2011.
34. Froger, 1881, p. 194-195.
35. Ronsard, 1994.
36. Du Bellay, *Les Regrets*, CLII.

CHAPITRE 16
Et finalement un homme de lettres

1. Gadoffre, 1978, p. 54.
2. Cité par Paris, 2016.
3. Tabbagh, 1991.
4. Bourdeaut, 1912.
5. Pommeray, 1933.
6. Lazard, 2010.
7. Guillod, *in* Michon et Petris (dir.), 2013.
8. Bourdeaut, 1912, p. 51-52.
9. *In* Demerson, 1985.
10. Bourquin, *in* Michon et Petris (dir.), 2013.
11. Colletet cité par Chamard, 1900, p. 28.
12. Jurgens, 1985.
13. Galand, 2013.
14. Amherdt, 2013b.

15. *Ibid.*
16. Jurgens, 1985, p. 320.
17. Paris, 2016, p. 62.
18. *Ibid.*
19. *Ibid.*

CHAPITRE 17

Rome ou les promesses trompeuses

1. Causadon *et al.*, 1740, p. 869.
2. Huchon, 2024, p. XIII.
3. Saulnier, 1951, p. 34.
4. Michel de L'Hospital cité par Amherdt, 2013b.
5. Amherdt, 2013b.
6. Jurgens, 1985, p. 320.
7. Amherdt, 2013b, « Lettre du 14 août [1551] à Claude d'Urfé ».
8. Heulhard, 1891, p. 320.
9. *Ibid.*, p. 43.
10. Huchon, 2024, p. 1508.
11. Du Bellay, « Épigramme 27 », *Epigrammata.*
12. Dickinson, 1960, p. 90.
13. Gadoffre, 1978, p. 52.
14. Heulhard, 1891, p. 342.
15. Du Bellay, « Élégies 7 », *Élégies.*
16. Du Bellay, *Les Regrets*, XCIV.
17. Traduction à partir de Petris et Scheurer *in* Michon et Petris (dir.), 2013.
18. Petris *in* Michon et Petris (dir.), 2013.
19. Nolhac, 1883.
20. Scheurer, 2016.
21. Michon, 2013.
22. Du Bellay, *Les Regrets*, XLVI.
23. *Ibid.*, XLV.
24. Saulnier, 1951, p. 27.
25. Bellée, 1875, p. 28.
26. Zweig, 1935.
27. Amherdt, 2013b.
28. Barral-Baron *in* Michon et Petris, 2013.
29. Saulnier, 1951, p. 69.
30. Gadoffre, 1978, p. 17-44.

CHAPITRE 18

Adieux à Rome

1. *Ibid.*, p. 71.
2. Du Bellay, *Les Regrets*, LXXI, LXXII, CIII (voir Gadoffre, 1978, p. 73).
3. *Ibid.*, XLIX
4. Du Bellay, « Amores 1 à 17 », *Poemata.*
5. Du Bellay, *Les Regrets*, CV, mais aussi CVI.
6. *Ibid.*, CIX, et aussi XCIV.
7. Du Bellay, « Amores 23. Baisers de Faustine », *Poemata.*
8. Jurgens, 1985, p. 335.
9. Petris, 2013.

CHAPITRE 19

Paris et l'ambition libérée

1. Nolhac, 1899.
2. Collet, 1822.
3. Chereau, 1864, p. 11.
4. Carbonnier, 2020.
5. Auzas, 1949.
6. Bourdeaut, 1912.
7. *Ibid.*, p. 206.
8. Pommeray, 1933, p. 73.
9. Du Bellay, *Les Regrets*, VI.
10. Bellée, 1875, p. 4.
11. Froger, 1881, p. 194-195.
12. Jurgens, 1985, p. 332.
13. Saulnier, 1951.
14. Ambrière, 1930 ; Saulnier, 1951.
15. Vianey, 1946.
16. D'Elbenne et Denis, 1910, p. 18-24.

CHAPITRE 20

La mort du roi, le temps des troubles

1. Du Bellay, *Tumulus Henrici II, in* Demerson, 1985.
2. Tallon, 2013.
3. Nicklas, 2013.
4. Du Bellay, *Élégie à Jean Morel d'Embrun, son Pylade*, voir Demerson, 1985.
5. Chamard, 1961b, p. 206.

6. Galand, 2013.
7. Tallon, 2013.
8. Pommeray, 1933, p. 373.
9. Gadoffre, 1978, p. 212.
10. Chamard, 1900, p. 462.
11. Du Bellay, *Élégie à Jean Morel d'Embrun, son Pylade*, voir Demerson, 1985.
12. Gadoffre, 1978, p. 223.
13. Du Bellay, *Les Regrets*, CXL.
14. Jurgens, 1985, p. 342-347 pour la totalité des actes intéressant cette affaire.
15. Paris, 2016, p. 151.
16. Nolhac, 1883.
17. Espiner-Scott, 1941.
18. Goujet, 1748, p. 126.
19. Gadoffre, 1978, p. 233.
20. Evennett, 1936.
21. Charpentier, 1767, p. 337.

CHAPITRE 21

Joachim ou la révolte du poète loyal

1. Chartier, 1897, p. 12.
2. Gane, 1999, p. 64 ; Chartier, 1897, p. 12.
3. Étude Sébastien Nadiras.
4. Hurtubise, 1972.
5. Evennett, 1936.
6. Bourdeaut, 1912.
7. Verlet, 1995, p. 199.
8. Dearing et Rogers, 1996.
9. Shivaji et Shaunak, 2014.
10. *Ibid.*, 2014.
11. Waytz *et al.*, 2013.
12. Grandin de L'Eprevier, 2015.
13. Ehrenberg, 1998.

PARTIE V
Les maux de Joachim, miroir d'une humanité

CHAPITRE 22
Joachim, poète de ses maux

1. Amsler et Bruel, 1931 ; Paris, 2016.
2. Pidoux, 1873.
3. Paul, 1891.
4. Pidoux, 1873.
5. Denis, 2008.
6. Poème daté du 23 octobre 1549, repris dans l'édition de 1561.
7. Peyre, 1902.
8. Chamard, 1899.
9. Vianey, 1946.
10. Traduction Marty-Laveaux, 1866.
11. Dollo *et al.*, 2017 ; Jackson, 1904.
12. Akyol *et al.*, 2014.
13. Martin, 1909.
14. Claisse et Abrami, 1905 ; Martin, 1909.
15. Davis *et al.*, 2019.
16. Akyol *et al.*, 2014.
17. Voir le cas décrit par Martin, 1909, p. 221-222.
18. Buron, 2017.
19. Voir le cas décrit par Martin, 1909, p. 221-222 ou celui de Claisse et Abrami, 1905.
20. Jackson, 1904.
21. Du Bellay, *Les Regrets*, LII.
22. Binoche, 2004.
23. Cyrulnik, 2021, p. 20.
24. Binoche, 2004.
25. Claisse et Abrami, 1905.
26. Kübler-Ross et Kessler, 2007.

CHAPITRE 23
Éclaircies et rechutes

1. Du Bellay, *Les Regrets*, IV. D'un Songe.
2. *Ibid.*, VIII. Vœu à la fièvre.
3. *Ibid.*, XV.
4. Saulnier, 1947.
5. Du Bellay, *Les Regrets*, V.

6. *Ibid.*, XXI.
7. *Ibid.*, XXXVII.
8. *Ibid.*, XLIV.
9. *Ibid.*, XLVIII.
10. *Ibid.*, XLVIII.
11. *Ibid.*, XIX.
12. *Ibid.*, LXXIX.
13. Bertrand, 2006.
14. Mueggler, 2023.
15. Du Bellay, *Poemata*, « Épigramme 35 », voir Demerson, 1984.
16. Du Bellay, *Élégie à Jean Morel d'Embrun, son Pylade*, voir Demerson, 1985.
17. Nolhac, 1883.
18. Goujet, 1748, p. 121.
19. Bonnefon, 1883.
20. Causaudon *et al.*, 1740, p. 869.
21. *Ibid.*
22. Paul, 1891.

CHAPITRE 24
Joachim, ses médecins et la naissance des soins palliatifs

1. McAdoo, 1994.
2. Nicklas, 2013.
3. Petris, 2013.
4. Heulhard, 1891, p. 342.
5. Petris, 2013.
6. Heulhard, 1891, *Sylvius ocreatus (1555) dialogue entre Rabelais et Charon.*
7. Barth, 1901.
8. Translaté du vieux français d'après une lettre citée par Scheurer, 2016.
9. Du Bellay, « Amores 28 », *Poemata.*
10. Meaux Saint-Marc, 1880, p. 141.
11. *Ibid.*, p. 251.
12. *Ibid.*, p. 155.
13. *Ibid.*, p. 476.
14. Du Bellay, *Élégie à Jean Morel d'Embrun, son Pylade*, voir Demerson, 1985.

CHAPITRE 25
Le silence des maux

1. Coulloud, 2023.
2. Mueggler, 2023.

3. Sicard, 2016.
4. Chamard, 1961b, p. 222.
5. Voir les différentes variantes des *Quatre Premiers Livres des odes* de Pierre de Ronsard publiées par le réseau Huma-Num (Internet).
6. Delory-Momberger et Tourette-Turgis, 2014.
7. Du Bellay : *Ample discours au Roy sur le faict des quatre états*. Edit. 1573, fol. 539 v°.
8. Peyre, 1902.
9. Bertrand, 2006.
10. Ehrenberg, 1998.
11. Fumaroli, 1998.

CHAPITRE 26

« Être malade, c'est vraiment pour l'homme vivre d'une autre vie »

1. Canguilhem, 1966.
2. Chamard, 1900.
3. Ehrenberg, 1998.
4. Saulnier, 1951, p. 116.
5. Saulnier, 1951, p. 7.
6. Ehrenberg, 1998.
7. Fournier et Kerzanet, 2007.
8. Provencher, 2002.
9. Fréour, 1999, p. 93.
10. Bizer, 2023.
11. Ehrenberg, 1998.
12. Ehrenberg, 1998.
13. Arendt, *La Condition de l'homme moderne*, Paris, Calmann-Lévy, 1961 et 1983, avec une préface de Paul Ricœur, p. 207. Cité par Ehrenberg, 1998, note 871.
14. Delory-Momberger et Tourette-Turgis, 2014.
15. Lettre à Jean Morel, à la fin de sa vie, citée par Paris, p. 177.

ÉPILOGUE

« Tout cela se retrouve à l'ombre de Notre-Dame de Paris »

1. Cyrulnik, 2021, p. 34.

Bibliographie

Akyol, A. G., Nazliel, B., Oner, Y. et Erdem, O. (2014). « Chronic bilateral hearing loss in an immunocompetent patient. An atypical course of tuberculous meningitis », *Neurosciences (Riyadh, Saudi Arabia)*, 19 (4), p. 322-325.

Alcouffe, A. et Smith, D. (2024). « Distribution spatiale des inhumations à Notre-Dame (1112-1783). L'apport des épitaphes », *Zenodo*.

Alexandre-Bidon, D. (2015). *La Mort au Moyen Âge : XIIIe-XVIe siècle*, Pluriel.

Ambrière, F. (1930). *Joachim du Bellay*, Firmin-Didot et Cie.

Amherdt, D. (2013a). « Annexe 1. Jean du Bellay Silva Langaeana », *in* C. Michon et L. Petris (dir.), *Le Cardinal Jean du Bellay. Diplomatie et culture dans l'Europe de la Renaissance*, Presses universitaire François-Rabelais.

Amherdt, D. (2013b). « La Silva Langaeana de Jean du Bellay », *in* C. Michon et L. Petris (dir.), *Le Cardinal Jean du Bellay. Diplomatie et culture dans l'Europe de la Renaissance*, Presses universitaire François-Rabelais.

Amsler, R. et Bruel, A. (1931). « La chétive existence de Joachim du Bellay », *Aesculape*, p. 177-181.

Arbus, L. (2016). *La Médecine légale à Toulouse. Naissance et évolution*. Privat.

Aris, D. et Joukovsky, F. (2009a). *Joachim du Bellay. Œuvres poétiques*, tome I, Classiques Garnier.

Aris, D. et Joukovsky, F. (2009b). *Joachim du Bellay. Œuvres poétiques*, tome II, Classiques Garnier.

Aubert, M. (2019). *Notre-Dame de Paris. Notice archéologique et historique*, Éditions des Régionalismes.

Auzas, P.-M. (1949). *Antoine de La Porte, chanoine jubilé de Notre-Dame de Paris*, mémoires des Sociétés historiques et archéologiques de Paris, Île de France, tome I, p. 233-263.

Auzas, P.-M. (1951). *Les Grandes Heures de Notre-Dame de Paris*, Tel.

Babinot, A. (1559). *La Christiade*, Pierre et Ian Moines frères.

Ballu, C. (1894). « Notice sur Joachim du Bellay », *in* L. Séché (dir.), *Œuvres choisies de Joachim du Bellay, avec une introduction et des notes par Léon Séché, une notice biobibliographique par Camille Ballu et des sonnets hommages des principaux poètes contemporains*, Éditions du Monument., p. XLI-CXI.

Baricco, A. (2006). *Les Barbares. Essai sur la mutation*, Gallimard.

Barral-Baron, M. (2013). « Jean du Bellay, lecteur d'Érasme », *in* C. Michon et L. Petris (dir.), *Le Cardinal Jean du Bellay. Diplomatie et culture dans l'Europe de la Renaissance*, Presses universitaire François-Rabelais.

Baron, F. (1968). « Le cavalier royal de Notre-Dame de Paris et le problème de la statue équestre au Moyen Âge », *Bulletin monumental*, 126 (2), p. 141-154.

Barth, H. (1901). « La tuberculose à Paris et les sanatoriums populaires », *Revue des Deux Mondes*, 2 (4), p. 890-920.

Bellée, A. (1875). *L'Ancien Chapitre cathédral du Mans*, Imprimerie Edmond Monnoyer.

Bertrand, D. (2006). « L'"Hymne de la surdité" de Du Bellay. Contre-chant et mélancolie », *Nouvelle Revue du Seizième Siècle*, 24 (2), p. 95-110 (https://doi.org/10.3406/xvi.2006.886).

Binoche, T. (2004). « Douleur et psychologie », *Sciences*, 1, p. 46-51.

Bizer, M. (2023). « Du Bellay et l'effet de personnel », *in* A. Lionetto et F. Rouget (dir.), *Joachim du Bellay, poète bifrons*, Droz, p. 161-172.

Bizos, G. (1897). *Ronsard*, Société française d'imprimerie et de librairie.

Bodin, J. (1596). *Universae Naturae Theatrum*, Apud Jacobum Roussinapud Jacobum Roussin.

Bonnefon, P. (1883). *Pierre de Paschal, historiographe du roi (1522-1565). Étude biographique et littéraire, suivie de fragments inédits de ses histoires*, Techener et Chollet.

Bonnefon, P. (1895). « Ronsard ecclésiastique », *Revue d'Histoire littéraire de la France*, 2 (2), p. 244-248.

Boudet, J.-P. (1997). *Le Recueil des plus célèbres astrologues de Simon de Phares. Édition critique*, tome I, Librairie Honoré Champion.

Bodin, J. (1597). *Le Théâtre de la nature universelle*, traduction du latin par F. de Fougerolles, Iean Pillehotte éditeur.

Bourdeaut, A. (1912). *La Jeunesse de Joachim du Bellay*, mémoires de la Société nationale d'agriculture, sciences et arts d'Angers, XV, p. 5-225.

Bourgeois, C. (2024). « Du Bellay à Notre-Dame ou la Renaissance d'un humaniste chrétien », *La Vie*, 26 septembre (https://doi.org/https://www.lavie.fr/ma-vie/culture/du-bellay-a-notre-dame-ou-la-renaissance-dun-humaniste-chretien-96237.php).

Bourquin, L. (2013). « Les du Bellay, avant du Bellay », *in* C. Michon et L. Petris (dir.), *Le Cardinal Jean du Bellay. Diplomatie et culture dans l'Europe de la Renaissance*, Presses universitaire François-Rabelais.

Bullock, M. R. R. et Welchman, J. M. (1982). « Diagnostic and prognostic features of tuberculous meningitis on CT scanning », *Journal of Neurology Neurosurgery and Psychiatry*, 45 (12), p. 1098-1101.

Buron, E. (2017). « Poétique du désespoir. Pétrarquisme, discours lyrique et discours tragique dans "La complainte du désespéré" », *in* V. Ferrer et C. Ramond (dir.), *La Langue des émotions, XVIe-XVIIIe siècle*, Classiques Garnier. « Le siècle classique n° 6 », p. 221-244.

Cabanel, P. (1997). *Cadets de Dieu*, CNRS Éditions.

Canguilhem, G. (1966). *Nouvelles réflexions concernant le normal et le pathologique*, Presses universitaires de France.

Carbonnier, Y. (2020). « Le cloître de Notre-Dame de Paris au XVIIIe siècle : un quartier à part », *in* P. Bastien et S. Macdonald (dir.), *Paris et ses peuples au XVIIIe siècle*, Éditions de la Sorbonne, p. 135-147.

Causaudon, A., Du Plessis de Mornay, A., Laurent, G., L'écluse, D., Patin, G., Bayle, P. et Le Duchat, J. (1740). *Histoire universelle de Jacques-Auguste de Thou*, tome II : *1551-1560*, NRI Scheurleer.

Cermakian, S. (2017). « Les singulières amours de Ronsard », *Revue des Sciences sociales*, 58, p. 66-73.

Chamard, H. (1899). « L'invention de "L'Ode" et le différend de Ronsard et de Du Bellay. Contribution à l'histoire de la Pléiade », *Revue d'Histoire littéraire de la France*, 6 (1), p. 21-54.

Chamard, H. (1900). *Joachim du Bellay*, thèse de doctorat.
Chamard, H. (1961a). *Joachim du Bellay. Œuvres Poétiques I*, Marcel Didier.
Chamard, H. (1961b). *Joachim du Bellay. Œuvres Poétiques II*, Marcel Didier.
Charpentier. (1767). *Description historique et chronologique de l'église métropolitaine de Paris, contenant l'histoire des évêques et archevêques de Paris, celle du chapitre et des grands hommes qui en sont sortis ou qui ont contribué à la construction et à l'embellissement*, Pierre de Lormel.
Chartier, F.-L. (1897). *L'Ancien Chapitre de Notre-Dame de Paris*, Librairie académique Perrin.
Chereau, A. (1864). *La Bibliothèque d'un médecin au commencement du XVe siècle*, Techener.
Chiron, P. (2011). « Ronsard-du Bellay, histoire d'une hantise », *in* A. Chamayou (dir.), *Fantômes d'écrivains*, Presses universitaires de Perpignan, p. 55-71.
Claisse, P. et Abrami, A. (1905). « Un cas de méningite tuberculeuse terminé par guérison », *Bulletins et Mémoires de la Société médicale des hôpitaux de Paris*, LXXVIII (12 mai), p. 390-403.
Claudel, P. (1913). « Ma conversion », *Œuvres en prose*, Gallimard, « Bibliothèque de la Pléiade ».
Collet, M. (1822). *Examen et résolutions des principales difficultés qui regardent l'office divin.* Méquignon Junior, Périsse Frère, 7e édition.
Colleter, R. (2018). *Pratiques funéraires, squelettes et inégalités sociales. Étude d'un échantillon des élites bretonnes à l'Époque moderne*, université de Toulouse.
Colleter, R., Dedouit, F., Duchesne, S., Mokrane, F. Z., Gendrot, V., Gérard, P., Dabernat, H., Crubézy, É. et Telmon, N. (2016). « Procedures and frequencies of embalming and heart extractions in modern period in Brittany. Contribution to the evolution of ritual funerary in Europe », *PLoS ONE*, 11 (12), e0167988.
Colleter, R., Pichot, D. et Crubézy, É. (2021). *Louise de Quengo. Une Bretonne du XVIIe siècle*, Presses universtaires de Rennes.
Connat, M. et Cartault, F. (1950). « Pierre de Ronsard, prieur de Saint-Jean-de-Cole (1556) », *Bibliothèque d'Humanisme et de Renaissance*, 12 (1), p. 81-84.
Corbineau, R. et Georges-Zimmermann, P. (2015). « Le parfum de la mort. Plantes aromates pour la préparation des corps (Moyen Âge et Période Moderne) », *in* A. Paravicini Bagliani (dir.), *Parfums et odeurs au Moyen Âge. Science, usage, symboles*, Sisme-Edizioni del Galluzzo, p. 161-180.
Coulloud, M. (2023). « Conjurer la mort. L'hymne à la santé au seigneur Robert de la Haye », *in* A. Lionetto et F. Rouget (dir.), *Joachim du Bellay, poète bifrons*, Droz, p. 195-206.
Crubézy, É. (2019). *Aux origines des rites funéraires. Voir, cacher, sacraliser.* Odile Jacob.
Crubézy, É. et Alexeev, A. (2007). *Chamane, Kyys jeune fille des glaces*, Errance.
Crubézy, É. et Dieulafait, C (dir.) (1996). *Le Comte de l'An Mil*, Aquitania.
Crubézy, É., Duchesne, S. et Arlaud, C. (1997). *La Mort, les Morts et la Ville (Montpellier, X[e]-XVIe siècles)*, Errance.
Crubézy, É., Duchesne, S., Razafindrazaka, H., Romanova, L., Gérard, P., Alcouffe, A., Esclassan, R., Melnichuk, O., Ushnitsky, I., Ludes, B., Telmon, N., Tegel, W., Dabernat, H., Zvenigorosky, V. et Prados-Frutos, J. C. (2021). « Sucrose is not the whole story : Risk factors and oral health at the contact (Yakutia, Siberia-16th/19th) », *Biology*, 10 (10), p. 21.
Crubézy, É., Gérard, P., Paya, D., Fleury, G., Djouad, S. et Duchesne, S. (2025). « The rise and fall of cranial deformation in southwestern France : Modern and ancient examples », *in* F. Manni et F. D'Errico (dir.), *The Oxford Handbook of the Archaeology and Anthropology of Body Modification*, Oxford University Press.
Crubézy, É. et Senegas, N. (2011). *Hergé archéologue*, Errance.

Cyrulnik, B. (2021). *Des âmes et des saisons. Psycho-écologie*, Odile Jacob.

Dabernat, H., Thèves, C., Bouakaze, C., Nikolaeva, D., Keyser, C., Mokrousov, I., Géraut, A., Duchesne, S., Gérard, P., Alexeev, A. N., Crubézy, É. et Ludes, B. (2014). « Tuberculosis epidemiology and selection in an autochthonous Siberian population from the 16th-19th century », *PLoS ONE*, 9 (2), e89877.

Davis, A., Rohlwink, U., Proust, A., Figaji, A. et Wilkinson, R. (2019). « The pathogenesis of tuberculous meningitis », *Journal of Leukocyte Biology*, 105 (2), p. 267-280.

Dearing, J. et Rogers, E. (1996). *Agenda-Setting*, SAGE publication.

Dedouit, F., Géraut, A., Baranov, V., Ludes, B., Rougé, D., Telmon, N. et Crubézy, É. (2010). « Virtual and macroscopical studies of mummies. Differences or complementarity ? Report of a natural frozen Siberian mummy », *Forensic Science International*, 200 (1-3), p. e7-13.

Deguy, G. (1973). *Tombeau de Du Bellay*, Gallimard.

D'Elbenne, M. et Denis, L.-J. (1910). *Le Chapitre royal de l'église collégiale de Saint-Pierre-de-la Cour. Sainte-Chapelle du Mans*, Société des Archives historiques du Maine.

Delory-Momberger, C. et Tourette-Turgis, C. (2014). « Vivre avec la maladie », *Le Sujet dans la cité*, 5 (2), p. 33-38.

Delpous, S., Benhessa, G. et Beretz, L. (2013). « Aspects historiques et juridiques du secret médical », *Le Pharmacien hospitalier et clinicien*, 48 (3), p. 197-203.

Demerson, G. (1984). *Joachim du Bellay. Œuvres Poétiques VII. Œuvres latines : Poemata*, Librairie Nizet.

Demerson, G. (1985). *Joachim du Bellay. Œuvres Poétiques VIII. Autres œuvres latines*, Librairie Nizet.

Denis, D. (2008). « De l'élégie à l'élégiaque : un débat théorique à l'âge classique », *in* L. Gaudin-Bordes et G. Salvan (dir.), *Les Registres. Enjeux pragmatiques et visées stylistiques*, Academia-Bruylant, p. 63-76.

Dickinson, G. (1960). *Du Bellay in Rome*, Brill.

Dodd, P. J., Osman, M., Cresswell, F. V, Stadelman, A. M., Lan, N. H., Thuong, N. T. T., Muzyamba, M., Glaser, L., Dlamini, S. S. et Seddon, J. A. (2021). « The global burden of tuberculous meningitis in adults : A modelling study », *PLOS Global Public Health*, 1 (12), e0000069.

Dollo, I., El Fane, M., Es-Sabbani, M., Chakib, A., Sodqi, M., Marih, L., Ouladlahsen, A., Bahri, L., Diraa, O., Zerouali, K., Belabbes, H., El Mdaghri, N. et El Filali, K. M. (2017). « Méningite tuberculeuse confirmée : à propos de 52 cas », *Pratique neurologique*, 8 (3), p. 168-173.

Dumaître, P. (1986). *Ambroise Paré chirurgien de 4 rois de France*, Perrin.

Dunstan, S. J. et Caws, M. (2018). « Could omics unlock the secret of surviving tuberculous meningitis ? », *The Lancet Infectious Diseases*, 18 (5), p. 479-480.

Duparc, P. (1982). « Dilaceratio corporis », *Bulletin de la Société nationale des antiquaires de France, 1980-1981*, p. 360-372.

Dutour, O., Colombo, A. et Coqueugniot, H. (2021). « Was the rise of TB contemporaneous with the industrial revolution ? Epidemiological evolution of TB in France (17th-20th centuries) inferred from osteoarchaeological and historical archives », *International Journal of Paleopathology*, 34, p. 130-133.

Ehrenberg, A. (1998). *La Fatigue d'être soi*, Odile Jacob.

Eldin, G. (1994). *Les Chapellenies à Notre-Dame de Paris*, thèse de l'École nationale des chartes.

Engammare, M. (2023). « Heureux qui… À Genève. Les premiers poètes calvinistes lecteurs de Du Bellay », *in* A. Lionetto et F. Rouget (dir.), *Joachim du Bellay, poète bifrons*, Droz, p. 313-332

Espiner-Scott, J. (1941). « Some notes on Joachim du Bellay », *The Modern Language Review*, 36 (1), p. 59.

Evennett, H. O. (1936). « Pie IV et les bénéfices de Jean du Bellay », *Revue d'histoire de l'Église de France*, 22 (97), p. 425-461.

Faivre, A. (1977). *Naissance d'une hiérarchie*, Éditions Beauchesne.

Félibien, M. (1725). *Histoire de la ville de Paris*, tome II, Guillaume Desprez et Jean Desessartz.

Ferguson, G. (2008). *Queer (re)readings in the French Renaissance : Homosexuality, Gender, Culture*, Ashgate Publishing Limited.

Fianu, K. et Smith, D. (2013). « Qu'est-ce que le chapitre de Notre-Dame de Paris au XVe siècle ?, *in* C. Giraud (dir.), *Notre-Dame de Paris 1163-2013*, Brepols, p. 419-434.

Fournier, C. et Kerzanet, S. (2007). « Communication médecin-malade et éducation du patient, des notions à rapprocher : apports croisés de la littérature », *Santé publique*, 19 (5), p. 413-425.

Fournier, É. (1855). *Variétés historiques et littéraires. Recueil de pièces volantes rares et curieuses en prose et en vers*, 10 tomes, P. Jannet, libraire.

Fréour, P. (1999). *Fragments de mémoire. Bordeaux 1938-1998*, Éditions La Licelière.

Fumaroli, M. (1998). « La mélancolie et ses remèdes. Classicisme français et maladie de l'âme », *in La Diplomatie de l'esprit. De Montaigne à la Fontaine*, Gallimard, p. 403-439.

Froger, L. (1881). « Ronsard ecclésiastique », *Revue historique et archéologique du Maine*, X, p. 178-244.

Gadoffre, G. (1978). *Du Bellay et le Sacré*, Gallimard.

Galand, P. (2013). « Jean du Bellay, cardinal-poète, entre tendresse et oracle dans les *Poemata* de 1546 », *in* C. Michon et L. Petris (dir.), *Le Cardinal Jean du Bellay. Diplomatie et culture dans l'Europe de la Renaissance*, Presses universitaire François-Rabelais.

Galand-Hallyn, P. (2011). « Une muse de treize ans. L'hommage de Camille de Morel (1547 – après 1611) à son vieil ami Joachim du Bellay », *in* M. Baratin, C. Lévy, R. Utard et A. Videau (dir.), *Stylus : la parole dans ses formes. Mélanges en l'honneur du professeur Jacqueline Dangel*, Classiques Garnier, p. 789-803.

Gane, R. (1999). *Le Chapitre de Notre-Dame de Paris au XIVe siècle*, Publications de l'université de Saint-Étienne.

Gaulle, J.-P. de (1881). « Léon Séché. Joachim du Bellay », *Journal des savants*, avril, p. 258-260.

Gilbert, P. (1847). « Souvenirs historiques de la chapelle de Saint-Aignan », *Revue archéologique*, 4 (1), p. 164-171.

Gilles-Chikhaoui, A. (2009). « Relire la Renaissance à l'aune de l'érotique homosexuelle », *Acta fabula*, 10 (7).

Ginsberg, L. et Kidd, D. (2008). « Chronic and recurrent meningitis », *Pract. Neurol.*, 8, p. 348-361.

Goujet, C.-P. (1748). *Bibliotheque françoise ou Histoire de la littérature françoise : dans laquelle on montre l'utilité que l'on peut retirer des livres publiés en françois depuis l'origine de l'imprimerie*, tome XII, Pierre-Jean Mariette.

Grandin de L'Eprevier, J. (2015). « Quel est le profil psychologique des lanceurs d'alerte », *Le Figaro*, 31 août.

Grassoreille, G. (1882). « Histoire politique du chapitre de Notre-Dame de Paris pendant la domination anglaise 1420-1437 », *Mémoires de la Société de l'histoire de Paris et de l'Île-de-France*, tome IX, p. 109-192.

Greenlee, J. (2024). « Méningites subaiguës et chroniques », *Manuel MSD. Version pour professionnels de santé*, Merck et Co, p. 1-10.

Guillod, N. (2013). « Jean du Bellay, la tentation de l'histoire », *in* C. Michon et L. Petris (dir.), *Le Cardinal Jean du Bellay. Diplomatie et culture dans l'Europe de la Renaissance*, Presses universitaire François-Rabelais.

Hahn, H. (1853). *De la méningite tuberculeuse étudiée au point de vue clinique*, Masson.

Hawkins, R.-L. et Forcadel, P. (1905). « Une lettre autographe de Pierre Forcadel, lecteur du roi en mathématiques, à Jean de Morel », *Revue d'Histoire littéraire de la France*, 12 (4), p. 663-665.

Hérissé, H. (dir.) (2010). *Joachim du Bellay. Abécédaire sur la vie et l'œuvre de J.D.B.A.*, Musée Du Bellay-Amis du Petit-Lyré.

Heulhard, A. (1891). *Rabelais : ses voyages en Italie, son exil à Metz*, Librairie de l'Art.

Hoggan, Y. (1982). « La date de naissance de Du Bellay par les textes. Essai de réévaluation », *Revue d'Histoire littéraire de la France*, 1, p. 70-78.

Huchon, M. (dir.) (2024). *La Pléiade. Poésie, poétique*, Gallimard, « Bibliothèque de la Pléiade ».

Hugar, B. S., Girish Chandra, Y. P., Sreenivasa Babu, P. R., Jayanth, S. H. et Vinay, J. (2013). « Fatal case of retropharyngeal abscess associated with Pott's disease », *Journal of Forensic and Legal Medicine*, 20 (6), p. 567-569.

Hurtubise, P. (1972). « Comment Rome apprit la nouvelle du massacre de la Saint-Barthélemy. Contribution à une histoire de l'information au XVIe siècle », *Archivum Historiae Pontificiae*, 10, p. 187-209.

Jackson, H. (1904). « Tubercular meningitis in adults », *Boston Medical and Surgical Journal*, 150, p. 501-504.

Jurgens, M. (1985). *Documents du minutier central des notaires de Paris. Ronsard et ses amis*, Archives nationales.

Kaiser, C. (1982). « Les cours souveraines au XVIe siècle. Morale et Contre-Réforme », *Annales. Histoire, Sciences sociales*, 37 (1), p. 15-31.

Kastert, J. et Uehlinger, E. (1964). « Skelettuberkulose : Mit einen Beitrag über Allgemeine Pathologie und Pathologische Anatomie der Skelettuberkulose », *in* J. Hein, H. Kleinschmidt et E. Uehlinger (dir.), *Handbuch der Tuberkulose*, Thiene, p. 443-532.

Kübler-Ross, E. et Kessler, D. (2007). *On Grief and Grieving : Finding the Meaning of Grief Through the Five Stages of Loss*, Scribner Book Company.

La Fosse, J. (2004). *Les « Mémoires » d'un curé de Paris (1557-1590), au temps des guerres de Religion*, édité par M. Venard, Droz.

Lang, D. V. (1983). « Macroscopic bony deficiency of the tegmen tympani in adult temporal bones », *The Journal of Laryngology et Otology*, 97 (8), p. 685-688.

Lazard, M. (2010). *Joachim du Bellay. Château de la Turmelière (Maine-et-Loire), vers 1522-Paris, 1er janvier 1560*. France archives (https://francearchives.gouv.fr/pages_histoire/39040).

Lionetto A. et Rouget F. (dir.), *Joachim du Bellay, poète bifrons*, Droz.

Lovejoy, C. O., Meindl, R. S., Pryzbeck, T. R. et Mensforth, R. P. (1985). « Chronological metamorphosis of the auricular surface of the ilium : A new method for the determination of adult skeletal age at death », *American Journal of Physical Anthropology*, 68 (1), p. 15-28.

Marais, S., Thwaites, G., Schoeman, J. F., Török, M. E., Misra, U. K., Prasad, K., Donald, P. R., Wilkinson, R. J. et Marais, B. J. (2010). « Tuberculous meningitis : A uniform case definition for use in clinical research », *The Lancet Infectious Diseases*, 10 (11), p. 803-812.

Martin, A. (1909). « The occurrence of remissions and recovery in tuberculous meningitis : A critical review », *Brain*, 32, p. 209-232.

Marty-Laveaux, C. (1866). *Œuvres françoises de Joachim du Bellay, gentil-homme angevin*, Alphonse Lemerre.

McAdoo, J. (1994). « Du Bellay's "Hymne de la surdité" or the puzzle of the third ossicle », *Renaissance Studies*, 8 (2), p. 198-204.

Meaux Saint-Marc, C. (1880). *L'École de Salerne*, Baillière et Fils.

Michon, C. (2013). « Le cardinal Jean du Bellay et ses bénéfices en France sous François Ier et Henri II », *in* C. Michon et L. Petris (dir.), *Le Cardinal Jean du Bellay. Diplomatie et culture dans l'Europe de la Renaissance*, Presses universitaire François-Rabelais.

Michon, C. et Petris, L. (2013a). « Introduction », *in* C. Michon et L. Petris (dir.), *Le Cardinal Jean du Bellay. Diplomatie et culture dans l'Europe de la Renaissance*, Presses universitaire François-Rabelais.

Michon, C. et Petris, L. (2013b). *Le Cardinal Jean du Bellay. Diplomatie et culture dans l'Europe de la Renaissance*, Presses universitaire François-Rabelais.

Mien, P.-T.-H., Khanh, N.-D., Hao, N.-T., Van Tien, T. et Linh, H.-Q. (2018). « Design of a fluorescence camera for detection of dental caries », *IFMBE Porceeding. Volume 63 : 6th International Conference on the Development of Biomedical Engineering in Vietnam (BME6)*, Springer.

Milstein, J. (2014). *The Gondi. Family Strategy and Survival in Early Modern France*, Routledge.

Montjoye, A. de (1763). *Description historique des curiosités de l'Église de Paris, contenant le détail de l'Édifice, tant extérieur qu'intérieur, le trésor, les chapelles, tombeaux, épitaphes et l'explication des tableaux, avec les noms des peintres*, M. C. P. G.

Mueggler, N. (2023). « La franchise dans les *Divers Jeux tustiques* et *Les Regrets* », *in* A. Lionetto et F. Rouget (dir.), *Joachim du Bellay, poète bifrons*, Droz, p. 297-310.

Nassichuk, J. (2023). Les "Lois" de "Vénus Ceincturée." *in* A. Lionetto et F. Rouget (dir.), *Joachim du Bellay, poète bifrons*, Droz, p. 83-98.

Nicklas, T. (2013). Le cardinal Jean du Bellay, les princes allemands et le Saint-Empire, *in* C. Michon et L. Petris (dir.), *Le Cardinal Jean du Bellay. Diplomatie et culture dans l'Europe de la Renaissance*, Presses universitaire François-Rabelais.

Nolhac, P. de (1883). *Lettres de Joachim du Bellay*, Charavay Frères.

Nolhac, P. de (1899). « Documents nouveaux sur la Pléiade : Ronsard, du Bellay », *Revue d'Histoire littéraire de la France*, 6 (3), p. 351-361.

Panov, V. et Borisova-Papancheva, T. (2015). « Application of ultraviolet light (UV) in dental medicine », *MedInform*, 2, p. 194-200.

Pardanaud, C. (2006). « James mestre n'ema tant servyteur que je vous ayme » : quelques lettres autographes inédites du roi Henri II au connétable Anne de Montmorency, relatives à la bataille de Saint-Quentin et à la captivité du connétable (été 1557-hiver 1558) », *Réforme, Humanisme, Renaissance*, 63, p. 111-131.

Paris, D. (2016). *Dans les pas de Joachim du Bellay*, Éditions du Petit Pavé.

Paul, C. (1891). *La Tuberculose* (Bibliothèque Gilon), Rue de Seine et Pont Saint-Laurent.

Paulmier, L. (1887). *Ambroise Paré d'après de nouveaux documents découverts aux Archives nationales et des papiers de famille*, Perrin et Cie.

Pehlivanoglu, F., Kart Yasar, K. et Sengoz, G. (2012). « Tuberculous meningitis in adults : A review of 160 cases », *The Scientific World Journal*, 1 (https://doi.org/10.1100/2012/169028).

Petris, L. (2013). « Annexe 4. Autour de Jean du Bellay : sa famiglia et ses biens », *in* C. Michon et L. Petris (dir.), *Le Cardinal Jean du Bellay. Diplomatie et culture dans l'Europe de la Renaissance*, Presses universitaire François-Rabelais.

Peyre, R. (1902). *Une princesse de la Renaissance. Marguerite de France*, Émile Paul.

Picon, A. (1932). « La collation des bénéfices au chapitre de Notre-Dame de Paris sous le régime du Concordat (1518-1547) », *Revue Historique de droit français et étranger (1922-)*, 11 (1), p. 76-108.

Pidoux, M. (1873). *Études générales et pratiques sur la phtisie*, P. Asselin éditeur.

Pointeau, C. (1883). « L'Héritage et les héritiers des Du Bellay », *Documents de la Commission historique et archéologique de la Mayenne*, tome 2 (issues 1880-1881), Imprimerie de Léon Moreau.

Poirier, R. (2023). « Pour ne pas regretter "Les Regrets" », *in* A. Lionetto et F. Rouget (dir.), *Joachim du Bellay, poète bifrons*, Droz, p. 459-474.

Pommeray, L. (1933). *L'Officialité archidiaconale de Paris aux XV*e*-XVI*e *siècles*, Librairie du Recueil Sirey.

Proust, M. (1925). *À la Recherche du temps perdu. Albertine disparue*, Gallimard.

Proust, M. (1923), *À la Recherche du temps perdu. La Prisonnière*, chapitre 2.

Provencher, H. L. (2002). « L'expérience du rétablissement : perspectives théoriques », *Santé mentale au Québec*, 27 (1), p. 35-64.

Rich, A. et McCordick, H. A. (1933). « The pathogenesis of tuberculous meningitis », *Bull. John Hopkins Hosp.*, 52, p. 5-37.

Rigolet de Juvigny, J. (1772). *Les Bibliothèques françoises de la Croix du Maine et de Du Verdier*, tome II, nouvelle édition, Saillant et Nyon.

Rimbaud, A. (1873). *Une saison en enfer*. M.-J. Poot et compagnie.

Ronsard, P. de (1994). « Discours à Loys des Masures », *Œuvres complètes*, tome II, Gallimard, « Bibliothèque de la Pléiade », p. 1018-1020.

Ronsard, P. de (1993), « Ode I », 18, v. 61-62, *Les Odes. Œuvres complètes*, tome I, Gallimard, « Bibliothèque de la Pléiade », p. 669.

Rouget, F. (2001). « Présences de Du Bellay dans *Les Odes* de Ronsard », *Littératures*, 45, p. 37-48.

Sainte-Beuve, C.-A. (1840). « Anciens poètes français. Joachim du Bellay », *Revue des Deux Mondes*, 24 (4), 1-47.

Sainte-Marthe, S. et Colletet, G. (1644). *Eloges des hommes illustres qui depuis un siecle ont fleury en France dans la profession des lettres*, composez en Latin par Scevole de Sainte-Marthe et mis en francois par G. Colletet, chez Antoine de Sommaville, Augustin Courbe, François Langlois.

Saint-Martin, D. P., Velut, S. et Vons, J. (2011). « Le médecin et la mort du roi. Un témoignage d'André Vésale sur la mort d'Henri II », *in* J. Vons et S. Velut (dir.), *Pouvoir médical et fait du prince au début des temps modernes*, De Boccard, p. 29-45.

Saulnier, V.-L. (1947). *Joachim du Bellay. Divers Jeux rustiques. Édition critique*, Droz.

Saulnier, V.-L. (1951). *Du Bellay. L'Homme et l'Œuvre*, Boivin et Cie.

Scheurer, R. (2013). « L'accession de Jean du Bellay au décanat du Sacré Collège », *in* C. Michon et L. Petris (dir.), *Le Cardinal Jean du Bellay. Diplomatie et culture dans l'Europe de la Renaissance*, Presses universitaire François-Rabelais.

Scheurer, R. (2016). « La carrière ecclésiastique de Jean du Bellay (1498-1560) », *Bibliothèque d'Humanisme et de Renaissance*, 78 (2), 2p. 65-295.

Schmitt, A. (2005). « Une nouvelle méthode pour estimer l'âge au décès des adultes à partir de la surface sacro-pelvienne iliaque », *Bulletins et mémoires de la Société d'anthropologie de Paris*, 17 (1-2), p. 89-110.

Schmitt, A. (2008). « Une nouvelle méthode pour discriminer les individus décédés avant ou après 40 ans à partir de la symphyse pubienne », *Journal de Médecine légale droit médical*, 51 (1), p. 15-24.

Séché, L. (1880). *Joachim du Bellay*, Librairie de Didier et Cie.

Séché, L. (1885). « Joachim du Bellay », *La Revue illustrée de Bretagne et d'Anjou*, 1 (novembre), p. 72-75.

Séché, L. (1894). *Œuvres choisies de Joachim du Bellay, avec une introduction et des notes par Léon Séché, une notice biobibliographique par Camille Ballu et des sonnets hommages des principaux poètes contemporains*, Éditions du Monument.

Shivaji, B. et Shaunak, R. (2014). « Examining the dynamics of whistleblowing : A causal approach », *The IUP Journal of Corporate Governance*, XIII (2), p. 7-26.

Sicard, D. (2016). « "J'irai cracher sur vos tombes". L'étrange tombeau de Mellin de Saint-Gelais par Joachim du Bellay », *Camenae*, 19, p. 1-18.

Snodgrass, J. (2004). « Sex differences and aging of the vertebral column », *Journal of Forensic Sciences*, 49 (3), JFS2003198-6.

Solnon, J.-F. (2007). *Henri III*, Perrin, « Tempus ».

Sorrel, E. et Sorrel-Dejerine, Y. (1932). *Tuberculose osseuse et ostéo-articulaire*, Masson et Cie.

Tabbagh, V. (1991). « Effectifs et recrutement du clergé séculier français à la fin du Moyen Âge », *Actes des congrès de la Société des historiens médiévistes de l'enseignement supérieur public*, 22, p. 181-190.

Tallon, A. (2013). « Jean du Bellay et la réforme de l'Église », *in* C. Michon et L. Petris (dir.), *Le Cardinal Jean du Bellay. Diplomatie et culture dans l'Europe de la Renaissance*, Presses universitaire François-Rabelais.

Tran, F. (2024). *Enquête sur les trésors enfouis de Notre-Dame de Paris* (film documentaire), ARTE France, PBS/NOVA, Planète+, NOVA productions/WGBH.

Tucker, G. (1990). *The Poet's Odyssey*, Clarendon Press.

Verlet, H. (1995). *Épitaphier du Vieux Paris*, tome X. Paris musées.

Vianey, J. (1946). *Les Regrets de Du Bellay*, SFELT.

Waquet, F. (1989). « Qu'est-ce que la République des Lettres ? Essai de sémantique historique » *Bibliothèque de l'École des chartes*, 147, p. 473-502.

Waytz, A., Dungan, J. et Young, L. (2013). « The Whistle-Blower'Quandary », *The New York Times*, 2 août.

Wilkinson, R. J., Rohlwink, U., Misra, U. K., van Crevel, R., Mai, N. T. H., Dooley, K. E., Caws, M., Figaji, A., Savic, R., Solomons, R., Thwaites, G. E. et Consortium, on behalf of the T. M. I. R. (2017). « Tuberculous meningitis », *Nature Reviews Neurology*, 13 (10), p. 581-598.

Will, S. F. (1936). « Camille De Morel : A Prodigy of the Renaissance », *PMLA/Publications of the Modern Language Association of America*, 51 (1), p. 83-119.

Wright, C. (1989). *Music and Ceremony at Notre-Dame of Paris, 500-1500*, Cambridge University Press.

Zanello, M., Charlier, P., Corns, R., Devaux, B., Berche, P. et Pallud, J. (2015). « The death of Henry II, King of France (1519-1559). From myth to medical and historical fact », *Acta Neurochirurgica*, 157 (1), p. 145-149.

Zweig, S. (1935). *Érasme. Grandeur et décadence d'une idée*, Grasset.

Remerciements

À Dominique Garcia, président de l'Institut national de recherches archéologiques préventives (Inrap), et à Norbert Telmon, chef de service en médecine légale au CHU de Toulouse, pour avoir permis l'étude de ces squelettes découverts par l'Inrap lors des fouilles menées à Notre-Dame sous la direction de Christophe Besnier et son équipe.

Aux équipes du service de médecine légale de Toulouse et de l'Inrap pour leur efficacité lors de l'étude des sarcophages où des découvertes restent à réaliser.

À Delphine Maret-Comtesse et à Fabrice Dedouit pour avoir permis la réalisation d'études dentaires et d'imagerie.

À Philippe Walter pour avoir transformé la fouille en laboratoire en champ d'expérimentation de techniques d'avenir.

Un immense merci à Darwin Smith qui a permis de retrouver les inhumations de la croisée du transept et a corrigé des hypothèses parfois basées sur des ouvrages sérieux mais de seconde main !

À Sébastien Nadiras pour ses traductions du latin et son accueil aux Archive nationales.

À Ameline Alcouffe pour la réalisation du traitement graphique des épitaphiers.

À Christine Pinier, du service du prêt à la bibliothèque de l'université Toulouse-III, pour son aide lors des recherches des ouvrages portant sur Joachim du Bellay.

À Pascale Crubézy-Marengo pour ses recherches au Mans et à la Bibliothèque nationale.

À Sylvie Duchesne pour sa relecture attentive, à Patrice Brun pour m'avoir réappris certaines règles grammaticales du latin et à Patrice Gérard pour nos discussions quotidiennes sur le cavalier.

À tous ceux qui m'ont soutenu lors de cette plongée dans la Renaissance et à l'Institut universitaire de France pour m'avoir permis de dégager du temps pour cette recherche.

À Mme Odile Jacob et à Jean Guilaine, professeur au Collège de France, qui m'ont témoigné leur confiance.

Qu'ils soient tous ici infiniment remerciés.

Table

Préface 11

INTRODUCTION – L'odyssée du cavalier de Notre-Dame..... 17

PARTIE I

Le chanoine et l'inconnu

CHAPITRE 1 – Deux cercueils à l'hôpital 23

Une cathédrale pour une élite religieuse 25

Le chanoine Antoine de La Porte et l'inconnu 31

L'ambiguïté des morts : entre sujets d'étude et identités perdues 39

CHAPITRE 2 – Faire parler les corps 43

Corps de gloire et ossements 43

Temps suspendu et premières découvertes 45

Une étrange coïncidence : la déformation toulousaine 51

Métamorphoses équestres 52

Faudra-t-il s'installer dans un village rêvé ? 53

CHAPITRE 3 – Google et la piste initiale 57

Portrait-robot 58

Renaissance et guerres de Religion 63

PARTIE II

Joachim du Bellay : une identité

CHAPITRE 4 – À la rencontre de Joachim 71

Errances autour d'une naissance 72

Une jeunesse équestre 74

Date de décès et imbroglio de calendriers 76

CHAPITRE 5 – Joachim et la peste blanche 81

Un diagnostic du début du XXe siècle 81

L'autopsie de Joachim du Bellay 84

CHAPITRE 6 – L'épitaphe introuvable ou Joachim et les Bretons 91

PARTIE III

Dans les arcanes du chapitre

CHAPITRE 7 – Rentes ecclésiastiques 99

Tonsure et prébendes 100

À Notre-Dame, un régime spécifique 103

CHAPITRE 8 – Le chapitre de Notre-Dame et l'inhumation de Joachim 105

CHAPITRE 9 – Notre-Dame et les sépultures du clan du Bellay 119

Une cartographie funéraire symbolique 119

La requête de la famille pour l'inhumation de Joachim 124

CHAPITRE 10 – Adieux au défunt 135

L'autopsie et une couronne 135
Hommages et règlement de la succession 140

CHAPITRE 11 – Sous les dalles, des siècles d'inhumations....... 143

Des difficultés d'identifier un inconnu à travers les siècles 143
Des épitaphes au catalogue des défunts 147
Vicissitudes de squelettes 150

CHAPITRE 12 – Deux histoires pour un même emplacement... 163

Un scénario familial 163
Un mort qui tombe à point 177

PARTIE IV

Joachim du Bellay ou les ombres de l'ambition

CHAPITRE 13 – Renaissance littéraire 185

Un poète populaire ? 185
La querelle des langues 189
Un monde culturel commun ? 194

CHAPITRE 14 – Une œuvre et sa lecture 197

Les sources et leur contexte 197
Retrouvailles littéraires 202

CHAPITRE 15 – Son entourage, « *his sex-life* » 207

Famille, amis, femme aux jeux effrontés 207
Des hommes aimés 210

CHAPITRE 16 – Et finalement un homme de lettres 219

Les du Bellay : un clan solidaire 219
Une carrière contrariée 222
Les du Bellay face au concile de Trente 226

CHAPITRE 17 – Rome ou les promesses trompeuses 229
En quête de reconnaissance littéraire 229
Au service du cardinal 232
Rome, objet de ses désillusions 234
Héritiers d'Érasme, disciples de Machiavel 238

CHAPITRE 18 – Adieux à Rome 243

CHAPITRE 19 – Paris et l'ambition libérée 249
Loin des regards indiscrets : le cloître de Notre-Dame 251
Pouvoirs et convoitises 255

CHAPITRE 20 – La mort du roi, le temps des troubles 259
Quand le patronage royal s'efface 259
Il aurait pu y avoir des scandales irrémédiables 262
Adieux, choses frivoles 267

CHAPITRE 21 – Joachim ou la révolte du poète loyal 273

PARTIE V

Les maux de Joachim, miroir d'une humanité

CHAPITRE 22 – Joachim, poète de ses maux 279
Une maladie si ordinaire 279
Du Bellay et l'inspiration de la maladie 281

CHAPITRE 23 – Éclaircies et rechutes 295

CHAPITRE 24 – Joachim, ses médecins
et la naissance des soins palliatifs 305

CHAPITRE 25 – Le silence des maux 313

CHAPITRE 26 – « Être malade, c'est vraiment pour l'homme vivre d'une autre vie » 319

ÉPILOGUE – « Tout cela se retrouve à l'ombre de Notre-Dame de Paris » 329

Notes bibliographiques 331
Bibliographie 345
Remerciements 355

DU MÊME AUTEUR
CHEZ ODILE JACOB

Aux origines des rites funéraires. Voir, cacher, sacraliser, 2019.

Vainqueurs ou vaincus ? L'énigme de la Iakoutie, avec Dariya Nikolaeva, 2017.

Ouvrage proposé par Jean Guilaine

Cet ouvrage a été composé
en Adobe Garamond Pro
par Nord Compo
à Villeneuve-d'Ascq (Nord).

Achevé d'imprimer
sur les presses de la
Nouvelle Imprimerie Laballery à Clamecy
en décembre 2024

N° d'édition : 4150-1109-X – N° d'impression : 412421
Dépôt légal : janvier 2025

Imprimé en France